中小学教育智慧文库

ZHONGXIAOXUE JIAOYU ZHIHUI WENKU

探寻教育生态密码

基于教育生态理论的小学教育实践

聂惠芳◎著

暨南大学出版社

JINAN UNIVERSITY PRESS

中国·广州

图书在版编目（CIP）数据

探寻教育生态密码：基于教育生态理论的小学教育实践 / 聂惠芳著. —广州：暨南大学出版社，2022. 8

（中小学教育智慧文库）

ISBN 978-7-5668-3444-7

Ⅰ. ①探…　Ⅱ. ①聂…　Ⅲ. ①小学教育—教育研究　Ⅳ. ① G622.0

中国版本图书馆 CIP 数据核字（2022）第 110777 号

探寻教育生态密码：基于教育生态理论的小学教育实践

TANXUN JIAOYU SHENGTAI MIMA：JIYU JIAOYU SHENGTAI LILUN DE XIAOXUE JIAOYU SHIJIAN

著　者：聂惠芳

出 版 人：张晋升

责任编辑：黄文科　冯月盈

责任校对：刘舜怡　陈皓琳

责任印制：周一丹　郑玉婷

出版发行：暨南大学出版社（511443）

电　　话：总编室（8620）37332601

　　　　　营销部（8620）37332680　37332681　37332682　37332683

传　　真：（8620）37332660（办公室）　37332684（营销部）

网　　址：http://www.jnupress.com

排　　版：广州尚文数码科技有限公司

印　　刷：佛山市浩文彩色印刷有限公司

开　　本：787mm×1092mm　1/16

印　　张：14.25

字　　数：245 千

版　　次：2022 年 8 月第 1 版

印　　次：2022 年 8 月第 1 次

定　　价：59.80 元

前　言

　　教育改革步入深水区的今天，育人目标经历了从"双基"到"三维"再到"核心素养"的转变，传统教育模式已无法适应未来人才需求的挑战。教育信息化融合创新、教育评价体系改革、"双减"政策等一系列措施重构着学校教育生态，对实现教育"提质增效"提出了更高要求。在国家"探索以生态优先，绿色发展为导向的高质量发展新路子"的发展背景下，一种新的教育理论范式——教育生态理论逐渐成为学校改进的新思路，推动学校建立更科学的教育生态系统。

　　学校发展不平衡、非良性可持续的现象影响着教育生态的可持续发展，因此，消弭失衡现象，走良性循环的内涵发展道路是教育改进的主要风向。教育生态理论视野下的学校教育实践，是对学校宏观和微观生态系统的整体把握与调适，其中微观生态的质量（如课堂质量）是学校改进的重点和难点。基于此，东莞市中小学聂惠芳名校长工作室以教育生态学为理论指导和行动指南，运用教育生态学的基本规律与原理，开展学校发展诊断及改进实践，旨在构建学校生态发展共同体，更好地培养全面发展的人才。

　　本书在对教育生态学进行溯源、探径的基础上，基于教育生态理论视角，从德育、智育、体育、美育、劳育等方面分析"五育"课堂生态并提出对策，探讨如何驱动学校品牌建设、推进课堂教学革新，进而改进学校生态系统，深化素质教育。书中提供了工作室成员学校在不同领域的改进案例，生动地展示教育生态理论在学校教育教学中的具体应用，凝聚着工作室的研究与实践心血。例如，既有站在战略高度建设学校品牌的案例；也有基于体验式德育开展的家校共育实验；更有打破传统壁垒的跨学科教学应用、融合信息化的学科教学案例等，力求通过理论与实践的融合共进，探索出适合学校教育发展的生态之路。

　　持续的改进才能促进学校的持续发展。目前，教育生态理论在学校教育实践上的应用还处于探索期，随着教育时空的变化、学习场景的变革、教与学关系的转变，教育生态理论在学校教育的应用将会出现更多的可能性。笔者及工作室成员将总结过往经验，秉承教育初心，继续在未来教育中审时度势，不断深化综合改革，以可持续发展的目光聚焦短板，精准发力，提升办学水平和教育教学质量。

聂惠芳

2022 年 3 月

目 录
CONTENTS

第一章

如琢如磨，树立教育品牌

第一节　问道，追本溯源

　　无论在哪个时代、哪个国家，教育都应适应并促进人的发展，适应并促进社会的发展。这既是教育应遵循的基本规律，也是教育应承担的基本使命。人类社会历经原始文明、农业文明、工业文明，如今已步入生态文明的新阶段。生态文明是人类文明发展的历史趋势，是以人与自然、人与人、人与社会和谐共生、良性循环、全面发展、持续繁荣为基本宗旨的社会形态。在全球化背景下，中华民族生态文明发展模式是实现中国梦的绿色基础之一。党的十八大以来，生态文明思想和绿色发展理念成为我国各领域发展的重要理念，教育生态的新概念也开始进入中国教育研究的视野。在生态文明态势下，学校教育如何推进改革，以建立更科学、完善的教育生态系统，培养适应并促进生态文明发展的人才，建设生态文明的未来社会，是亟待解决的问题。

　　近年来，为建设教育强国，推进中国教育现代化，国家颁布了一系列的教育改革政策措施，如2021年7月"双减"政策①的落地实施，旨在消弭基础教育"分"与"能"、"负担"与"质量"等不平衡问题，推动学校教育教学走上良性循环的内涵发展道路。然而，学校发展是动态发展的过程，学校作为国家教育生态系统中的微系统，也必然存在着不平衡、非良性可持续的现象。深圳市福田区教育局局长田洪明认为，"双减"背景下的教育生态重构犹如"修复原始森林生态圈"，教育工作者要像尊重森林中不同动物的习性特点一样，去顺应学生天性、适合学生本性、开发学生特性。②在国家"坚定不移探索以生态优先，绿色发展为导向的高质量发展新路子"的发展背景下，方兴未艾的生态范式将是开拓视野看教育的新范式，为学校的改进发展提供了新思路。

　　"工欲善其事，必先利其器。"基于教育生态学的学校改进，需理清教育生态学这一理论的内涵、原理，进而用教育生态学的视角去探究学校各项工作改进的理论、方法和实践。

---

① "双减"政策指的是中共中央办公厅、国务院办公厅印发的《关于进一步减轻义务教育阶段学生作业负担和校外培训负担的意见》。

② 田洪明于2021年9月在中国教育科学论坛分论坛之十——"'双减'背景下的区域教育生态重构"上的讲话。

一、教育生态学的诞生

教育生态学是生态学原理和方法在教育学中渗透与应用的产物。生态学的概念最早由德国著名的生物学家恩斯特·海克尔于1866年提出，是研究生命系统和环境系统之间相互作用的规律与机理的一门学科；教育学则是研究教育发展的规律，以及社会对教育的影响和教育在社会发展中的地位和作用。生态学主要依据的是生态学的三个基础概念：生态结构、生态环境和生态功能。在这三个生态层次上，教育生态学依据生态学原理，面对教育与人的发展规律展开研究，阐明教育与外部生态环境之间的联系，以及教育内部各部分之间的基本规律，研究人类学习活动与教育环境之间的本质，归纳总结基本原理，进而掌握并指导教育发展的趋势和方向。

和教育学、生态学一样，教育生态学理论的诞生晚于实践的发生。早在先秦时期，中国古代教育已经出现了教育生态学的思想萌芽。一是中国古代教育观中便包涵了生态意识，即把教育放在整个社会大系统中加以考察，才能促进社会发展进步；二是注重自然环境与人的和谐，即强调"天人合一"的辩证思想；三是中国教育注重启发人的自我协和；四是强调环境与教育的关系。例如，战国时期《孟母三迁》的故事，宋代《三字经》的"昔孟母，择邻处"，开始有了朦胧的教育生态学意识。荀子在《劝学》中说："蓬生麻中，不扶自直，白沙在涅，与之俱黑……故君子居必择乡，游必就士。"认识到了居住环境和社会环境对于人的成才的重要性，将教育生态学的现象进行了归纳，并初步上升到了理论层面。战国时期《礼记·学记》中的"良冶之子，必学为裘；良弓之子，必学为箕"也强调了家庭环境对于学习的作用。

在西方，教育生态学的思想萌芽经历了一个漫长的过程。古希腊时期，柏拉图在《法律篇》中主张关注世界文化，在城邦市区内三个地方兴建向所有人开放的体育馆和学校，且学校应有教师宿舍。这些论述已开始朦胧地意识到教育生态学的初步形态。

16世纪后期，法国人文主义者蒙田在《论儿童教育》中说："我也不想把他交给一个乖戾的、坏脾气的教师，把学生置于乖僻和忧郁情绪影响之下……"[①]这强调了教育环境（尤其是师生关系）对学生的影响。

17世纪，捷克教育家夸美纽斯在《大教学论》中认为："步随自然的后尘，

---

① 蒙田. 论儿童教育［M］. 马振骋，译；单中惠，编注. 上海：上海人民出版社，2016.

我们发现教育的过程会来得容易。"①他提出了教育要适应自然的原则，将教育学与生态学紧密地结合在一起。他还创立了学年制和班级授课制，将学习的期限与自然年份统一起来，将不同程度的学生分成不同班级，协调人与自然，协同学生与学生，建立了一种人文生态。1650年，他应邀在匈牙利创办泛智学校（Sketch of a Pansophic School），提出"教育应当把一切事物教给一切人"的"泛智"思想，标志着教育生态学实践有了质的飞跃。

19世纪，苏联教育家安东·谢妙诺维奇·马卡连柯提出了"集体主义教育理论"，倡导"平行教育影响"，认为"整体就是我们教育的对象，应该把有组织的教育影响针对着集体"②，推进了教育生态学的发展。1948年，凯洛夫的《教育学》吸收了马卡连柯的集体主义教育思想，强调同侪对于教育的影响，这与我国孔子的"独学而无友，则孤陋而寡闻"异曲同工。

20世纪20年代，德国学者布泽曼和波珀试图建立"教育环境学"，对教育与各种宏观环境要素之间的关系开展研究。其后，日本、英国、美国学者围绕这一主题开展了一系列研究，这一时期的研究仍是从环境和教育行为关系的角度展开的。

1932年，美国教育学家沃勒在《教学社会学》中提出了"课堂生态学"的概念，这是生态学的概念首次在教育研究中被正式使用。

20世纪60年代后，西方国家的一些学者开始用"教育生态学"这个概念去描述教育生态的活动。1964年，英国的斯卓彻在论文《高校的选址学术生态学》中明确地阐述高等教育生态学的含义，但并未提出这个概念。1966年，英国学者埃瑞克·阿什比在《英国、印度和非洲的大学：高等教育生态学研究》中提出"高等教育生态学"概念，成为最早提出"高等教育生态学"概念的学者。

20世纪70年代初期，美国学界对教育生态学进行了广泛的研究。1971年，美国的罗纳德·费恩发表了《公立学校生态学——社区控制的探究》，从中观教育生态学的角度探讨了学校生态环境，为美国教育生态学的发展奠定了学术基础。

1976年，美国哥伦比亚大学师范学院院长劳伦斯·A·克雷明在生态学、教育学的基础上，率先提出"教育生态学"的概念，并运用于其著作《公共

---

① 夸美纽斯. 大教学论［M］. 傅任敢，译. 北京：教育科学出版社，1999.

② 李建忠，黄琴，刘松年. 马卡连柯集体主义教育理论的探析与启示［J］. 中国电力教育，2008（1）：14-15.

教育》①。他将教育看成一个有机的、复杂的、统一的系统，教育生态系统中的各因素——个体、教育机构、教育结构及与之相关的社会都有机地联系着，这种联系又动态地呈现为一致与矛盾、平衡与不平衡。他从教育生态学的角度呼吁营造一种良好的教育氛围。

教育生态学自诞生以后，很快进入了各级各类教育领域，引发了研究热潮。罗纳德·费恩的《公立学校的生态学》、坦纳的《生态学、环境与教育》、沙利文的《未来：人类生态学与教育》、莱西与威廉斯的《教育、生态学与发展》等是教育生态学研究的主要代表人物及著作。学者们把教育视为一个有机的、复杂的、统一的系统，即教育生态系统。此后，教育生态学的研究在深度和广度上都不断地拓展。美国学者古德莱德（John I. Goodlad）首次提出了普通学校应该作为一个完整的生态系统进行研究，并提出了全面改革学校的整套方案，著有《学校变革的生态学》《一个称作学校的地方》。

国外对教育生态学漫长又丰富的研究，给予了我国学者可参考借鉴的研究经验。1975 年，中国台湾方炳林教授最先在《生态环境与教育》中涉及教育生态学领域。此后，众多的学者参与这个古老而又新兴的学科研究，吴鼎福、诸文蔚的《教育生态学》，李聪明的《教育生态学导论》，任凯、白燕的《教育生态学》等对教育的生态环境、教育的生态结构、教育生态学的基本原理以及教育生态的基本规律等进行了细致研究，教育生态学逐渐为社会关注。进入21 世纪，随着生态文明理念的发展和深入人心，生态学及相应的教育生态学越来越受到人们的重视。

从目前对教育生态学的研究情况来看，不同的学者基于不同的研究视角，对于教育生态学这一概念有不同的认识。有的学者认为，教育生态学主要是研究教育实践活动的主体（人或教育单位）与其外部社会、自然界及内部群体、个体之间进行物质、能量、信息交换与动态平衡的规律；有的学者则认为，教育生态学主要是利用教育生态观来认识和解决目前教育中所出现的问题。总的来说，教育生态学是将生态学和教育学有机融合的新领域，以生态学的原理和方法作为分析问题与解决问题的视角，将教育和影响教育的周边环境作为一个具有一定结构与功能的整体系统，以教育实践中出现的问题为出发点，在宏观、微观的层面，不仅着眼于解决已存在的教育生态问题，还着眼于优化教育生态主体和教育生态环境之间的关系，达到生成和谐的教育生态的目的，以促进师

---

① 克雷明. 公共教育［M］. 宇文利，译. 北京：中国人民大学出版社，2016.

生发展、促进教育活动持续健康地发展。

教育的生态环境是以教育为中心，对教育的产生、存在和发展起制约与协调控制作用的多元环境体系。教育的生态结构包括宏观和微观两个层面。宏观生态最大的范围是生态圈，其次是世界上以各国家为疆域的大生态系统。微观生态的范围广泛，可以是学校、教室、设备乃至座位的分布对教学的影响，也可以是课程的设置目标、智能、方法、评价等，还可以是学校的师生关系、同学关系乃至学生个人的生活空间、心理状态对教育的影响。总体上，分析教育的生态结构，要把握"生态环境、输入、转换、输出"四个环节，这四个环节环环相扣，循环不断。

整体上看，教育生态系统是一种耗散结构系统，也就是说，是一个开放的系统，与政治、经济、科技、文化等外部环境有着天然的联系，并不断地进行能量、物质、信息交换，从而达到一种"有序"的平衡态。[①] 基于此，教育生态学既讲究生态视角下的教育规律，也讲究教育及其内外部环境之间的规律，在实现育人功能的同时，发挥社会功能。

二、教育生态学的基本原理和规律

教育生态规律是指以生态学观点来研究教育与外部生态环境之间以及教育内部各环节、各层次之间本质的、必然联系的基本规律。我国较早研究教育生态学的吴鼎福在《教育生态学刍议》中认为："教育的生态平衡是教育生态的核心问题，也是一条最基本的规律。"[②] 综合目前已有的研究来看，生态学有两项最基本的原理：生态系统原理和生态平衡原理。在这两项基本原理的基础上，衍生出教育生态学的其他基本原理和规律。综合国内外的相关研究，笔者将教育生态学的基本原理和规律整理归纳成以下十四类，尝试通过基本原理和规律研究各种教育现象及其成因。

（一）整体效应和整体关联规律

一种生态行为的产生受到全局性的多因素影响，这都是整体效应的体现。教育生态系统是一个统一的整体，各种教育生态因子之间存在着整体关联。教育生态系统中，某一教育生态因子的变化会引起其他教育生态因子的变化及反

---

① 付臻，吴迪龙. 基于耗散结构理论视角的教育生态系统特征及其表现模态论析 [J]. 江淮论坛，2017（5）：145–149.

② 吴鼎福. 教育生态学刍议 [J]. 南京师大学报（社会科学版），1988（3）：7，33–36.

应，起到"牵一发而动全身"的作用。其整体关联包括教育系统内部各种教育生态因子之间的整体关联，以及教育与其所处的周围生态环境中的政治、经济、文化、科技、民主、法制等各种教育生态因子的整体关联，甚至还包括各种教育生态因子之间的整体关联、不同教育生态系统之间的整体关联，以及教育生态系统在不同发展阶段上的整体关联。教育生态系统内部各种教育生态因子之间，时刻在进行着信息、能量、物质的传递与交换，各种教育生态因子之间构成了相互影响、相互制约、相互依存的关系。美国于 20 世纪 70 年代提出的"生计教育（Career Education）"，即从教育的整体效应着眼而提出教育工程，目的是以全局性措施来改变教育与劳动脱节的时弊。

（二）动态平衡规律

教育生态学的核心问题之一，就是教育生态平衡。生态平衡是指在一定的时间和相对稳定的条件下，生态系统各部分的结构和功能处于相互适应与协调的动态之中。生态平衡是一种动态平衡。把握教育生态平衡的规律，能从根本上揭示教育方面存在的问题的实质，推进教育发展。

教育生态平衡可以从教育生态系统的结构、功能两个不同角度来分析。教育生态系统，通过系统中的各种生态因子复杂的适应与调节会达到各种生态因子相对和谐、结构相对稳定、功能高效优异，各方面综合协调的动态平衡状态。当教育生态系统达到动态平衡的最稳定状态时，它能够自我调节和维持自己的正常功能，并能在一定程度上克服和消除外来的干扰，保持自身的稳定性。处于动态平衡的教育生态系统，假如某些教育生态因子发生巨大改变，超过教育生态系统所能调节的极限，就可能破坏动态平衡状态。失去平衡状态的教育生态系统，各种教育生态因子再经过一定时期的相互作用和调节，又会达到相对和谐与动态平衡状态。整个教育生态系统是按照平衡到不平衡再到新的平衡的规律发展变化的。

值得注意的是，由于恢复教育生态平衡或建立新的教育生态平衡周期表，加上教育的效果滞后，有些平衡失调在一段时间呈隐性，一时难于反馈、显示出来，这就要求人们根据平衡原理及科学的检测方法，主动去观察、分析，采取超前对策，能动地加以调节，否则将付出昂贵代价。

（三）限制因子定律

1954 年，奥登提出"限制因子"概念，限制因子即达到或超过生物耐受限度的因子。1965 年莱特提出，当生态因素处于不足时，或低于临界线，或超过最大忍受度的情况下，就会起限制因子的作用。

　　教育生态学的生态系统中，限制因子是客观存在的。教育的存在和发展依赖于各种教育生态因子的综合作用，其中限制教育存在和发展的关键因子就是限制因子。在特定的教育生态系统中，如果某些教育生态因子的量（或质）低于或超过某一界限，就可能成为该教育生态系统的限制因子。例如，对于一个学校教育生态系统，如果招生困难，学生的数量会成为该学校教育生态系统存在和发展的限制因子；如果学生数量多，教师数量不足，教师数量会成为该学校教育生态系统的限制因子；如果宿舍或教室不足，它们也会成为学校教育生态系统的限制因子；等等。教育生态系统中的限制因子多种多样，不仅包括自然因子，还包括社会因子、经济因子、生理因子与精神因子。对于限制因子，我们要看到它的客观限制性，重视它、分析它，不断排除它的限制作用和影响。

（四）耐受性定律与最适度原则

　　1913 年，美国生态学家谢尔福德提出了耐受性定律。他认为，生物的存在与繁殖，要依赖于某种综合环境因子的存在，只要其中一项因子的量（或质）不足或过多，超过了某种生物的耐性限度，该物种就不能生存或者灭绝。

　　教育生态的个体、群体和生态系统在自身发展的一定阶段上，对周围生态环境的各种生态因子都有自己适应范围的上限和下限，在此范围内主体能很好发展。如果某些教育生态因子的量（或质）超过或低于一定限度，就会对教育的个体生态、群体生态及教育生态系统产生不良的影响。比如，教师授课的难度和进度：难度太低、进度太慢，学生会不耐烦，精力反而不集中，对内容不感兴趣；难度太大、进度太快，超出了学生的承受度，学生就会听不懂，学习兴趣也会下降，教学效果也不会好。这就是教育教学中应该遵守的最适度原则。值得注意的是，这个范围对不同的主体或同主体的不断发展阶段是不同的。

　　教育生态因子的耐受性与最适度原则，会随着不同的个体、不同的群体、不同的生态系统及所处的阶段的不同而变化。实际教育生态系统中的教育生态因子，因其他生态因子的限制作用，大多处于受抑区和适宜区，很难达到最适宜区。教育生态系统的耐受限度是可以改变的，因为教育生态系统对环境的缓慢变化有一定的调整适应能力，甚至能逐渐适应极端环境。教育生态系统中的各种生态因子之间存在明显的相关性。

（五）花盆效应

　　生态学中的"花盆效应"又称为局部生境效应。"花盆里栽不出万年松"，花盆是一个半人工、半自然的小生态环境，不仅在空间上有局限性，还要人为地为之创造适宜的环境。植物一旦离开这个环境，就会变得很脆弱，经不起风吹雨打，失去生存能力。传统的学校教育将学生限于教室内、课堂上、试题中，使学生脱离现实生活，封闭式的学校教育会产生局部生态环境效应。这一原理在教育学中一直深受重视，但从生态学的观点去分析，提高了高度，并逐渐有可能走向定量化。

（六）教育生态位原理

生态位是生态学中的一个重要概念，是指生态系统中每个个体或种群所占据的时空位置、功能地位及彼此之间的相关性。在自然界中，一个生态位空间只能容纳一个具有相同性质和属性的物种，它与处在临界生态位的其他物种可以和谐共存，共同完成物质、能量或信息的交换。在资源紧缺的情况下，同一生态位无法容纳多个物种，否则会引发激烈竞争，导致优胜劣汰。在教育领域，每所学校都有属于自己的特定生态位，学校的理想与价值追求、文化品位、教育性质与形式、学科与专业设置、师资状况、招生状况、资源配置、地理环境、校园历史文化传统等形成了生态位基础。

（七）教育生态链法则

"螳螂捕蝉，黄雀在后。""大鱼吃小鱼，小鱼吃虾米。"中国古代对于生物链已有一定的认识。食物链便是受此启发而提出的。生态链即生态系统中各种生物为维持其本身的生命活动，必须以其他生物为食物的这种由生物联结起来的链锁关系。这种摄食关系，实际上是太阳能从一种生物转到另一种生物的关系，即物质能量通过食物链的方式流动和转换。教育生态链不同于自然界的食物链，它与不同阶段的教育、教学的特点有关，不仅有基于能量流传递摄取的关系，还有知识流的富集关系、各学科之间的交叉融通等。

（八）社会群聚性与阿里氏原则

生物具有群聚性，生物的群聚程度影响群体的动态，生态学家阿里针对此种情形提出最适密度原则，这就是阿里氏原则，即种群的疏密程度随生物的种类和环境条件的变化而变化，过疏或过密都会起限制作用，所以每种生物都有自己的最适密度。作为最高等生物，人也具有群聚性。教育生态系统中，不论哪一种教育群体也都有自己最适密度，不适当的密度会对教育群体的活动和效能的发挥产生影响。如班级、学习小组人数过多会影响教学活动的开展，而像外语、体育这一类实践性课程，会因实践机会过少，影响更甚。

（九）群体动力关系、竞争机制与协同进化规律

群体动力是指群体各成员间相互作用和影响，反映在群体内有：同侪依慕（附）关系、权威关系、利群行为、合作关系、共生或共栖、中性作用、竞争、

侵犯、寄生性现象；社群领袖等。特别是其中的竞争、合作、共生等关系。

教育生态的竞争机制，即在教育生态的同一层次的学校、学科、年级（或班级）和个人之间，由于生态位类似或相近，面临的环境条件和问题相仿，需求相同，从而产生激烈竞争。不同层次之间一般不存在竞争，同一层次内则普遍存在着竞争。这符合教育生态学的生态位原理。竞争分为良性竞争和恶性竞争。良性竞争多数是在同一目标下，或基于共同利益，彼此学习、促进，去获得胜利。

教育生态的协同进化，包括教育生态系统内部教育生态个体之间、教育生态群体之间，以及各种教育生态因子之间的协同进化，同时包括教育与其所处的生态环境中政治、经济、文化、法律、道德、民主与法制等教育生态因子之间的协同进化，以及不同地域间教育生态系统的协同进化。整个教育生态系统的进化是沿着结构由简单到复杂、功能由不完善到完善、阶段由低级到高级的规律进化的。

（十）富集与降衰规律

教育生态系统中存在智能流、物质流、能量流、信息流、人才流、价值流等富集现象。一般来说，随着富集度的增大，相应地促使教育生态系统朝着高水平发展，对教育生态系统结构和功能的优化产生积极的作用。但是，在一定时间、空间条件下，并不是富集度越大越好，有时反而会产生副作用。教育生态系统中的富集表现在以下几方面：第一，智能富集。学生在由幼儿、小学、中学到大学，直至博士、博士后的学习和研究，后一阶段的学习和研究，总是在吸收、运用以前的经验、知识、技能，并在原来的基础上进行建构。在这个智能富集链中，学生的知识、技能成几十倍甚至上千倍几何级数增长。第二，物质富集。各学校有教学设施、实验仪器、体育器材等物质的富集。第三，能量富集。在教育生态系统中，教育经费的来源，有国家财政拨款、地方财政拨款以及企业、个人赞助等各种来源，最终富集为教育发展经费。第四，信息富集。各级教育行政管理部门，要从学校及其以下的教育行政部门征集教育信息，以利于教育生态系统中信息流的反馈与调节。第五，人才富集。各学校教育生态系统中有求学者的富集，在各大学、科研机构，富集大量的博士、硕士等专业科研人才及教师队伍。第六，价值流富集。知识、技能的掌握需要一定的社会必要劳动时间，也体现一定的社会价值，在智能富集链中，随着学历的增加、学龄的延长，所含的社会必要劳动时间也在增加，伴随着智能的富集，价值也在富集。

与富集规律相反，能量流、信息流也可能产生降衰的效果。如信息流随着时间的流逝和延长而衰减，以至于被遗忘。所以，学生学习知识，需要及时复习和练习强化。

（十一）边缘效应

对此有两种理解：一种是按生态学边缘效应含义作分析，如一个科研单位要有所发明、创造，必须进行合理的人才流动，通过学术交流、知识更新形成边缘动态；另一种是指现实存在的薄弱的边缘区，至今不被人们重视者。中国社会科学院人口与劳动经济研究所牛建林指出："现阶段，各省份教育发展不平衡问题突出，已成为我国教育发展不平衡性矛盾中最为核心和重要的表现。"[①]

（十二）教育节律

自然界存在生物节律，又称为生物钟。教育也存在教育节律。一方面，教育生态系统中的自然环境有周期性的变化；另一方面，教育者与被教育者都是人，人是有各种生理和心理节律的，这都是教育节律产生的重要原因。如果教育节律不与人的生理节律相适应，就会造成生物钟混乱，教育将达不到预期效果。教育生态系统中，预习、听课（或实验）、复习是教育节律；每学年、每学期、每周、每天的课程安排也是教育节律；单元考试、期中考试、期末考试、升级考试是教育节律；寒假、暑假、春游、秋游等也是教育节律。按照教育节律的正常运转机制安排教育、教学活动，使教育节律与人的生理、心理节律，以及自然界周期性的节律变化更好地吻合，有利于教育、教学质量的提高，促进学生全面发展。

（十三）良性循环规律

生态系统的良性循环对保持生态系统稳定、维持生态平衡，起着至关重要的作用。教育生态系统也存在良性循环机制。从宏观上看，教育系统内部与外部环境之间始终进行着周而复始的循环，教育系统中各个子系统之间及它们与环境之间不断进行物质、能量和信息的交换，它们层层相连，环环相扣，呈现出一种循环状态。每个系统在相对不变的"输入—输出比"的作用下，建立起"稳定态"或平衡。

从微观角度上说，教育本身不是静止的，系统内各因子不断地发展和变化以求自身持续地改进，不断创造、产生新的知识，从而推动整个教育更和谐、

---

① 牛建林.中国人口教育发展的特征、结构性矛盾与下一步思路：基于第七次全国人口普查公报和相关人口教育统计的发现［J］.教育研究，2021，42（11）：36-47.

更健康、更稳定地发展。因此，教育生态的良性循环观点要求学校的管理者放眼前瞻，在注重提高学校教育教学的效率、效益的同时，充分认识到本校的教育只是整个大教育系统的一个部分、一个环节或一个阶段，对个人来讲也不该是教育的终结而很可能是真正教育的开始。任何打破教育生态良性循环的意识和行为都会产生严重的后果。

（十四）遗传与变异

遗传与变异是知识传承和知识创造的两个基本出发点与本位，与上述分析视角相比，遗传与变异的分析视角属于教育生态学特有的一对分析视角。遗传的分析视角，是指按照事物的"基因"自身所固有的逻辑和法则去认识、整理各种教育现象和问题。因此，教育活动只有坚守教育品性，才能称其为教育。变异的分析视角，是指按照适应变化、发展求新的观点或标准去认识、整理和评价各种教育现象和问题。也就是说，它从变异的角度赋予教育现象和问题以意义和价值，并对各种教育现象和问题进行定位。由此，对教育创新的现象和问题，其赋予的是意义和价值的优先性。

以上为现阶段教育生态学的基本原理和规律，其研究仍在起步阶段，更多关于教育生态学的基本原理和规律尚待挖掘。随着教育时空的变化、学习场景的变革、教与学关系的转变，教育生态学的基本原理和规律也会出现更多的可能性。

三、教育生态学的应用与研究

综上所述，笔者认为，教育生态学就是依据整体、系统、平衡、动态的生态学原理，将教育和影响教育的周边环境（包括自然物质环境、社会环境、学校环境、家庭环境、个人环境等）作为一个具有一定结构与功能的整体系统，研究教育系统内部各种结构及其周边环境的相互关系，研究教育生态的特征及发展的基本规律，分析各种教育现象及成因；目的是提高教育效果，使教育的功能得以最佳发挥，进一步优化教育生态主体与教育生态环境之间的关系，促进师生发展，促进教育活动持续健康发展。

目前来说，国内外学者对教育生态的研究多在于宏观的教育规律等的研究，对具体学段学校微观甚少，但也为小学学校现状分析和改进提供了理论支撑。

学校改进的视角是多元的，但当下学校往往是依据行政部门出台关于学校"规范化""现代化"或"品牌建设"等文件和政策开展学校改进，缺乏理论意识与主体意识。例如，张人利主编的《学校的改进》（上海市普教系统名校长名师培养工程成果书系）收录了《按学生"最佳发展期"设课——一个重大的教育课题》《学校教育评价的改革》《实践教育——卢教院附属中山学校办学思想的三维路径》《促进学校研修文化的发育和生长：校长的文化使命》《区域课程领导力建设：从观念到行动》等文章，也只提供了多视角、多元的学校改进思路，缺乏明晰、系统的理论来推动学校改进。

以教育生态学视野来分析基础教育学校评估，主要是指鉴于当前基础教育学校评估中出现的诸种"失衡"问题，用教育生态学的理念、原则、方法等对这些问题进行系统分析，并在此基础上，尝试构建和谐共生、良性互动的评估实践，以改进学校评估实践并促进学校发展。

教育生态学视野下的学校改进，是对学校宏观和微观生态系统的整体把握与调适，其中微观生态的质量改善（如制度规范、课程设置、教育群体和个体等）是推动学校改进的难点和重点。在新课程改革的时代背景下，中小学学校的发展面临不同程度的挑战，教育生态的各种功能和交互作用发生变化。对此，学校要在把握生态环境的前提下，在评估实践中关注输入、转换、输出等环节。

第二节　探径，行远自迩

一所学校谋求健康、长远发展，无疑需要审时度势，深化综合改革。持续的改进才能促进学校的持续发展。东莞市中小学聂惠芳名校长工作室以教育生态学为根本出发点，运用教育生态学"限制因子定律""最适度原则"等基本原理与规律，开展学校发展诊断工作，分析工作室主持人与成员的学校所包含的生态性特征，以及对生态学视角下小学学校发展的现状进行分析并开展改进实践，形成基于教育生态学的小学学校发展现状的改进策略，制订学校品牌发展方案，消弭失衡现象，修复、优化学校生态系统，使学校走上良性循环、可持续发展的内涵发展道路。

一、基于教育生态学的学校发展诊断

学校既是宏观教育生态系统中的一部分，又自成微观生态系统。利用教育生态学对学校的发展现状进行诊断，首先要全面关注影响学校教育发展的宏观教育生态系统的生态环境因子（见图1-1）。接着，从微观及学校生态功能"育人"的角度关注学校教育微观生态系统的环境因子（见图1-2）。

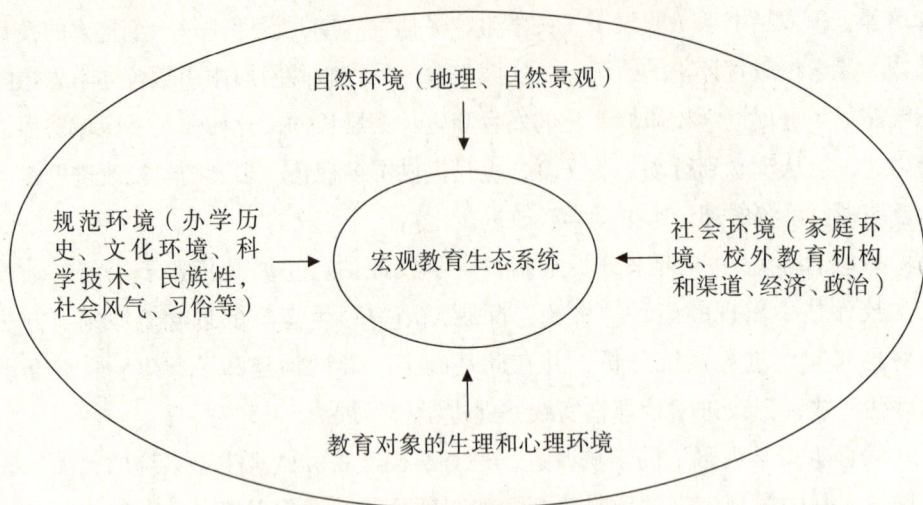

图1-1 宏观教育生态系统

图中文字：

自然环境（地理、自然景观）

规范环境（办学历史、文化环境、科学技术、民族性，社会风气、习俗等）

宏观教育生态系统

社会环境（家庭环境、校外教育机构和渠道、经济、政治）

教育对象的生理和心理环境

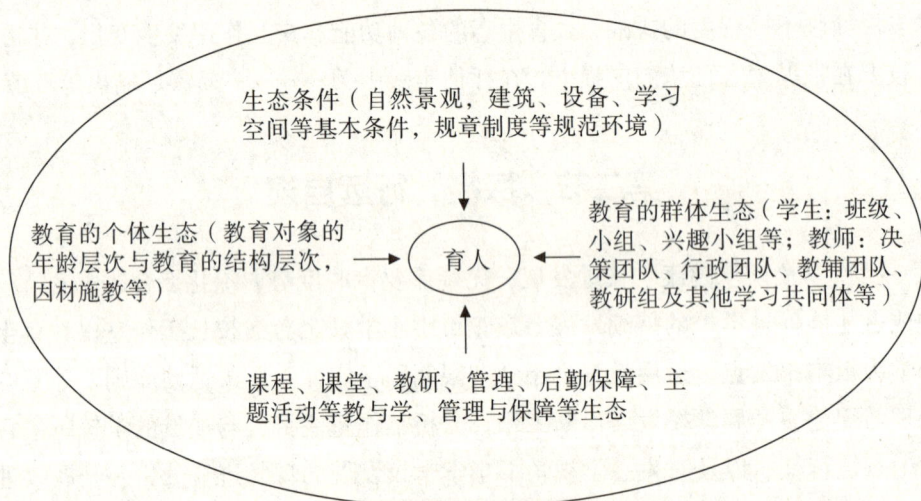

图1-2 学校教育微观生态系统

图中文字：

生态条件（自然景观，建筑、设备、学习空间等基本条件，规章制度等规范环境）

教育的个体生态（教育对象的年龄层次与教育的结构层次，因材施教等）

育人

教育的群体生态（学生：班级、小组、兴趣小组等；教师：决策团队、行政团队、教辅团队、教研组及其他学习共同体等）

课程、课堂、教研、管理、后勤保障、主题活动等教与学、管理与保障等生态

　　基于宏观和微观学校生态系统，我们可以运用教育生态学的系列基本原理和规律逐一分析影响学校发展的生态环境因子，全面对学校发展状态进行分析诊断：各因子是否缺失？数量、质量是否平衡，抑制或促进学校生态系统的良性可持续发展？

　　下面以东莞市石龙镇中心小学为例，该校结合学校办学权限对学校教育生态宏观与微观系统的各个影响因子进行分析，发现学校发展存在着诸多不平衡。

（一）宏观教育生态系统角度

东莞市石龙镇中心小学创办于 1913 年，地处华南地区广东省中南部、珠江口东岸，现有 70 个教学班，学生 3 450 人，办学历史悠久、办学规模庞大。历史上，学校处在最繁荣的商业区，生源好，是周边镇区非常受欢迎的名校。但随着地区发展重心转移，繁荣的商业区变成了"老人区"，学校面临生源结构性失血，生源素质骤然下降，学生所在家庭环境整体变差，且家校共育意识相对淡薄，缺乏家庭教育指导机制。学校七易其址，校园内植物种类杂乱，建筑风格不一，缺乏地方特色；校园文化一直没有得到梳理和有效传承；教育信息化滞后，教师适应信息化等新技术变革的主动性淡薄。总体上，学校教育微生态与国家教育宏观生态存在较为明显不平衡。

（二）学校教育微观生态系统角度

东莞市石龙镇中心小学在 2016 年以前已有 10 年没有新教师输入，教师总人数为 178 人，该校自主培养的高级教师、市级以上学科带头人等骨干教师为 0，45 岁以上教师 100 人，占教师总数的 56%。教师平均年龄大，缺乏团队、能力标准、测评方式的引领，专业发展停滞且严重失衡，缺少专业发展的内生动力。学校办学缺乏整体理念引领，"五育并举"的育人目标不明确，教师评价机制与标准不够多元，缺乏课程建设与支撑；德育工作缺乏抓手和特色；课堂教学观念陈旧、方法单一，教师的教与学生的学不平衡，教学实践中常常忽视学生的主体性，产生了许多矛盾现象，用一句话说：教学实践的现实走向与学生主体之间，产生了一系列"二律背反"现象。整体上，该校呈现明显的课程、课堂教学与教育个体生态、群体生态不平衡的现象。校长领导力、教师教学能力、培训团队指导能力亟须增强；教育教学质量提高亟须方向、抓手，课堂教学亟须跟上新课程改革的步伐。

人民群众对高品质教育需求和师生不平衡、不充分发展之间的矛盾成为学校发展"不可承受之重"。

二、基于教育生态学原理的学校改进措施

在分析了东莞市石龙镇中心小学宏观与微观系统的各个影响因子后，可以发现，制约一所学校发展的重要因子包括校园文化、教师专业水平、课程、课堂教学、教育资源等。基于教育生态学原理对学校发展进行有效改进，重点在于打造学校特色品牌，围绕文化、课程、课堂、师资、学校管理等全方面推动学校内涵式发展。以下从教育生态学的相关原理入手，进行具体的改进措施分析。

（一）基于教育生态位原理，精准定位，提升学校品牌竞争力

学校文化生态位是指某校的学校文化在整个学校文化生态系统中的位置，包括空间位置和功能位置。在教育资源有限的情况下，对地处同一区域的中小学校而言，因其空间位置相同，彼此之间容易发生激烈的竞争。目前，众多学校品牌效应并不理想，其首要原因是品牌定位不清，盲目追随社会热点的变动，或只顾眼前利益，缺乏长远规划，即学校未能结合自身特点，准确定位，形成核心竞争力。因此，精准的品牌定位，占有教育生态位是学校发展建设的关键。

学校品牌定位的重点就是要形成区别于他校的鲜明特色。学校特色的形成要建立在对学校品牌现状充分调研的基础上，全面挖掘自身的优势，明确实际情况，进而定位办学理念、制定人才培养模式等，与时俱进，发挥优势，展示特色。例如，杭州师范大学东城实验学校，以"仁爱、健康、智慧、责任"为教育理念，学校在短短几年从一所默默无闻的郊区学校，迅速发展成为杭州市集团化办学的九年一贯制品牌名校，其"四叶草"教育理念及极具特色的课程体系有着独特魅力和成功之处。

总的来说，中小学学校文化建设首先要保持定力，在充分探究自身的发展历史、评估自身的优势亮点的前提下，坚守学校品牌定位，精准占有教育生态位，增强符合度，切忌人云亦云随大流、朝令夕改失自我；其次要主动出击，通过对内开发学校及师生资源，对外整合优质资源、跨界利用异质资源，稳妥地拓展生态位宽度，构建"人无我有、人有我优"的学校品牌文化，不断增强学校文化的竞争力。学校必须根据自身实际和特色进行精准定位，通过不断的努力使学校的各种有利因素，如学校品牌定位、校园环境建设、教师团队建设及科研力量提升等，真正融合成学校品牌的"名片"。

（二）发挥整体效应，明确目标，重塑办学理念体系

教育生态学认为，一种生态行为的产生受到全局性的多因素影响；反之，一种生态行为可能改变整个生态系统，这都是整体效应的体现。学校基于教育生态学原理的改进，首先要从为学校、师生可持续发展和教育的整体效应着眼，诊断学校办学理念与育人目标，制订学校品牌发展整体方案，目的是以全局性措施来改变学校发展的诸多不平衡现象。

2016年秋季，东莞市石龙镇中心小学秉承"十年树木，百年树人"的教育初心，生发于校园中央的两棵百年凤凰树，以"树文化"为核心的校园文化，以杜威"儿童中心论"和陶行知"生活教育"为主要理论基础，构建了体系完整的品牌发展理念体系：办学理念——以儿童为中心，让每一位学生像树一样茁壮成

长；办学目标——办有文化、有品位、有追求的历久弥新的百年名校；学生培养目标——培养"向阳养正、尚美共生"的有根之人；校训——向阳养正，尚美共生；校风——向善向上，求真求进；学风——乐学善思，合作探究；教风——聚爱成荫，因材施教；全面实践"以儿童为中心"的"树人教育"核心理念。

在重塑办学理念与育人目标的基础上，东莞市石龙镇中心小学制订了"以儿童为中心的树人教育品牌培育方案"，升级校园设施设备配置，推进校园文化建设，完善"树人"空间；优化学校管理体系，提升管理信息化水平；深化课堂改革，打造"以儿童为中心"的"树人"课堂；加大课程建设，丰富"凤凰树"课程与评价体系；构建名师工作室、工作坊等教研共同体，促进教师专业发展，增强"树人"动力。品牌培育这一整体效应的有效发挥，使学校实现了高质量发展，"树人教育"品牌生命力得到焕发。

（三）基于遗传与变异视角，注重传承与创新，提升学校文化建设

学校的校园文化是品牌内涵设计其中一个重要组成部分。著名教育家苏霍姆林斯基对学校的校园文化建设做了精辟的概述——"我们的教育应当使每一堵墙都说话"。教育生态学中的遗传分析视角是指按照事物的"基因"自身所固有的逻辑和法则去认识、整理各教育现象与问题，变异分析视角则是按照适应变化、发展求新的观点或标准，去认识、整理和评价各种教育现象与问题。这要求学校进行文化建设时需处理好传承与创新、内生与借鉴的关系。

1. 继承学校传统，擦亮学校文化底色

在学校历史长河中发生的关键事件、出现的重要人物，就像是学校的"文化基因"，携带着学校的遗传信息，蕴含着丰富的文化价值，是一所学校有别于其他学校、展现厚重文化底蕴的关键要素，也是提炼学校文化核心价值体系的重要源泉。因此，中小学学校文化建设要善于"回头看"，通过对学校所积淀的历史文化的追溯和梳理，理清学校发展的文化脉络，凝练凸显学校发展历史的文化主题，继承学校优良的文化传统，擦亮学校文化底色。例如苏州高新区实验初级中学，从苏杭地区太湖石的"皱、瘦、漏、透"特点衍生出学校的特有教学模式，用以培养有高度、有力度、有温度的卓越师生团队。

2. 立足学校实际，彰显学校文化本色

每所学校的发展历史不同，其发展现状自然也各不相同。为此，中小学学校文化建设必须"向内看"，坚持以校为本。一是要基于学校的发展实际、特色优势，而不是本末倒置地先提出一个"高高在上"的文化理念，大刀阔斧地改变学校原有的一切，让学校去适应某一特别的文化设计；二是要基于师生员

工的特点、专长，接师生之"地气"，而不应脱离师生实际，让学校中的师生去适应"突如其来"的文化设计。总之，学校文化建设只有"从学校中来""从师生中来"，才能真正"回到学校中去""回到师生中去"，最大限度地彰显学校文化的本色。如杭州师范大学东城实验学校和苏州高新区实验初级中学，学校把优秀师生、历届优秀毕业生的照片和成果成就作为校园文化建设的核心之一，放置在师生最常见的地方。这样在体现"以生为本"的同时，能让师生对学校产生更大的认同感和归属感，有利于学校的荣耀一代代传承下去。

3. 面向未来发展，打造学校文化特色

教育生态学中的遗传分析视角要求学校文化建设重视学校基因，保持学校文化的底色和本色。然而，外部环境瞬息万变，仅依靠遗传信息不足以自如应对，还应善于对环境的变化形势做出预判，及时通过"变异"调整自身。因此，中小学学校文化建设应该"向前看"，面向社会未来发展需求，面向学校未来发展需要，面向教师和学生家长对学校发展的期待、对学校育人结果的期待，面向学校全体成员的共同目标和愿景，在分析研判中找准自己的文化定位，打造学校文化特色。

4. 整合外部资源，增添学校文化亮色

变异的分析视角还启示我们，为适应外部环境的变化，学校文化建设要将眼光放到学校之外，善于整合外部资源，取其精华、为我所用。为此，中小学学校文化建设要秉持包容的理念、保持开放的姿态，通过校际、区际、市际，甚至国际的合作交流，从其他中小学的学校文化、高校文化、社区文化、区域文化、社会文化、国际文化中，吸收先进的成分，汲取有益的经验，并将其融入本校的校园文化建设中，增添学校文化的亮色。值得注意的是，在整合外部资源的过程中，在面对其他学校文化建设的成功经验时，一定要保持辩证的思维和批判的眼光，结合本校实际情况，有选择地借鉴建设思路和举措，切忌生搬硬套、简单模仿。

（四）突破花盆效应，"五育并举"，构建课程体系

无论多先进、多新颖的办学理念和教育思想，最终都必须付诸行动。而教师的教学活动都要有课程体系的统一设置才能让学校的办学理念和教育思想落地生根。只有建立起行之有效的课程体系，才能彰显一所学校的特色和品牌。

俗话说："花盆里养不出万年松，庭院里跑不出千里马。"优秀人才需要拥有广阔的空间才能成长起来。贯彻全面育人的理念，要摒弃狭隘的课程观，拓宽课程的内涵与边界，并突破"单科"思想，使各种知识相互贯通、渗透和融合。新课程改革强调课内学习与课外运用的重要性，要求课程的教与学，不

能局限在课堂上、封闭在校园里。这需要学校着眼于学生的终身发展，从动态的角度审视课程，建设多元的"五育并举"的课程体系，打破花盆的桎梏。

东莞市石龙镇中心小学根据学生培养七大基础目标（一颗爱国心、一种好心态、一流好品格、一身好体魄、一个好兴趣、一种好思维、一生好习惯）、七大特色目标（一群好师友、一种思维工具、一手规范字、一副好口才、一篇好文章、一项传统才艺、一项现代才艺），全面开展以儿童为中心的"凤凰树课程"建设，推进"基础性课程（树根）+拓展性课程（树干）+探究性课程（枝花）+劳动实践课程（叶果）"的融合实施，着力打造以儿童为中心的"凤凰树课程"体系。自 2016 年起，该校开发校本教材 6 本，开设"凤凰树课程"80 余个，如书法、绘画、木艺、车模、航模、海模、建筑模、管乐、合唱团、科创团、少年讲书人等。同时，建设与实施中华优秀传统文化"一科一品"的特色课程，解决中华优秀传统文化进课堂"进什么、进多少、如何进"的问题。此外，在课外创新开展"活动型主题班会""艺术心理教育""家庭例会教育""班级特色'树'文化建设"等主题活动，优化读书创客艺术节、体育节、新年音乐会等特色主题活动。多管齐下构建课程体系，落实"五育并举"，以课程奠定学校特色发展的根基。

（五）基于耐受性定律和最适度原则，构建生态课堂，减负提质增效

"教育的个体生态其承受力和耐受度是很明显的，达不到或超过'度'，就会产生不利或相反的影响。"[①]传统的灌输型课堂，教师在课堂上追求讲深、讲透、讲全面，课后作业布置得多、难。但这种"填鸭式"教育，拔苗助长，超过了学生发展的耐受阈值，超出了儿童发展的最适度范围。

东莞市石龙镇中心小学在教育生态学理论的指导下，依托信息技术提升工程 2.0，以获评东莞市首批品质课堂实验学校为契机，坚持"以儿童为中心"育人理念，让信息技术赋能"教与学"变革，积极建设"一核三环九步翻转课堂""学习品质提升""教学品质提升"等三个课堂，构建以儿童为中心的生态课堂文化，提升教学能力与质量，努力践行减负提质增效。

经过几年的探索实践，该校以儿童为中心的生态课堂文化基本形成，"一核三环九步翻转课堂"入选教育部在线教育研究中心在线教育"智慧教学试点项目"。该教学模式以核心目标为导向，通过课前、课中、课终三个环节，开展微课等知识脚手架、探究合作学习支撑下的"自学—笔记—检测—演示—研讨—

---

①　吴鼎福，诸文蔚. 教育生态学［M］. 南京：江苏教育出版社，1990.

点拨—总结—反思—拓展"等九个步骤的教与学活动。知识脚手架、探究合作学习给了学生"跳一跳摘苹果"的垫脚石；发现问题、探究问题、检测反思、解决问题、归纳实践、迁移扩展等知识生成、内化的全过程基本在课堂上完成，既减轻了学生课后学业负担，也让学生的知识、情感、经验等得到了发展。

该校同步建设学生"学习品质提升"和教师"教学品质提升"等两个课堂。遴选、整理并培养学生技术环境下基本的学习习惯，指导学生学会使用基本的学习工具。先后开展了课堂礼仪、小组合作规程、自学笔记撰写、思维导图等培训，成立了冷芬腾莞式慕课教研工作坊，开展近60期专题研修，全面系统提升教师智慧环境下的教学品质。

（六）运用边缘效应，实现家、校、社区共育

学校教育生态系统的边缘地带在于家庭教育，在于学校所在的社区。家、校、社区的交互、协同可以形成和谐共育的良好氛围，有效地促进学校教育生态系统的可持续发展。教育生态学视域下的学校改进，需要重视和运用边缘效应，实现家、校、社区共育，共建良好教育生态。

如东莞市石龙镇中心小学通过积极建设全国规范化家长学校、与社区开展文化共建等方式，形成了家、校、社区互动、合力。学校承担着教书育人的责任，家长则是学生的第一任老师，而社区需为学生的成长提供合适的土壤、环境和养料。家、校、社区协同共育，关键在"共"，目标在"育"，三方主体需要真正建构衔接顺畅、高效运转、深度融合的共育机制，实现人才共用、阵地共建、资源共享、责任共担，以激活合作育人的边缘交互作用。

（七）运用富集与降衰规律，建立机制，优化管理

"教育生态系统的物质流、能量流和信息流，在宏观上主要为径流，即比较明显的迁移；但微观上表现为潜流，即不明显的潜移。"能量流从学校决策层面开始流动，分散到各个群体直至教职工个人，逐渐由径流变成不明显的细小潜流。在迁移和潜移的过程中，能量或出现过度富集，或出现逐级降衰，直至消耗散失。这也是学校传统垂直化管理容易导致的普遍不平衡。

1. 通过项目化和充分利用信息技术建立扁平化的管理机制

东莞市石龙镇中心小学将优化学校管理体系，提升管理信息化水平作为学校生态发展的重要抓手。一方面，尝试推进项目化管理，克服传统条块管理中管理链条长、效率有待提高的问题。在提高学校管理效能的同时，为年轻普通教师提供了宝贵的锻炼机会，培养管理人才，提升教师团队领导力。自2016年秋季学期起，学校先后成立慕课教研工作坊、"树人课堂"教研工作坊等近20个项

目组，项目负责人既有行政干部，又有普通教师；各项目组良性竞争与合作，教师分层、分类，有目标性地抱团成长，实现了学校发展难点、痛点的攻坚，促进了师生协同进化，项目实施效果显著。另一方面，向第三方科技公司购买服务，搭建基于网络的未来校园平台，搭载了系列办公应用、教学应用，具有如审批、公告、通知、晨检午检、班级量化、行为点评、社团选课、在线公开课等功能。同时，未来校园平台还开发了"树人教育智慧校园"可视化发展评价系统，既实现了办公、教育教学教研管理的智能化，又实现了学生过程性多元评价。

2. 精细化层级管理模式助推学校品牌的升华

精细化层级管理要有制度化、规范化、民主化、科学化的管理运行机制，和一个人尽其才、物尽其用、事尽其理的工作环境。无论是"松散型"管理模式，还是"集团式"管理模式，都融合科学的层级管理理念和"单元式"灵活运作的精细化层级管理模式，有效地解决了择校难和资源共享难等一系列难题，有力地推进了区域教育的优质均衡发展。要实行精细化层级管理，需做到以下四个方面。

一是优化绩效分配模式。鼓励多劳多得、优质优酬，充分调动广大教师参与学校管理的积极性。

二是建立立体管理网络。学校行政模范带头，融合教师团队、学生、家长志愿者及居委会等的力量，实现学校、家庭、社区联动的立体管理网络。

三是师生参与学校管理。将安全、卫生、后勤、资产、师生教学活动等常规管理工作落实到每个层面和每个细节，并注重激励、表扬和引导。如安全管理工作，可以将整个校园以区域划分，由学校制定各方面的管理工作指南，以级、班为单位细分并"包干到户"。落级行政和级长带头，教师和学生在保证自身安全的情况下参与，负责区域内的安全排查登记、信息反馈、汇报、整改监测等，并要求做到区域联动、互相监督、互相学习、定期上报，以及适当宣传、评价和表扬，使师生们以主人翁的姿态参与学校的管理。

四是促进学生习惯内化。将管理工作与常规教育活动相结合，如《小学生守则》和《小学生日常行为规范》的学习与实践、文明班评比及常规教育教学活动等。以此促进学生行为习惯的内化养成，让师生成为学校"品牌"的一部分。这些管理工作与学生的成长息息相关，让师生参与其中的目的是要让大家通过实践深入了解学校，感受学校优质管理给自己带来的好处。

（八）基于共生与竞争分析视角，密切协作，助力教师专业成长

教育生态学的共生分析视角是指"按照事物间是相互依存、积极合作的关系之预设去认识、整理和看待教育活动和现象"[①]，竞争分析视角则是"在教育资源有限、教育主体生态位重叠的条件下，按照教育主体为谋求发展而开展竞相争斗、相互排斥的关系之预设去认识、整理和看待教育活动和现象"[②]。由此可见，共生与竞争分析视角是相互对立的。然而，两者又是辩证统一的。按照这一对分析视角，师资建设要把握好合作与竞争的对立统一关系，既要积极对待合作，长于"请进来""走出去"；又要理性看待竞争，善于在激烈的竞争环境中拓展生态位宽度，推动学校长远发展。

清华大学老校长梅贻琦先生曾说过这样一句话："所谓大学者，非谓有大楼之谓也，有大师之谓也。"[③]一所学校的发展，教师教育教学质量的提升是关键因素。因此，要保障教育教学的可持续优质发展，必须强化师资力量建设。其中，建立教师分层培训机制是重要策略。

1. 建立新教师的培训机制

培养新教师，让其跟上学校的发展步伐，需要建立长效培训机制，以提升新教师的专业能力，保障学校教育教学的质量。首先，可以由地区教育行政管理部门联系培训机构或教育指导中心、名校，甚至高校提供帮助和指导，也可以通过购买社会服务等方式，帮助新教师量身定做全方位岗位培训方案，并定期考核和适当奖励。其次，可以规划、动员和鼓励经验丰富、能力较强的教师，以导生制的"一带一"或"一带多"的形式指导新教师的日常教学和班级管理。再次，可以定期组织新教师参与区域联动，开展课例交流和评课活动，促使其不断反思课堂。最后，鼓励新教师通过网络或参与业余专业培训，尤其是教育信息化培训，丰富自身的教学手段。

2. 关注经验型教师的成长

一所学校里面或多或少都会有一部分经验非常丰富但业绩一般的教师，他们的提高对学校的发展很有帮助。关注经验型教师的成长，可以尝试鼓励其多参与教科研活动和镇（区）内送课活动，让他们在展示中反思自己的课堂；也可以鼓励他们与新教师结对，有意识地发挥其指导新教师的作用，并促进自身能力提高；还可以定期要求他们在科组内作经验分享，聘请专家为其"把脉"，

---

① 刘贵华，朱小蔓. 试论生态学对于教育研究的适切性［J］. 教育研究，2007（7）：6-7.

② 刘贵华，朱小蔓. 试论生态学对于教育研究的适切性［J］. 教育研究，2007（7）：6-7.

③ 此为梅贻琦先生在1931年就职清华大学校长演讲时所说。

找出"症结"所在，并努力改善其教学效果。

3. 培养骨干教师，梳理品牌教师

第一，学校层面充分论证，制订教师培养计划，并落实奖励措施，激励教师积极参与，有意识地将品牌效应逐步辐射到绝大多数教师。

第二，通过校内竞选或科组推荐等方式，在每个学科当中挑选出一批经验丰富、能力强、业绩优秀的青年骨干，作为本校各个学科的"品牌"教师培养对象。

第三，通过高端讨论，引导教师打破思维定式，强化教学风格，并有意识地帮助他们树立"金字招牌"。还可以聘请或邀请专家学者"把脉问诊"，帮助教师提炼个性化品牌。

第四，搭建平台，推荐教师到省、市名师工作室等优秀团队当中学习和锻炼，并与省、市一些优质学校结对，为教师搭建平台，在不抑制教师个性发展前提下，引导鼓励他们主动探索教学风格，逐步推广自己的品牌，在镇（区）内乃至市内形成一定的品牌影响力。

第五，建立团队。以名师工程为契机，以品牌教师为核心逐步建立品牌团队，以团队为孵化器，培养更多的品牌教师，形成良性循环。

第六，加强宣传。有意识帮助教师做好品牌宣传，可以通过镇（区）和学校网站、微信公众号、市微课掌上通、教育资源公共服务等平台，以及开展公开性的品牌活动，适度宣传推广他们的品牌。

此外，强化教育科研，以研促教，也是促进教师成长的重要途径。学校要从管理层面统领，制定目标和研究方案，分学科、分层次、分领域开展教育科研工作，让科研引领学校发展，在培养更多的"专家型"教师的同时彰显学校的品牌。

（九）强调动态平衡，统筹协调，促进学校和谐发展

在理解平衡时要注意，"平衡是动态的平衡，而非绝对静止的平衡"。按照这一分析视角，学校发展首先要明晰发展目标，再运用动态、和谐、协调的思想去建设，以实现学校生态系统的平衡。

学校发展建设包括校园文化建设、课程体系、课堂改革、师资团队建设等各方面。如学校文化结构包含了物质层面（校园建设）、制度层面（各种规章制度）、精神层面和行为层面（师生的行为举止），其核心是精神层面中的价值观念、办学思想、教育理念、群体的心理意识等。从平衡的分析视角出发，作为学校文化生态系统的构成部分的物质文化、制度文化、精神文化和行为文化，应当按照和谐、协调的假设来进行建设。首先，从建设的价值取向来讲，

学校文化的物质层面、制度层面、精神层面和行为层面的背后所折射出的价值取向必须协调一致，不能出现"琳琅满目""杂乱无章"，甚至是彼此矛盾的情况。故而，学校文化各个层面的建设均以精神层面中的价值观念为核心，再以点带面向外辐射至学校的方方面面，使得学校文化各层面的建设有机统一。其次，从建设的规模、进程来讲，物质文化、制度文化、精神文化和行为文化要保持齐头并进的发展态势，既要重视显性物理环境的打造，加强校园绿化、美化建设，也要重视隐性心理环境的营造，强化学校核心价值体系的规范、引领作用；既要重视学校规章制度的建设，用制度规约、引导师生，也要重视学校历史传统的现代性挖掘，用故事和仪式激励、感化师生。最后，学校的建设需要投入人力、物力、财力，把充足的物质流、能量流和信息流输入学校建设中。学校要懂得如何正确合理地使用经费、分配物资、安排人力、解读政策，以保持学校文化生态系统功能上的平衡。

教育生态学理论作为教育科学的新领域，运用其基本原理和规律指导学校改进的实践空间还很大。同时，学校、教师、学生都处在动态发展的过程中，这需要我们持续、深入地进行研究和实践。

◆ 案例一

校长教育思想驱动学校品牌发展的路径与策略[1]

◎ 案例背景

百年老校东莞市石龙镇中心小学通过对办学传统的挖掘、对现实困境的反思和对未来发展的定位，凝练出"树人教育"课程理念，确立了"养正德育"的实施方向。并通过塑造"正雅"校园文化、构建"凤凰树"育人理念、打造"树"特色班级文化、建构"正思"课程体系、打造"正身"教师队伍、推行"正身"体艺活动、探索家校协同教育等实施路径，在促进学校建设、树立学校品牌方面取得了良好的效果。

一、校长教育思想的内涵

校长不仅是学校行政负责人，更应该是学校教育思想的引领者，是学校发展的设计师、指挥员、参与者。校长的教育思想引领学校发展方向，凝聚学

---

① 本案例由东莞市石龙镇中心小学聂惠芳、苏海平、石光明提供。

校发展力量，推动学校品牌发展。这里所指的教育思想，是教育工作者对教育活动、现象、问题与规律的理性、相对系统的思考、认识和表达，也包含对教育家思想的实践、整合、传承、发扬等。校长的教育思想在此基础上包含对学校发展的理性、相对系统的思考、认识和表达。归根到底，校长的教育思想就是能科学、系统地思考、实践、回答"为谁培养人？培养什么人？如何培养人？为谁办学？办一所什么样的学校？怎样办一所培养人的学校？"等六个问题（简称"校长办学思想六问"），是校长对教育和办学理念、方法、规律等的系统思考，独立而科学的见解。

因此，校长的教育思想应该具备政治性、时代性、前瞻性、继承性、科学性、实践性等特点，具体包括学校观、教师观、学生观、教学观、课程观、文化观等。

二、校长教育思想的缺失会制约学校品牌发展

过去，因为区域经济发展不平衡，导致相当长一段时间内，"均衡化、标准化"成为办学的目标，学校普遍存在"千校一面"、缺乏质量意识、缺乏改革发展意识的现象。随着社会经济的发展及人们对教育需求的变化，改变"千校一面、千校一纲、千课一本"的模式成为改革的重点。《国家中长期教育改革和发展规划纲要（2010—2020年）》中要求"树立以提高质量为核心的教育发展观，注重教育内涵发展，鼓励学校办出特色、办出水平，出名师，育英才"。

要改变"千校一面"，促进学校特色、高水平办学，其中急需改变的是校长"不求有功，但求无过"的思想，要主动对教育和办学理论进行借鉴、整合，对教育现状及学校办学情况进行SWOT态势分析并形成独立见解，最终形成自己的教育思想。校长教育思想的缺失会严重制约学校的发展。校长教育思想的境界决定着学校的办学水平，校长办学思想的个性化决定着学校的办学特色和学校品牌。

三、凝练校长教育思想，驱动学校品牌发展

因为校长的教育思想是校长有意识学习、思考、实践和归纳的结果，并且是不断发展的，所以校长教育思想的形成与学校特色品牌发展是理论与实践相结合、并行不悖、共同发展的过程。笔者任职的学校——东莞市石龙镇中心小学创办于1913年，前身是东莞县立第二高等学校，现有70个教学班，在校学生约3 500人，专任教师178人，是"中国馆之父"何镜堂院士的母校，也是东莞为数不多的百年名校。但是，学校也存在办学、德育管理与教学管理缺乏整体理念引领，缺乏课程体系引导，教育信息化相对滞后等短板。在进入办学新的一百年，为科学制定学校五年、十年的发展规划，笔者组织离退休教师、

骨干教师深入研究办学历史，对学校开展 SWOT 态势分析；反复阅读国家教育法律法规、方针政策和中外教育教学论著；邀请国内著名教育专家"把脉问诊"，不断思考和验证"校长办学思想六问"，最终形成了校长的教育思想和学校的品牌理论体系。

1. "校史国情"中提炼、确立核心理念

"培养什么人"是教育的首要问题。建校之初，学校在校园中央种下了两棵凤凰树。两棵凤凰树屹立百年，是学生的快乐园地和活动中心，成为学校的育人初心：学生就是小树苗，教师从事着"十年树木，百年树人"的育人工作；无时无刻不提醒学校管理者始终要将学生放在办学工作的中心，无时无刻不提醒教职员工始终要将立德树人放在教育教学的中心；无时无刻不提醒学生要像树一样茁壮成长，追逐阳光，强基固本，根深叶茂。为此，东莞市石龙镇中心小学秉承发扬"凤凰树在校园中央，儿童在教育教学中心"的办学传统，构建了以学生为中心的"凤凰树"育人理念，尊重儿童在教育活动中的主体地位。紧紧围绕育人理念，"树人教育"核心理念应运而生。

我国进入中国特色社会主义的新时代，学校进入办学新的一百年，赋予了学校"树"文化、"树人教育"新的内涵和时代意义：坚持把立德树人作为根本任务，坚持社会主义办学方向，坚持扎根中国大地办教育，坚持以人民为中心发展教育，坚持深化教育改革创新，坚持把服务中华民族伟大复兴作为教育的重要使命，坚持把教师队伍建设作为基础工作。即学校要继承和发扬"树人教育"的核心理念。

"树人教育"以"养正德育"为实践模式，践行"以学生为中心，让每一位孩子像树一样茁壮成长"的理念，培育有家国情怀的时代新人，培育有一定文化认知和文化自觉基础的"向阳养正、尚美共生"的时代少年儿童。"养正"一词出自《周易》，曰："蒙以养正，圣功也。"用通俗易懂的话来说，就是将初蒙未开的人培养成拥有正直无邪品质的人，这是教育的意义所在。儿童刚出生还懵懵懂懂，必须辅以系统的教育，使之从小养成正确的思想观念，引导儿童有善心、说善言、行善行，筑好品行的根基。《大学》有云"大学之道，在明明德，在亲民，在止于至善"，就是说大学的宗旨在于弘扬光明正大的品德，在于使人弃旧图新，在于使人达到最完善的境界。教育的最高目标就是教人向善，涵养正气，完善自我。

综上所述，"树人教育"就是以"养正德育"为实施模式，着眼"正雅文化、正思课程、正行教师、正知实践、正身体艺、协同育人"等六个维度，落实《中小学德育工作指南》相关要求，不断提升学生品格的德育范式。

2. "中体西用"中提炼、确立办学理念

孔子"有教无类""因材施教"及孟子"循序渐进""教亦多术"的教育思想、杜威"儿童中心论"和陶行知"生活教育"理论；周恩来总理曾题词"小小幼苗，茁壮成长"；习近平总书记祝愿少先队员所说的"像小树苗一样茁壮成长"；校友何镜堂院士为学校题词"立德树人茁壮成长"……在融会贯通这些中外教育思想后，我们确立了本校的办学理念：以儿童为中心，让每一位学生像树一样茁壮成长。

3. "纲举目张"中征集、构建理念体系

紧紧围绕"以儿童为中心，让每一位学生像树一样茁壮成长"这一办学理念，发挥师生品牌培育主体作用，通过广泛征集和专家论证，构建起包括办学理念、办学目标、"一训三风"在内的"树人教育"品牌理念体系。

4. "融会贯通"中形成、提炼教育思想

在对"校史国情"研究中，在对中外教育思想"中学为体，西学为用"思考中，在学校品牌理念体系构建中，融会贯通形成、提炼校长的教育思想——以人为本，生态发展，包括学校观、学生观、教师观、教育教学观、课程观。

学校观：学校是生命场，师生、家长在学校开启一场生命与成长的美妙遇见。

学生观：学生是人，是富有潜力的发展中的人，是独特的人。

教师观：教育以教师为本，更好的教师群体才能成就更好的教育。

教育教学观：以学生为本，促进学生全面和谐的发展，教育教学需从"以教育者为中心"转向"以学习者为中心"，从"教会学生知识"转向"教会学生学习"，从"重结论轻过程"转向"重结论的同时更重过程"，从"关注学科"转向"关注人"，从"关注个体发展"转向"和谐共生"。

课程观：国家课程校本化，校本课程特色化，为学生提供合适的课程。

四、"一体两翼四轮"助推学校品牌发展

"行路方能致远。"校长的教育思想要想真正驱动学校品牌发展，关键在于实践。那么，校长的教育思想如何驱动学校品牌发展？答案是实施"一体两翼四轮驱动"。下面以东莞市石龙镇中心小学为例。

1. 一体

一体即校长的教育思想要驱动学校品牌发展就必须坚持一体化发展的原则。既要紧紧围绕学校品牌发展理论体系，又要深入追问"校长教育思想六问"，并结合学校 SWOT 态势分析的结论，从教育空间的优化拓展、校园文化打造、课堂教学改革、课程建设与评价、教师团队建设等多方面去细化学校发展路径、策略，形成具体方案并稳步实施。

2. 两翼

两翼即优化拓展学校品牌发展的空间和增强提升品牌发展的核心文化。如东莞市石龙镇中心小学围绕"以儿童为中心的树人教育"这一品牌建设，根植地域文化，着眼未来发展，对校园建筑、空间、景观进行校园"正雅"文化的营造与创建，优化拓展"树人空间"与增强提升"树人文化"。

一方面，学校争取镇委、镇政府财政投入近2 000万新建功能楼，国学室、电子书法室、智慧报告厅、科学实验室等现代化教育教学场室日益齐备。校园周边围墙、教室内外、教学楼长廊都充满了"正"文化的气息。借助学校与东莞市"东征博物馆"、中山纪念堂为邻的有利条件，将共用的围墙巧妙利用，设立"正"文化墙，包括"优秀校友文化墙""石龙名人文化墙""岭南名贤文化墙""优秀教师优秀学生展示栏橱窗"。在教学楼内部，设计了一种能够浸润师生成长的传统文化符号——传统窗框；一种具有现代气息的传统校园主色调——砖红；一座承载着传统文化的校园雕塑——孔子像；另外还建有文化石、凤凰树、桃花木树、绘本读书角。

另一方面，学校秉承"树人教育"理念，有序推进"树"特色班级文化建设。班级每一面墙设计富有"树特色的班级文化"背景，充分让每一个角落发挥"树人文化"的育人功能，使得班班有软文化、室室有硬件配，各班拥有富有"树"特色的班名、充满寓意的班徽、生命力旺盛的班歌以及激昂的口号，还有班主任深情的寄语，构成了一个个小树苗之家，让学生在体验中提升班级凝聚力和幸福感。

3. 四轮驱动

四轮驱动即以课程建设为抓手，以课堂为主阵地，发挥在课堂教学改革、课程体系建设与评价制度改革、教师专业发展机制创新、课题研究的驱动作用。

（1）构建特色课堂，壮实学校品牌发展的根系。

东莞市石龙镇中心小学在校长的教育思想和"以儿童为中心的树人教育"品牌发展理念体系的引领下，采取"一干多支"策略着力构建以儿童为中心的"树人课堂"。此外，学校致力拓展"第二课堂"育人空间，推行"正身"体艺活动。

一是打造"向阳体育"品牌活动，以阳光体育和大课间体育活动为抓手，以学校田径运动会和班级篮球赛为载体，全方位、多层次开展阳光体育活动，在运动中磨炼学生的意志，保障学生身心健康。主要做法包括：①全面贯彻落实国家阳光体育活动。每天坚持上午、下午各开展一次以"武术—长拳"为特色的30分钟大课间体育活动，确保学生在校期间每天参与体育锻炼不少于1个小时；②科学设置假期学生体育锻炼指引。学校体育科组都会在寒暑假或国庆、"五一"节假日期间通过微信、钉钉群等网络平台推出体育锻炼指引，指导学生利用假期开展亲子体育锻炼，有效培养学生锻炼的好习惯；③每年6月和12月开展春、秋季运动会，开设符合学生年龄特点的项目，保证全体学生都能参与。通过参加体育赛事，学生有了更多、更好的展示平台，也提升了学校品牌发展，如东莞市石龙镇中心小学曾荣获第五届东莞市大课间体育活动评比一等奖、荣获东莞市青少年田径锦标赛少年组团体总分第三名。

二是坚持"书香润泽养正育德"。通过开展丰富多彩的实践德育活动，让学生在品读经典中润泽心灵，在实践中养成良好的品行。

（2）建设完善特色课程，强化学校品牌发展的躯干。

课程建设需走"国家课程校本化，校本课程特色化"之路，在细化学生培养目标的基础上，建设丰富的特色课程体系。东莞市石龙镇中心小学细化"培养'向阳养正、尚美共生'的有根之人"的育人目标，确立了学生发展的"七大基础目标、七大特色目标"，建设以培养学生核心素养的"养正德育""尚美文化""向阳体艺""共生创造"为主体的多元发展的"凤凰树"课程体系，构建"茁壮成长少年（儿童）"多元评价机制，实现多元育人。

其中，"养正德育"下的"正思课程"是基于"树人教育"理念的具体课程实施形式。首先，在课程内容上，"正思课程"注重将德育与各学科教育交叉融合。学校根据学生的年龄特点，充分考虑课程结构，做到"五育并举"，关注各学科教学和社会实践活动相结合。充分利用国家课程、地方课程、校本课程等蕴含的品行要素，对学生进行核心价值观教育和引导。其次，在课程资源运用上，"正思课程"充分利用东莞市的红色资源和丰富的历史文化背景与自然资源，因地制宜地开发了涵盖法治安全教育、尚德崇廉教育、保护环境教育、心理健康指导教育等系列"养正德育"校本课程。最后，在课程实施制度上，学校构建了较为完善的"三位一体"校本研修制度，与社区紧密合作，深度挖掘可实施的课程和活动，让学生在实践中学习，在项目化的参与中获得全人素养。

（3）培养塑造教师团队，输送学校品牌发展的营养。

"教师发展，学校才能发展。"学校品牌发展需要探索培养教师团队建设的有效机制。东莞市石龙镇中心小学高度重视教师专业发展，基于学习型组织理论的个性化实践营造"正品修身"的良性环境，以"强师德、修师能"为抓手，打造"正行"教师队伍。通过一系列活动，塑高尚师德、提专业素养、强教学能力，让教师在积极、和谐的教育生态环境中不断成长。

一方面，推进教师专业成长。首先，在校长"以人为本，生态发展"的教育思想引领下，创新运用"发展共同体"理念，利用东莞市中小学聂惠芳名校长工作室、三个镇级名师工作室，成立冷芬腾莞式慕课教学研究工作坊及翻转课堂项目组等近十个教师成长共同体，促进教师整体快速发展。其次，开展教师"青蓝工程"，结合东莞智慧教育，进行品质课堂的研究与推广，积极构建"三级"集体备课制度（年级集体备课、中心发言人主备课、人人精备课），推动活动型主题班会"双特色"（形式特色、内容特色）开展等。最后，安排教师到其他学校"深度跟岗"。

另一方面，提升教师师德素养。一是推行师德建设"十倡导，十不准"；二是签订"正师德承诺书"；三是开展"我心中的最美教师"征文活动；四是持续推进"最美教师"评选。

（4）发挥核心课题引领作用，注入学校品牌发展动力。

申报和推进体现校长教育思想与推动学校品牌建设的核心课题，实现"以教带研，以研促教，科研强师，科研兴校"，为学校品牌发展提供强有力的发展动力。东莞市石龙镇中心小学以在研的广东省强师工程项目课题"基于微课的小学'学记测—演研拨'的翻转课堂教学实践研究"作为学校教学改革的核心课题，带动20余个省市级子课题的研究，驱动以学生为中心的"树人教育"品牌的培育。

此外，在"一体两翼四轮驱动"下，学校品牌发展还需要借助家庭教育的力量，探索家校协同教育。只有家校全方位努力，学生才能在"阔大的树荫"下茁壮成长，为此，东莞市石龙镇中心小学的"树人教育"不仅面向学生，更是面向全体家长。为形成学校教育与家庭教育的强大合力，学校全面创设条件，积极创建全国规范化家长学校，严格落实"以集中面授为主要形式，以《全国家庭教育指导大纲》为家长学校办学依据，以学生教学班级为基本单位，以全体家长为受教学员（父母）"要求，不断创新教学形式，深受家长朋友的欢迎。

五、校长教育思想驱动学校品牌发展的成效

校长教育思想有效驱动学校品牌发展，学校品牌发展推动学校高质量跨越式发展。近几年，在校长的"以人为本，生态发展"的教育思想驱动下，东莞市石龙镇中心小学"以儿童为中心"的品牌生命力日益焕发，学校先后获评"全国班级文化建设先进学校""广东省教育信息化教学应用创新实践共同体成员单位""广东省书香校园""广东省校园生活垃圾分类教育基地""东莞市第二批中小学品牌培育学校""东莞市第二批公办学校托管民办学校试点的托管方学校""教育部'2017年智慧教育试点项目'"（广东省唯一入选小学）等。学校的翻转课堂成果获邀在广东省教育学会年会分享推广；2018—2020年，学校新增市名校长工作室一人、市班主任培养对象一人、市教学能手八人，学生参加各类现场比赛获得国家、省、市级奖励约1 800项。学校应邀将"养正德育"经验在2021年湛江市经开区中小学校长行政能力提升研修班、潮州市湘桥区小学校长任职资格培训班、湛江市徐闻县中小学校行政业务能力提升培训班进行分享，获得高度好评。

百年老校东莞市石龙镇中心小学正焕发出旺盛的品牌生命力，正实现"有文化、有品位、有追求的历久弥新的百年名校"的华丽转身。学校将通过教育实践，持续总结经验，丰富"树人教育"理论，通过校本化的课程建设路径，让"养正德育"成为推进学校发展的抓手和支点。

☆案例点评

校长的教育思想引领着学校的发展方向，凝聚学校发展力量，推动学校品牌发展。本文在分析校长的教育思想的定义、特征与内容的基础上，探究校长的教育思想与学校品牌发展的关系，结合东莞市石龙镇中心小学"以儿童为中心的树人教育"品牌培育实践，归纳、提炼了校长教育思想、学校品牌理念体系形成的路径，校长教育思想驱动学校品牌发展的"一体两翼四轮"策略。从案例可以看到，东莞市石龙镇中心小学在校长教育思想引领下，收获了累累硕果，提升了学校品牌影响力，从而验证了校长教育思想对于学校发展的重要性。

◆ 案例二

公民办教育合作发展策略探究 ①

◎ 案例背景

改革开放为我国教育带来春天，教育事业发生了很大的变化。而承担着不同的功能的公办教育与民办教育应如何更好地协同发展，成为业内备受关注的命题。下面以东莞市为背景，分析公民办教育的现状。

---

① 本案例由东莞市石碣实验小学张树芳提供。

一方面，公办教育转型升级，发挥中坚力量。近年来，东莞市积极打造高效课堂，深入推进初中1+1结对帮扶和局领导分片联系初中学校工作，受援初中中考平均分与全市镇办初中的差距缩小，促进一些教育质量较弱的学校上了一个新台阶。经过联合办学改革后，公办教育进入了稳定健康发展阶段。

另一方面，民办教育改革发展，孕育新生力量。1993年的《中国教育改革和发展纲要》、2002年的《中华人民共和国民办教育促进法》，标志着我国民办教育进入了新的发展阶段。东莞借助改革开放的有利政策，利用毗邻深圳、广州的地理优势，承接香港、台湾等地区企业转型升级需要搬厂机遇，镇镇办厂、村村办厂现象遍地开花，吸引了全国各地务工人员的到来，促成了东莞经济的迅猛增长。伴随着经济的快速发展，东莞外来人口子女数量也迅速增长。2004—2010年，东莞各镇街的民办学校、幼儿园如雨后春笋般冒起，成为东莞外来人口子女读书主要场所。民办教育成为东莞接纳外来人口教育的新生力量。

那么，该如何提高民办学校的质量，实现全镇公民办教育均衡发展？公民办教育合作发展是解决的途径。

一、开展公民办教育合作的五种方式

东莞公民办教育之间的交流大部分是自发性的，由学校或者举办者自己组织开展，许多学校的交流合作局限在互相听课、出席参观一些活动或比赛等形式上，少数镇街由主管部门组织开展公民办教育合作交流活动。随着民办教育的崛起，公民办教育的合作交流是必不可少的。加强公民办教育合作交流，开展公民办教育结对互助活动，实施公民办教育"五种合作"方式：即管理、教学、教研、培训、班级之间的对接合作，通过学校之间的行政队伍、教师队伍、科研活动、业务培训、学生团队互来互往活动，加强公民办学校之间、师生之间的交流，不断提高公民办学校管理和教育教学水平，促进义务教育阶段的均衡优质发展。

1. 管理对接，实施行政队伍交流活动

东莞市石碣镇是较早开始实施公民办教育结对子工程的镇街，每所公办学校至少与一所民办学校结成对子，每年按时进行交流活动，可以有效借鉴成功的管理经验。公民办学校每年有计划互派中层以上干部到对口学校挂职一周以上甚至一年，直接挂职民办学校的德育主任、教导主任、教研主任、副校长等职务，把公办学校的管理经验介绍给民办学校，不断提高民办学校管理水平。例如，东莞市石碣袁崇焕小学托管东莞市石碣佳辉学校，派出一名副校长到东莞市石碣佳辉学校挂职常务副校长；袁崇焕中学教育集团派出副校长1人、德育主任2人、办公室主任1人、教研组长若干人分别到东莞市石碣序伦小学、东莞市石碣莞华小学、东莞市石碣碣识学校挂职学校行政职务，参与学校各项工作管理。据统计，石碣镇每年公民办学校行政队伍之间的交流活动达100多次，参与行政达500多人次。

2. 教学对接，实施教师队伍交流活动

公民办对口学校通过双方教学开放日活动、研讨课、选派骨干教师到结对学校上示范课，促使教师队伍专业交流合作。通过委派教师队伍深入结对校园科级组，参与正常的教学活动，与结对校园教师建立浓厚的工作感情，实现教学资源共享，促进教师专业成长，进一步提高教学质量。一些民办学校在条件允许的情况下，每学期派出教师到结对学校跟岗一周。据统计，石碣镇每年公民办学校教师队伍之间的交流活动达200多次，参与教师达2 000多人次。

3. 科研对接，实施科研课题交流活动

帮助结对子学校成立教育研究课题组，申报市、镇各级科研课题。如委派科研组教师帮助教育科研相对薄弱的学校成立教育研究课题组，组织教师立足本校开展校本课题研究，向上级申报市、镇级科研立项课题。通过科研课题交流研讨，促进公民办教育均衡发展。据统计，石碣镇每年公民办学校通过课题研究进行交流的活动达150多次，参与教师达1 500多人次。

4. 培训对接，实施教师业务交流活动

通过举行研讨活动，结对子学校共同商量制订教师队伍建设发展规划、培训计划和工作措施，共同参与双方开展的教师培训活动，实现资源共享利用。特别是进行教师信息技术整合学科教学的能力培训项目，很受教师们的欢迎。另外，结对子校园中有一方开展师德师风讲座、专题报告等，可以通知对方教师参加，以提高教师队伍专业道德素质，进一步促进教师业务能力和教学水平的提高。据统计，石碣镇每年公民办学校之间通过教师业务进行交流的活动达80多次，参与教师达2 000多人次。

5. 班级对接，实施学生团队交流活动

公民办教育结对子工程可以将交流面扩大到学生层面，开展学生之间结对子活动，丰富交流内容与形式，拓宽交流渠道，促进学生在交流中共同成长。如以少先队活动、团队活动为载体，组织双方学生开展体验教育、手拉手等主题活动。结对双方其中一方举办艺术节、科技节、体育节和读书节等大型活动和相关节庆活动时，适时组织另一方师生参与，促进学生相互交流，共同进步。据统计，石碣镇每年公民办学校之间通过学生团队进行交流的活动达100多次，参与学生达 5 000 多人次。

二、公民办教育合作发展的初步成效

1. 提高公民办学校均衡化水平

公民办对口学校通过双方教学、研讨课、选派骨干教师到帮扶学校上示范课等活动，实现教学观摩，通过优秀案例展示促进双方学习交流，进而提高了教师自身的教学水平。另外，校园中的课件、试题、校本教材等资源可以进行共享，实现省时、省力、高效的作用。在与结对校园教师的交流碰撞中，还可以起到减轻教师职业倦怠，提升自信心的作用。教学经验丰富的教师，对于课程的设计深有体会，能够设计出更优秀的课件、教案。而优秀的课件、试题共享的最大得益者就是学生，无形中提升了学校的教学质量。民办学校的教学质量有了明显提高，与公办学校的差距在一步步缩小，大力促进了区域内教育资源和教育质量的均衡化发展。

2. 提高公民办学校的管理水平

通过互派中层以上干部相互挂职，既可弥补公办校园管理中的不足，又可起鞭策作用，借民办学校的视角来审视公办学校的弱点，与时俱进，进一步完善校园管理。对于民办学校来说，既可学习公办学校的系统性、高效性的管理，如学校对教师的管理、对学生的管理；又可反观自身情况，及时作出调整改正。互相结对，互相检查，互相学习，取长补短，促进公民办教育管理水平的提升。

3. 提高公民办学校教师专业水平

民办学校教师素质参差不齐，通过结对互助，可增进公办学校教师与民办学校教师间的交流，让双方了解到各校的教学风格，增长视野。借助公办学校完善的管理、优质的教学资源，推动民办学校管理水平的提高，促进双方教师专业水平的提升。

4. 提高公民办学校学生素质水平

通过开展公民办学校团队结对交流活动，如体育赛事、文学社联谊、文艺表演等，学生之间能够互相探讨学问，取长补短，以拓宽视野，提高团结意识、集体观念。由于校外交流比校内交流更具新鲜感，学生与校外学生交流更具吸引力，有利于培养学生较高的综合素质。

5. 提高公民办学校育人水平

通过开展交流合作活动，结对子校园可以把最好的一面展示给对方，让更多的师生了解学校情况，扩大校园的知名度。条件较好学校可以利用自身优越的条件帮助结对校园，在实施合作过程中，给学校师生提供一个崭新的平台，借这个平台宣传典型与先进，从而提升学校形象，促进学校创特色、创品牌。通过开展交流合作活动，双方的校园环境进一步美化，教学管理更加科学，教育科研更有针对性，师资队伍综合素质不断提升，学生学业成绩、综合素质不断提高，实现公办教育与民办教育共赢发展新局面，从而提高整个教育系统的育人水平。

☆案例点评

本案例主要对如何做好公民办教育的合作发展进行探究，在基于公民办教育现状的情况下，以东莞市为例，重点论述公民办教育五种合作方式：即从管理、教学、科研、培训、班级等方面进行"五个对接"的策略，从行政队伍、教师队伍、科研活动、业务培训、学生团队等实施"五种交流活动"，推动公民办教育深入合作，实现公民办教育"五个提高"的共赢发展新局面。公办教育与民办教育共同发展，能够为教育生态带来新活力，为此，从做好公民办教育的合作交流的切入，尽可能地消除公办教育与民办教育之间存在的不对等的现象，解决两者差异的矛盾，助力教育事业持续发展。

学校品牌建设是一个动态且持久的过程，我们需站在战略的高度来看待学校品牌，不断加强品牌建设力度，提高自身的知名度、美誉度，深挖本土文化和自身优势，并从更理性、更专业的角度，打造更多的品牌教师及更多的品牌团队，才能为学校品牌建设注入更多的新元素。

第二章

润物无声，守护美善德育生态

第一节　学校德育生态诊断及改进

苏格拉底有句名言，大致意思是人生的使命就是要照料好你的灵魂，让你的灵魂处在一种宁静崇高的状态。道德是一个人安身立命的根本，教育的使命则是让学生学会安身立命，使其灵魂处于崇高的状态。正如一个鸡蛋，从外部被打破的是食物，从内部被打破的是生命。教育为生命而存在，可以从内部去提高生命的质量，而这种内驱的作用就是它的主体作用，所以教育需要呵护、尊重、唤醒、激励生命。德育的本质就是把教育目的回归到人，体现出对人的关怀，培养人的幸福感和创造幸福的能力，让学生知道如何幸福而崇高地生活。

一、德育生态的分析与诊断

狭义的德育专指学校德育，即在学校内部按照一定的社会要求，有目的、有计划、有组织地培养人们尤其是青少年的思想品德，传授知识与技能，发展智力与体力的教育，其最主要的形式是课堂教学以及课外活动。有学者认为，德育是一个具有生态性功能的教育系统，德育生态即德育的生态环境必须有利于学生道德品质的自然生成和自动提升。德育生态环境的建构、德育生态功能的发挥都要遵从和符合学生道德品质生成规律，反映和满足学生道德生长的内在心理需要。德育目标是通过德育活动在受教育者品德形成发展上所要达到的总体规格要求。学校德育对学生的智育、体育等方面的发展有重要的推动作用，青少年是国家的希望，学校必须抓好学校德育工作，真正做到"教育先行，德育为先"，培养适合未来社会发展所需要的全方位人才。

然而，有一部分小学，尤其是农村小学，由于德育工作者的德育目标不明确、德育理念陈旧、德育执行力不足，德育活动开展缺乏层次性、创新性及时代性。同时，由于德育时机把握不准，教师多数倾向于直接灌输或说教，不太关注学生在受德育过程中的情感体验，也极大地影响了学校德育的效果。下面以东莞市石碣镇中心小学的德育现状为例进行分析诊断。

（一）发展优势

第一，办学方向明确，管理组织机构健全。学校师资力量强大，实施科组管理，分工明确，有创新意识，教师思想积极进取，有发展愿望，通过以"和美教育"为抓手，从环境布局、课程建设、特色教育等方面来达到育人的目的。

第二，落实"五育并举"，促进学生全面发展。学校贯彻立德树人理念，构建德智体美劳"五育并举"的框架：德育为引领，智育为支撑，美育与体育、艺术教育、STEAM 教育为载体，劳动教育为补充，让学生快乐成长为"和美少年"。

第三，加强家校合作，促进学生健康发展。学生的成长，家庭教育是基础，学校教育是主体，二者相互配合。学校重视家长学校建设，落实专人管理、专家培训，组织机构健全，教育活动多姿多彩，在教育路上和家长携手共进，促进学生健康发展。

（二）存在问题

第一，德育课程体系有待完善。学校要加强班级文化特色建设，提炼德育主题活动的校本化；国家课程与地方特色课程要建模，以课题为引领，让"和美教育"渗透到课程中。要继续做实艺术教育的品牌特色，完善艺术教育的课程体系。

第二，品牌建设资金有待投入。目前，学校的教师办公环境拥挤，配套设施设备不足，教育教研氛围不够浓厚、成果展示不够明显，名师引领制度不够健全。

（三）改进建议

第一，开设特色课程，开发校本教材。学校应落实细节管理，抓好行为习惯，对学校教育教学工作多观察、多探讨、多总结，形成学校"五育并举"特色课程体系的校本课程。

第二，重视名师引领，提升专业水平。学校要重视德育干部、班主任培养，有培训、有计划、有措施，不断提升德育队伍专业化水平。

二、德育生态改进策略

德育生态要求认真研究和遵从学生道德生成的规律，以提升学生的精神生命和道德情操为目标。学生的道德品质是在学校、家庭、社会等各种内外环境的相互作用下生成的，要以学校德育为核心和主轴，与家庭德育、社会德育等形成德育合力，改进德育的生态环境。下面以东莞市石碣镇中心小学的德育工作为例，探讨德育生态的改进策略。

东莞市石碣镇中心小学以"和美教育"为育人理念，坚持把"和美"思想贯穿到学校教育教学和管理等各项工作的全过程，优化育人环境，陶冶学生的情感和心灵，让学生全面、自由、和谐发展，培养适合未来社会发展需要的人才。在这个理念指引下，学校紧扣立德树人的根本任务和基础教育培养目标，落实课程改革实施方案，聚焦学生核心素养的生成，通过国家课程校本化，校本课程多元化，特色课程个性化，构建"和乐"课程体系，以培养全面发展的"和美少年"。同时，学校以"和煦德育"为育人途径，通过营造良好的德育环境，开展有益的德育活动，并在此过程中不断"欣赏、善待和发展每个人"，使学生潜移默化地接受如阳光春风般的品行教育，形成一种充满理解、管放结合的"无痕教育"①。主要体现在以下几个方面。

（一）建立特色学生发展指导制度

终身学习是时代的趋势，客观上要求学生具备自我发展能力和对自我发展进行设计的能力。学校要从指导学生学会学习开始，让学生奠定终身学习的基础，进而指导其学会生活、学会发展，获得自我发展的能力。东莞市石碣镇中心小学成立"石碣镇中心小学学生成长指导中心"，解决学生成长烦恼和激发学生发展潜能，促进学生全面发展和个性发展；建立健全学生成长指导中心工作制度，制订工作计划，面向全体学生开展教育和辅导工作；采用专职教师与兼职教师相结合的方式，组建高素质的专业化学生发展指导师资队伍；加强对学生理想、品格、心理、生活、学业等方面的指导，尤其要重视学生的心理健康教育和指导，建设心理咨询室，按规定配备心理教师，推进全体教师参加心理健康培训，建立学校心理指导教师队伍，面向全体师生开展心理团康活动和心理咨询与指导。学校关注学生不同特点和个性差异，发展每一个学生的优势潜能。学校还将充分结合现有的德育、心理、社团活动、社会实践等学科课程，在学科教学中融入学生发展指导内容，打造以学生生涯发展脉络为主线的课程、活动、管理、咨询一体化学生发展指导体系。

（二）构建"和煦德育"活动体系

"和煦德育"是和美教育的灵魂。和煦德育的本源是"以人为本，以学生的身心健康为本，通过'和煦德育'培养'和美少年'"。"和"是手段，"美"是境界，"和美"互为因果，对应统一。"以优美的环境陶冶人，以规范的管理培育人，以多彩的活动教育人"是东莞市石碣镇中心小学的三大育人理念。一是加强基础设施建设，绿化美化校园环境，努力构建良好的校园环境文化，构建物质环境、精神文明环境和文化环境三者和谐统一的"和美"校园文化系

---

① "无痕教育"是一种把教育意图与目的隐蔽起来，通过间接、暗示或迂回的方式，给学生以教育的方式。

统，发挥环境育人的功能。二是构建完善的学生管理服务制度体系，实施科学化、规范化和制度化管理，形成学校"和美"管理文化，充分发挥后勤工作的服务育人功能。三是开展形式多样的德育活动。学校系统梳理现有的校园活动及各种主题活动，根据"和美"阳光少年的培养目标，构建"和煦德育"活动体系，既培养学生全面发展基础，又发展个性特长。四是大力开展学生社团活动，建立健全学生社团管理制度，加强对社团的管理和指导。

（三）规范并创新班级管理

优秀的校园文化对学生的思想品质素养的提升具有潜移默化的作用，校园文化建设是实施"教书育人、环境育人、管理育人"的重要载体，其中班级文化建设是校园文化建设的重要组成部分。为进一步规范并创新班级管理，创造德育环境，东莞市石碣镇中心小学结合学校品牌培育，打造丰富多彩、和谐健康、积极向上的个性班级文化，营造班级文化育人氛围。一是以特色班主任培养为抓手，发挥学校"东莞市李慧英名班主任工作室"的示范引领作用，推动班主任队伍成长，充分发挥班主任的主导性作用和学生的主体性作用；二是开展"和美"班级创建和评比活动，活动以班级为单位，以兴趣为基础，以团结为核心，师生共同参与，形成"一班一品牌，班班有特色"的班级文化格局；三是推行以"班级公约"为主要形式的学生自主管理，发挥每位学生的主体作用。

（四）构建家校社区协同教育平台

家校合作是指家庭和学校形成合力，使学校在教育学生时能得到更多的家庭支持，而家长在教育子女时也得到更多来自学校和老师的指导，使得教育的效果事半功倍。东莞市石碣镇中心小学结合品牌培育和多年家校合作经验，整合现有家长委员会、家长学校、家长持证上岗培训等项目资源和校外资源，构建家校、社区协同教育平台，推动家庭教育和学校教育整体提升。

1. 建立广泛联系的互动平台

互动平台是连接学校和家庭的桥梁，建立广泛联系的互动平台可以让家校进行有效沟通，促进家校德育。在这方面，东莞市石碣镇中心小学实行了一系列措施。一是建立"家校联系卡"，每月如实填写、按时发放，让教师和家长充分了解孩子在校、在家的情况，充分交流信息，为及时有效地教育孩子打下基础。二是为每个学生建立个人成长记录手册，及时记录学生在日常教育教学活动中取得的成果，手册一月一小结，一学期一总结、反馈，毕业进行展示，以激励学生不断进取。三是充分利用现有通信工具，建立家校信息互动平台，包括微课掌上通平台、校园网、意见箱等，让学校、教师和每个家庭建立联系，提高家校互动的及时性、普遍性和广泛性。四是强化"学校—年级—班级"三级家委会建设，发挥各级家委会的家校互动联系作用。五是通过定期开展家长开放日活动、专题家长会、校长接待日等活动，邀请家长走进学校，听取家长对学校管理的意见和建议，让家长参与到学校的教育教学中，参与到班级的主题教育中，加深家长对学校的了解，提升家长参与学校教育的热情。六是开展各种形式的家访活动，增进教师对学生家庭状况的了解。

2. 全面提升家长的家庭教育素养

家庭教育是终身教育的重要组成部分，家长的家庭教育素养决定着孩子未来教育的方向。学校着力提升家长的家庭教育素养，家长才能和学校密切配合共育优秀孩子。东莞市石碣镇中心小学实施"家长家庭教育素养提升"行动计划，开发家长培训系列课程，开展"和美家长讲堂"，面向全体家长开展每学期不少于3个专题的家长培训活动，帮助家长树立正确的教育观，从思想上重视家校合作，让家长掌握科学的教学方法，提高教育孩子的能力，有效促进家校合作进入良性循环。

3. 创设学校与社区协同教育的生态环境

教育是社区的一大重要职能，学校要重视社区在推进学生教育工作过程中起到的重要作用，加强与社区的联系，创设与社区协同教育的生态环境。东莞市石碣镇中心小学培育"和美社区"教育共同体，与社区建立良好合作关系，利用和发挥社区的爱国主义教育基地、图书馆、科技馆和体育设施资源，以及社区老党员、老干部、科技人员和文艺工作者等人力资源，开展学生课外实践活动，鼓励学生积极参与社区活动，让学生获得最真切的现实生活体验，不断提升他们的综合素质。

（五）完善德育评价机制

有效的德育评价可以反映德育成效，为今后的德育工作指明方面。学校要结合自己的德育实际，创新德育评价机制，通过采用过程性评价、发展性评价、体验性评价等，推动学生素养的生成评价不断优化，从而推动学校德育工作更好地发展。以下为东莞市石碣镇中心小学完善德育评价机制的几点做法。

1. 改革评价方式

基于多元评价理论，学校探索改革学生评价方式与评价结果的呈现形式，从品德修养、学科成绩、身心发展、兴趣特长、行为规范五个方面进行全面、系统、科学的评价，构建新型"和美评价"体系，以此引导和转变学生及家长的学习观念与育人理念。

2. 建立保障机制

学校研究编制《学生"和美评价"手册》，将原有的学科学业成绩评价、第二课堂活动、"430"课程、综合实践课程等纳入评价范围，让"和美评价"更全面、更科学。评价时，注重过程性评价，用学分的形式，对学生六年的学习、生活、实践进行评价。同时，建设学生评价数字化资源管理平台，让"和美评价"零距离与学生、家长接轨，让评价更具互动性和实效性。

3. 不断完善评价载体

学校研究编制《和美少年成长报告》，以学期为节点，将学生的在校综合表现、学业成绩、实践活动以及其他情况，采用定性评价与定量评价相结合的方式，开展学生素养综合评价。同时，以自然月为节点，以重大主题为内容开展主题学习活动，作为过程性评价，构建学生学业发展及品格养成的个性化评价系统，每学期为每一个学生提供个性化、精准的成长报告，并进行诊断分析、跟踪指导，不断激励学生发展。

三、德育生态改进案例

学校德育要遵从和符合学生道德品质生成规律，反映和满足学生道德生长的内在心理需要，创造适合学生和谐、良性发展的德育生态环境。下面以《小学诚信教育的理性思考及行动策略研究》《争创和美星光少年　创新校本养成教育》两个案例，谈谈德育生态的改进。

◆案例一

小学诚信教育的理性思考及行动策略研究 [1]

◎案例背景

诚信是其他道德品质的基础，也是思想行为的核心内容。小学生正处于身心快速发展和思想道德形成的时期。通过诚信教育，可以让学生从小就牢固树立责任意识、信用意识、契约意识和规则意识，巩固诚信基础。因此，学校有必要通过搭建良好环境、树立学习榜样和指引课程活动体系等方式，联系学生

---

[1]　本案例由东莞市洪梅镇第二小学谭庆章提供。

成长情况，培养学生的诚信品质，有效树立学生的诚信行为。东莞市洪梅镇第二小学根据学生的成长情况制定诚信教育方案和策略，将诚信行为内化，更好地推动教育工作的稳定发展。

一、小学诚信教育的重要性分析

小学阶段是诚信教育的重要时期，为推动学生的良好成长发挥着关键作用。

首先，诚信教育符合小学生的成长需要。根据学生成长的具体情况，教师给予学生诚信教育指导，让学生沉浸在诚信教育浓厚的氛围中，接受良好品德的熏陶，在把握理论知识的情况下，提高综合道德品质和人格素养。诚信教育让学生朝着全面发展方向前进，以良好的学习视角和形式入手，在诚信学习中拥有全新的思想认识，帮助学生看到自我发展的可能性，满足学生个性化发展的需要。

其次，诚信教育的实施是对美德的弘扬和发展。一方面，诚信是中华民族传统美德中十分重要的内容，也是社会主义核心价值观的一部分。党的十八大报告首次将诚信作为个人行为层面的价值观纳入社会主义核心价值观体系，说明诚信关乎个体和社会。另一方面，在物质文明快速发展的背景下，社会中存在很多精神和道德方面的污染，不诚信的行为对小学生的思想认知和行为产生了不良影响。最后，诚信教育推动着小学教育工作开展。给予学生充足的教育工作实施力度，会让学生面对诚信学习的时候形成坚定信念，以良好的思想认知为基础，不断发展自我，最终提升小学教育工作的有效性。

二、落实小学诚信教育的具体策略

1. 创设良好环境，营造诚信氛围

学校是传输知识和文明的重要阵地，在开展校园文化建设工作时，可以针对诚信教育进行全面宣传和优化，以营造优质育人环境为基础，让学生接受诚信教育的洗礼。

第一，在教室、走廊等场所，可以张贴诚信教育的名人名言，也可以把诚信小故事展现出来。与此同时，通过诚信黑板报和诚信宣传栏的搭建，让学生随时通过诚信内容获得相应启发和教育。

第二，在加强广播的情况下，在课前的几分钟展现诚信内容，讲述诚信故事，让诚信的育人氛围更加浓厚。

第三，积极发挥家校教育合力，将家校沟通的作用价值体现出来。诚信教育，始于家庭，需要接受家庭教育的指导。教师和家长要紧密配合，共同开展诚信教育，发挥家庭教育和学校教育两个主体的教育价值，让诚信教育事半功倍。

第四，利用学校网站、班级网页，搭建诚信教育专栏。教师可以搜集关于诚信方面的资源，搭建诚信网络教育平台，家长、学生可以利用网络教育平台进行学习。学生还可以根据学习的内容抒发心得，在良好的学习环境下，真正形成诚信行为和思想。

2. 规范诚信言行，提高教育效果

在小学阶段有效培养学生的诚实守信美德，一个关键举措就是引导学生明确诚信道理。面对小学生的诚信教育，要紧紧把握学生的年龄特征让学生懂得要"诚实守信、不说假话、遵守约定"。比如，教师可以联系学生的生活实际，让学生知道向其他同学借东西的时候应该及时归还，在做游戏的时候要讲究规则。在具体教学的过程中，要制定合理的方法和模式，让学生从内心中认可诚信行为，培养诚信道德意识。此外，教师面对学生的错误行为时，要有一颗宽容的心，不能过分严厉批评，伤害学生自尊心；要用合适的方式改正学生的不良行为，让学生自觉认识到问题，同时鼓励学生勇敢承认错误，改正自我。

3. 发挥榜样作用，打造诚信理念

榜样示范所发挥出的价值和作用是不可忽视的，这对学生的成长和发展具有一定的引领作用。让学生充分把握诚信关键点，教师应该积极体现出榜样示范的价值。在此，可从以下几个方面入手。

第一，从古人的良好诚信行为入手。比如，思想家和教育家孔子在向弟子传教的时候，将诚信作为重要方面，告诫弟子要诚信待人。通过向学生讲述关于孔子及其弟子相关的诚信故事，让学生得到启发和警醒，在参与学习当中树立诚信信念。

第二，发挥诚信示范作用。学生接触最多的就是教师，教师的言行对于学生的影响是巨大的，因此教师要在传播知识和文明的过程中发挥楷模作用，让学生在教师的良好品质感染下，认真学习和内化。另外，教师可以寻找班级中诚信的学生，鼓励和表扬相结合，让班级其他同学认识到诚信品质的重要性，看到诚信的光辉，以推动班级诚信风气的形成。

第三，实行家校合作，让家长的诚信行为影响学生。比如，家长和教师积极合作，探寻符合学生诚信行为养成的教学体系，教师指导家长在日常生活中注重对学生进行诚信教育。在教师和家长的双重引领下，让学生拥有诚信意识和行为，成为高素质人才。

4. 搭建教育活动，深化诚信品格

活动是教育工作实施的重要载体，实践是关键的教学形式，只有把理论和实践紧密结合，诚信教育才能得以深化。在开展诚信教育工作的过程中，必须打造多样化的诚信活动，更好地指引学生进步。

第一，开展班队主题活动。如"诚信带我成长"，让学生讲述诚信故事，打造诚信成长的氛围。在多样化活动搭建的过程中，可以让学生积极搜集和整理资料，制订诚信成长方案，然后学生之间积极交流，凸显主人翁地位，落实诚信教育。第二，开展诚信社会调查活动。让学生走进生活，关注诚信行为，并且调查和记录社会生活中不诚信的行为，进一步养成诚信品质。第三，开展诚信评比活动，让学生努力成为"诚信小天使""诚信小明星"等，并获得鼓励和表扬。

诚信教育在小学阶段占据的地位不可忽视，教育者必须将诚信教育视为促进学生进步成长的关键因素，必须全方位推行诚信教育，让学生既养成良好道德品质，又在健康成长方面获得巨大的力量和支持，引导学生带着诚信理念和品质去迎接未来的挑战。

☆案例点评

在小学阶段对学生渗透诚信教育，让学生接受正确的诚信教育指导，对于学生健全人格和良好品质的养成起到极大的推动作用。从东莞市洪梅镇第二小学针对诚信教育所做的努力中，我们可以看出诚信教育实施的作用和重要意义，以打造真实的诚信教学情境为基础，有助于帮助学生树立诚信意识，为今后的健康发展提供动力和支持。

◆ 案例二

争创和美星光少年　创新校本养成教育 [1]

◎ 案例背景

2016 年 9 月，《中国学生发展核心素养》正式发布，这可视为教育对时代发展的积极回应，教育将由"知识核心时代"真正走向"核心素养时代"。作为德育工作者，要重视培养学生的核心素养和良好习惯。但是，开展德育工作并不是一件容易的事情。进行德育时，学生被动接受管理，师生双方处于"管"与"被管"的矛盾中。

---

① 本案例由东莞市石碣镇中心小学卢文凯提供。

当前，东莞市石碣镇中心小学普遍存在这样的现象：开学伊始，大多数教师都习惯制定条条框框的量化管理细则并将其贴在课室墙壁上，然后把各种各样的要求告诉学生，再明确好班干部的各项分工和职责。诸此种种，不禁让人有所疑虑：管理细则这么一贴，整个班级管理就能走上"法制化"道路了吗？教师就可以一劳永逸了吗？其实不然，在校园内，经常看见学生追逐打闹，学生学习氛围并不浓厚。为了解决这些问题，培养学生核心素养，东莞市石碣镇中心小学提出了"崇和尚美"的办学理念，在全校开展"争创和美星光少年"的活动，激励学生上进。同时，提高量化管理的有效性，最大限度发挥"积星"对学生的鼓励作用，提高学生的主观能动性，让学生养成良好习惯。要想真正做到这一点，必须在教育观念、教育方法上进行更新和发展。

习惯出效益，习惯出素质，习惯出人才。在德育工作中，要使学生从"要我做"转变为"我要做"，培养学生的核心素养。东莞市石碣镇中心小学开展"争创和美星光少年"活动，目的是提高学生的综合素质，激发学生向善、向上之心，使每位学生行动有目标、发展有方向、人人有亮点，让学生成为班级的主人、成为自己的主人，在快乐中接受素质教育，使每位学生都能得到全面发展。结合本校的管理特点和学生的实际情况，在全校学生中采用"争创和美星光少年"的量化方法，是一种人性化且行之有效的德育管理模式，是小学养成教育的一种探索与创新。下面对东莞市石碣镇中心小学"争创和美星光少年"活动进行剖析，探究其在校本养成教育上的创新和在学生德育方面的促进作用。

一、具体评选方案和操作要求

"争创和美星光少年"活动从根本上说是一种动态激励管理，引导学生进行"需要—动机—行为—目标"的不断循环，让学生发自内心地从"要我做"转为"我要做"。学生有争星的良好动机，在实际行动中就会主动接受和努力争星，那成为"和美星光少年"的目标也就随之达成了。那么，要如何激发学生持续的争星热情，让"争创和美星光少年"的效果发挥到极致？结合本校的管理特点和学生的实际情况，制订了以下详细而极具本校特色的评定方案：

1. 评选类别

"和美星光少年"评选内容包括"文明之星""勤学之星""体育之星""才艺之星""劳动之星""科技之星""乐助之星""阅读之星""节俭之星""魅力之星"。

2. 评选办法

（1）以班级为单位，每月评选一次"和美星光少年"。

第一，采用学生自评、同学互评、科任教师评、家长评相结合的评选方式。由班主任和班干部组织本班学生按照《"和美星光少年"评比标准》《"和美星光少年"过程性评价》，对学生一个月以来的表现进行量化评分，根据评比标准每项最高得5颗星，每颗星代表1分，每项满分为5分。例如，某学生"文明之星"项目得分为20分，即成为当月的"文明之星"。该月各项累计所得星数越多星级越高，就越有可能获评"和美星光少年"。把学生评比所得的星张贴在教室的公布栏，让全班学生比比谁得星最多，看看谁是星级最高的学生。

第二，每个班级根据累计星数，每月评出"和美星光少年"，由班主任负责评定，并在班级公布栏进行公开表扬。

第三，评比时间在每月最后一周，班主任把各班评比结果以电子文档形式上报德育处备份。

（2）每学期颁发"和美星光少年"证书。

经德育处审核批准后，学校为获得"和美星光少年"称号的学生颁发证书，并将他们的先进事迹通过学校广播、校刊、墙报、学校网站等渠道进行大力宣扬，为学生树立榜样和典型。

3. 否决制度

"和美星光少年"评比实行一票否决制，对有下列严重违规违纪行为之一者，视情节情况当月或学期末降为无星学生。①无故旷课者；②进入网吧者；③严重破坏公物者；④有偷窃或赌博行为者；⑤吸烟喝酒者；⑥有打架斗殴或敲诈行为者；⑦在校内外造成较坏影响的不文明行为者；⑧考试作弊者。

4. 评选活动要求

第一，要组织学生全面参与评比方案的制订，认真学习评选条件，明确个人的努力方向和奋斗目标，并在学习与生活中积极付诸实践。

第二，在"争创和美星光少年"评选活动中，要遵循公正性原则、主体性原则和及时性原则。在具体操作中，要充分体现出公平、公正、公开，让学生信服并接受，提高评比的可信度和有效度。评比的目的主要在于激发学生内心的荣誉意识、集体意识、竞争意识，让学生养成良好的行为习惯。因此，发现先进典型要及时表扬并加以宣传，扩大典型事迹在集体中的影响力。

第三，各班要把"争创和美星光少年"的评选结果作为评选学校"三好学生"的主要依据，原则上本学期累积星数最多的学生优先被评选为"三好学生"。

第四，各班要认真组织实施，及时总结提高。

二、具体体现

1. 学风方面

学校的学风是"和乐共进，美人美己"。学生每天提早回校，自觉到课室早读；上课前准备好学习用品，课堂上认真听讲，自觉做好笔记，开动脑筋，积极回答老师提出的问题，主动参与小组学习。课堂上不交头接耳，不搞小动作，不睡觉。课后自觉完成老师布置的作业。在"争创和美星光少年"校本养成教育模式下，课堂纪律变好，没有不完成作业的学生，学生之间互相学习、互相帮助，共同进步，全校学风逐渐浓厚。

2. 校风方面

学校的校风是"和而不同，美美与共"。教室是学习的场所，下课后，学生遇到不懂的问题可以积极请教老师或同学，或者准备好下节课的学习用品，但不能在课室里或走廊上大声喧哗，追逐打闹。不管上课还是下课，校园内都要很安静，让人感觉是一个读书的好地方，真正体现书香校园的特色。

3. 阅读方面

养成爱和好书交朋友的习惯，喜欢阅读，广泛阅读，积极参与学校读书节的各项活动。阅读课上，积极与同学交流读书体会。返校后主动到大厅的开放书吧阅读。

4. 卫生方面

班级卫生包干到位，专人负责，协作完成。不随地吐痰，不乱扔垃圾。打扫课室要认真，不留下任何卫生死角。保持明亮的玻璃、干净的地面、整洁的桌面以及洁净的黑板，让每位科任老师走进教室上课时，看到这一切都会感到心情舒畅，从而更愉快地投入教学中去。

5. 做操方面

按时出操，做到"快、静、齐"。听从老师和体育委员的指挥和安排，到操场做好广播体操、和美功夫扇、千字文武术操、大课间操。认真完成眼保健操，动作规范，达到保护眼睛的效果。

6. 礼仪方面

团结友爱，互相帮助，不说脏话，不打架，不骂人。能按照学校要求整理好个人仪表、束装，不留长发、怪发，不留长指甲。爱护学校的一草一木，不破坏公物。

7. 其他方面

能自觉遵守学校各项规章制度，不玩电脑游戏，不带手机和玩具回校，不吸烟，不晚归，不私自外出游泳。

三、活动特色

第一，整合性。"争创和美星光少年"活动把养成文明习惯、勤学习惯、体育锻炼习惯、学习才艺习惯、劳动习惯、科技习惯、乐于助人习惯、阅读习惯、节俭习惯、魅力习惯整合在一起，让学生养成良好的行为习惯，从而培养学生的核心素养。

第二，体验性。"争创和美星光少年"活动让全校学生都参与其中，充分体验。全校学生在争创"文明之星""勤学之星""体育之星""才艺之星""劳动之星""科技之星""乐助之星""阅读之星""节俭之星""魅力之星"的时候，分别按照相关标准去实践，体验获得"和美星光少年"称号的乐趣。

第三，自主性。为了取得"和美星光少年"称号，在同学中取得威信，全校学生都主动投入该活动中去。

四、活动实效

第一，激发了学生"争星"的热情，调动了学生"争星"的积极性，营造了良好的班风学风。在活动中，班主任在班级营造"为争星而奋斗，以争星为乐趣"的良好氛围，增强全体学生的信心，引导学生形成良好的竞争意识，在全班形成一个扶持正气、伸张正义、积极向上的集体舆论氛围。例如，六年级（4）班的学困生小泽同学，在所有人眼中都是一位不爱学习、经常拖班级后腿的学生。但在一次月末大清洁中，他表现非常积极，不仅完成了扫地板任务，还主动去帮同学擦风扇。他积极参与劳动的行为令大家从此对他刮目相看。一旦有学生有好的表现，班主任和学生们都会看在眼里、记在心上，在当月"争创和美星光少年"评比中实事求是地投出神圣的一票。所以，小泽同学当月就被评为了"劳动之星"。这既使他产生自豪感，又能引领他朝着更好的方向努力，同时对其他学生也是一种潜移默化的教育，有非常好的榜样引领作用，能促进班级形成"争做先进，争着进步"的正气，形成良好的班风学风。

第二，帮助学生养成良好的行为习惯和学习习惯，培养了学生的"核心素养"。良好的习惯是学生进步的阶梯，对学生的成长起着重要的作用。"争创和美星光少年"活动能在日常学习和生活中激励学生养成良好的学习习惯和生活习惯，使学生行动有目标，人人有亮点。因为在这个活动中，每个学生都有获星奖励的可能，改变了以前只有少数学生得"三好学生""优秀少先队员"奖励，而多数学生没有奖励的现象。在"争创和美星光少年"的校本养成教育模式下，每位学生都有养成好习惯的目标。例如，课间文明休息，不追逐打闹，不大声喧哗；返校后主动到大厅的开放书吧阅读，或到课室进行早午读，等等。"争创和美星光少年"活动让学生养成了良好的习惯，培养了学生的核心素养。

第三，"争创和美星光少年"加强了家校联系，促进了学生良好习惯的养成，促进了学生的健康成长。很多家长对子女关注最多的是学习，很少关注子女的良好习惯的养成。学校开展"争创和美星光少年"活动，加强了教师、家长、学生之间的交流，家长能了解到学生在校方方面面的表现，而教师也能知道学生在家的具体情况。有了家长的关心和督促，孩子更有动力和压力了；有了教师的引导和鼓励，学生更有激情和冲劲了。实践证明，以"争创和美星光少年"为载体的校本养成教育，可以让家校形成正合力，共同促进学生良好习惯的养成，更有利于学生的健康成长。

自从开展"争创和美星光少年"活动以来，学校先后获得"东莞市科研先进学校""东莞市文明校园""东莞文化建设标兵学校""东莞市中小学心理健康教育特色学校""广东省依法治校示范学校""中国少年儿童平安行动示范学校"等多项荣誉称号。在"争创和美星光少年"的激励下，每个学生都体会到了"一分耕耘，一分收获"的快乐，都能发掘自己的人生潜能。在"争创和美星光少年"中实施素质教育，培养了学生的核心素养，让所有学生都处在一种健康快乐成长的状态中。

☆案例点评

学校是培养学生行为习惯，提高学生综合素质，进行养成教育的有利环境。关于养成教育，有这样一句名言："播下行为的种子，你就会收获一种习惯；播下习惯的种子，你就会收获一种性格；播下性格的种子，你就会收获一种命运。"要想让学生有好的习惯，就要对其实施养成教育。案例中，东莞市石碣镇中心小学的学生在文明礼仪、学风等方面有质的飞跃，这就是学校实施"争创和美星光少年"校本养成教育的效果体现，是整个学校德育激励机制的真实反映。"争创和美星光少年"是一种人性化的班级活动，是一种有效的养成教育方法，确实值得教师继续深入研究和实践。

第二节　体验式德育：家校共育路径探寻

家校共育是构建教育新生态的重要一环，如何开展家校共育，成为新时代教育探索的课题。"帮助儿童的最佳途径是帮助父母"，如果说家庭教育是整个教育链的关键，是学校教育的基础，那么家长教育就是家庭教育的基础。一言蔽之，家长教育是家校共育的基石。开展家长教育，促进家校共育，既要有理论知识的支撑，也要有实践活动的体验。为此，在小学推进体验式家校德育活动，在体验式的多元化活动中融合家校德育，以实现家校协同育人。

一、家校德育的现状分析

习近平总书记曾明确指出："不论时代发生多大变化，不论生活格局发生多大变化，我们都要重视家庭建设，注重家庭、注重家教、注重家风，紧密结合培育和弘扬社会主义核心价值观，发扬光大中华民族传统家庭美德。"[1]2017年8月教育部出台的《中小学德育工作指南》强调中小学德育工作应在协同配合的原则下开展，"发挥学校主导作用，引导家庭与社会增强育人责任意识，提高对学生道德发展、成长成人的重视程度和参与度，形成学校、家庭和社会协调一致的育人合力"。可见，家庭教育与学校教育是小学教育阶段极为重要的两种教育形式。坚持家庭教育与学校教育相结合，体现了《中小学德育工作指南》强调的"协同配合"原则，也是深入贯彻"育人为本、德育为先"教育理念的本质要求。而在推进家校共育的过程中，家长教育也得到了极大的重视。2013年，"全国优秀家长学校实验基地"创建试点活动在多所中小学陆续开展，旨在通过创建活动进一步推动家长学校建设迈向科学化、规范化、常态化，让家长学校担起"家教革命"的重任，全面提高家长素质。

当前，家校共育进行得热火朝天，取得了不少成效，"开展家庭教育，办好家长学校"成为教育工作的"重头戏"。但是，家校共育依然存在一些问题。例如，家长与教师对对方理念做法相互轻视、相互推诿责任的现象时有发生；家校沟通浅层化，家校合作缺少计划性，家校配合性较差；家庭教育的功能没有得到充分发挥，家校共育实效性不高；等等。总体来看，当前家校共育还处在一个较低的层次。深究其内在原因，家长、教师、学校三方都存在一定的问题。首先，家长素质跟不上时代发展和学校教育步伐，家庭教育与学校教育不同步；不少家长以时间少、工作忙为由，忽略了对孩子成长情况的关注，导致亲子间的交流障碍太大。其次，教师除了承担教学任务外，往往需要身兼数职，导致其分身乏术，难以有充裕的时间及时与所有学生、家长进行沟通；在指导家庭教育时，出现"高位者"姿态，教师和家长之间缺乏平等对话的机会。最后，

① 人民网．习近平：不论时代发生多大变化都要重视家庭建设［EB/OL］．（2015-02-17）［2021-12-10］．http://politics.people.com.cn/n/2015/0217/c70731-26580958.html.

学校关于家校共育的相关制度不够完善，没有形成系统化的家校共育体系。

德育是家庭教育之本，是家校共育的导向。近年来，为深化家校共育，提高家校合作层次，推进落实立德树人的根本任务，全国许多中小学在通过家校合作开展德育方面进行了积极探索。

（一）家校德育活动存在的问题

为准确把握小学体验式家校德育活动存在的问题，以东莞市茶山镇第二小学为调查对象，以"小学体验式家校德育活动的情况调查"为题，采用问卷调查、结构性访谈等方法，面向学校教育管理者、德育教师、小学六个年级的学生展开为期两年多的调查。根据对学生、教师的调查反馈，归纳总结出以下几大问题。

1. 活动不能全面体现小学德育目标

小学的道德与法治教材体现着小学德育的特点和要求，表达着小学德育的应有内容。开展体验式家校德育活动，应以教材教学要点为核心，发挥活动的特性，使活动成为教材内容的拓展与深化。对体验式家校德育活动与小学道德与法治教材联系紧密度展开调查，结果发现几乎所有教师都认为两者联系不紧密。访谈得知，目前教师对新编教材还不够熟悉，因此已经开展的家校德育活动主要围绕家校共同关心的学生学业问题展开，较少有聚焦于教材内容的主题活动。

时事教育是学校德育工作的重要组成部分，利用时事热点渗透德育，可以使德育更贴近社会、贴近学生。在体验式家校德育活动中，要增强教师利用时事热点的意识和能力。在"体验式家校德育活动对当今社会热点的涉及程度"的调查中发现，大部分的学生认为涉及不多或者没有涉及。可以看到，部分体验式家校德育活动存在脱离社会热点的问题，这样就削弱了德育的即时性、时代性和生动性。

养成教育是学校德育工作的重要内容。好习惯能使人受益终身，德育的目的之一，就是使学生养成良好的行为习惯，这就是养成教育。对"体验式家校德育活动在养成教育方面的涉及程度"进行调查，结果发现，约有一半的学生认为有一定涉及，也有一半的学生认为很少涉及或者没有涉及。可见，体验式家校德育活动在学生德育养成方面涉及并不充分，主题较为单一，这就无法满足学生优良思想品德形成的多方面诉求，限制了小学德育的发展。

2. 活动趣味性与启发性不足

体验式家校德育活动成功的关键，在于活动是否具有趣味性和启发性，在于能否激发学生的思考，给学生带来德育上的激励体验。体验式家校德育活动要在以学生为本的教育理念指导下，从关注学生个体成长角度出发，让学生在身临其境的情感体验中获得感动，从而引起思想和行为的转变。

关于体验式家校德育活动是否有趣味性和启发性的问题，我们从四个方面进行了调查。首先，在"学生对体验式家校德育活动的感兴趣程度"的调查中发现，只有约三分之一的学生表示很感兴趣，大部分学生对体验式家校德育活动有点兴趣或者根本没有兴趣。其次，对"体验式家校德育活动引起学生的共鸣度"进行调查，结果发现，有近一半的学生认为共鸣很小或者没有共鸣。然后，对"体验式家校德育活动引起学生思考的状况"进行调查，结果发现，超过一半的调查对象认为只能引起一点思考，更有的调查对象认为活动没有什么意义，不能引起思考。最后，对"体验式家校德育活动的激励作用状况"进行调查，结果发现，超过一半的调查对象认为活动的激励作用很小或者认为活动根本没有激励性。

结合以上四个方面的调查结果可知，当前的体验式家校德育活动的趣味性不够，活动的共鸣性不够强烈，难以达到让学生深入体验的效果，不能充分引发学生的深层次思考，对学生的激励作用不强，没有完全发挥体验式家校德育活动的真正优势。

3. 教师与家长的活动参与意愿不强

教师与家长是体验式家校德育活动的重要主体，二者组织开展体验式家校德育活动的意愿，决定了体验式家校德育活动的效果。体验式家校德育活动的设计、组织与实施，需要占据教师和家长的时间与精力，这考验了教师与家长的德育责任心。

关于教师与家长的活动参与意愿是否强烈的问题，我们从三个方面展开了调查。首先，对"教师结合课程开展体验式家校德育活动的频繁度"进行调查，结果发现，只有极少数的教师能结合课程频繁开展体验式家校德育活动。第二，对"学生家长参与体验式家校德育活动的意愿程度"进行调查，结果发现，虽然超一半的家长有强烈的意愿或者有一定的意愿参加体验式家校德育活动，但也有不少家长没有意愿参加体验式家校德育活动。第三，对"学生家长参与体验式家校德育活动的积极性"进行调查，结果发现，约有五分之二的家长参加活动并不积极。

结合以上三个方面的调查结果可见，教师结合课程开展小学体验式家校德育活动的频繁度并不高，但即便在此情况下，家长参与体验式家校德育活动的意愿也并没有因此而变得强烈，实际上积极参加活动的家长不多。究其原因，结合上文分析，这既在于体验式家校德育活动的趣味性、启发性不够，也在于教师与家长对体验式家校德育活动的重视度不够。结合东莞市茶山镇第二小学的实际情况来看，教师与家长不够重视体验式家校德育活动的原因，一方面在于教师生活条件艰苦，教学环境不佳，教师培训机会少，教育思想落后，教学方式陈旧，导致教师开展体验式家校德育活动的意识薄弱；另一方面，很多学生的家长受教育程度不高，家庭教育思想落后，尤其是外出务工的学生家长，对于参加活动有心无力。在此情况下，小学体验式家校德育活动虽有学校管理者在积极推进，但实施起来仍困难重重。

4. 组织实施活动的人力资源不足

关于组织实施活动的人力资源是否充足的问题，我们从三个方面展开了调查。第一，极大部分人认为周边教师设计小学体验式家校德育活动的能力一般。第二，大部分人认为周边教师实施小学体验式家校德育活动的能力很强或者较强。这两个调查结果，可以说是教师关于实施小学体验式家校德育活动真实能力的揭示，即教师设计小学体验式家校德育活动的能力不足，但依据他人的设计，教师还是有一定的能力实施体验式家校德育活动。第三，对开展体验式家校德育活动的时间保证情况进行调查，结果发现，无人认为开展体验式家校德育活动的时间非常充足，极大部分教师认为开展体验式家校德育活动的时间不充足。经过深入的访谈发现，造成这种状况的原因是很多小学德育课程的专职教师不足，德育课程的教学大多由其他学科教师兼任，这些教师自身的教学任务比较繁重，难以抽出时间和精力应对体验式家校德育活动的开展。

（二）家校德育活动存在问题的归因

影响家校德育活动有效开展的因素是多方面的，需要剖析其问题存在原因并找到解决的办法，让家校德育活动真正促进学生的健康发展，全面提升学校教育综合质量。针对上面家校德育活动存在的问题，其原因可以归纳为以下几点。

1. 体验式家校德育活动不受重视

现实中，体验式家校德育活动往往会被忽视，导致家校合作开展德育活动难以达到理想的效果。观察得知，造成体验式家校德育活动不被重视的原因主要有四个。第一，源于小学德育活动的性质特点。家校德育活动属于德育课程之一，因德育课程长期处于副科地位，很多学校将德育活动归于次要位置，对此类活动的投入不够。第二，德育课程教学时数不足。由于没有安排充足的课程教学时间，德育工作者又忙于其他活动，导致家校德育活动时间只能被迫压缩，从而限制了德育活动的有效开展。第三，对德育课程的经费投入偏少，课程资源不足。第四，对家校德育活动的评价不到位，没有比较科学、系统的德育活动评价体系。同时，由于生活环境、教学条件的限制，小学德育工作者更侧重于生活经验的传递，而忽略了德育活动过程与方法、活动的处理方式和策略的运用，也忽略了对学生情感、态度、价值观的要求，使家校德育活动难以实施。

2. 德育工作者家校德育理论水平参差不齐

德育工作者的理论水平参差不齐，是导致家校德育活动存在问题的重要原因之一。首先，德育工作者因各种原因疏于对家校德育理论的深入学习，只凭经验开展活动，导致活动流于形式。其次，德育工作者尤其是班主任配置不均衡，日常工作量大，自我进修时间少，时间基本被用在完成学科教学任务上。最后，上级部门对家校德育活动不够重视，以及学校理论培训工作不到位。此外，在开展家校德育活动时，德育工作者对非言语行为的学习与运用较少，不善于用表情或手势等非言语行为感染学生。

3. 德育工作者开展体验式家校德育活动的能力不足

从调查来看，家校德育活动效果不佳，主要在于德育工作者缺乏根据教育目标开展体验式家校德育活动的认知与能力。尽管大部分教师认为小学体验式家校德育活动对增强课程教学效果比较有益，具备一定的德育认知水平，但这并不表明他们具有设计和实施体验式家校德育活动的能力。德育工作者开展体验式家校德育活动的能力，既需要通过自己的实践来提升，更需要参与相关的技能培训。因此，德育工作者要深入研究体验式家校德育活动，创新活动形式，不断提升业务能力。

4. 家长在体验式家校德育活动中缺位

作为教育主体之一的家长，大部分欠缺对教育理论的认知，对孩子的关心停留在学业成绩上。另外，更有一部分家长因外出务工而把孩子交给老一辈照顾，老人无力配合学校参加家校德育活动，大部分家长就把孩子的德育培养完全推给学校。这种家长缺位现象极大阻碍了体验式家校德育活动的开展。

二、体验式家校德育活动类型与形式

小学体验式家校德育活动是指针对学校实际德育工作的需要，在充分分析学情的基础上，以学生思想品德存在的问题为中心，结合德育课程教学的内容，设定有针对性的德育目标，并完成活动任务，推动家校共育的深层次德育探究活动方式。要遵照新课程标准的要求，明确德育活动的主题，规划活动任务与步骤，联合家长共同着力于学生正面思想品德的习得、不良行为的改善以及价值观的培育，促进学生行为的内化与外化。

（一）活动类型

体验式家校德育活动的核心任务是引导学生自我教育、主动体验，要求以学生为主体，以教师为引导，促进学生深化对德育主题的体验。因此，德育工作者尤其是班主任，应针对不同的德育主题，灵活开展类型丰富的活动。

1. 情境体验式家校德育活动

德育工作者围绕主题，为参与者创设特定活动情境，并围绕情境策划相关的多元化互动活动，让德育活动主体都能积极参与，深化对特定情景的体验。

2. 生活体验式家校德育活动

将德育活动回归生活，融入学生家庭，将学生的生活作为活动主题。这要求活动整体设计必须生活化和有趣味性，活动的主题要与学生实际生活相联系，拒绝空谈，能够让家长和学生抒发自己对生活的理解、提出问题，以激发学生的活动兴趣。

3. 实践体验式家校德育活动

学校、家长与学生共同参与实践，在实践活动中深化德育体验。例如，组织家长和学生参观纪念馆和博物馆，重点开展爱国主义教育，使学生在活动中学会爱国，激发学生对民族精神的深层理解。体验式家校德育活动类型多样，关键是让家长和学生对活动主题有兴趣，并切合学生在活动中的主体地位，使学生达到内化目的。这需要德育工作者在实施活动时避免一味强调理论，借助活动引起参与者的兴趣。

（二）活动形式

体验式家校德育活动的形式丰富多样，具体是用哪一种形式，需要根据活动主题、内容、学生和家长的情况等各种因素综合考量。以下主要介绍最常用的社会体验式、课程主导式、家庭生活式家校德育活动。

1. 社会体验式家校德育活动

该形式强调课堂外的社会体验，引导学生走向社会。例如，组织学生与家长参加义卖活动，通过劳动体验、奉献爱心，树立责任意识；利用课余时间或寒暑假等，让家长和学生日行一善，体验服务奉献的快乐；组织家长和学生到田间劳动，体会"粒粒皆辛苦"的道理，体验劳动的艰辛及丰收的喜悦。在社会实践活动中，学生可以将所得到的体验与自己的道德认知结合起来，养成道德情感，形成道德意志，深化道德信念，实现思想品德的知行统一。

2. 课程主导式家校德育活动

以课程目标为导向，以课程内容为核心，依据学生实际，开展与课程密切相关的家校德育活动。在这一形式中，教师、家长及学生三方共同参与课堂德育活动。活动的主题紧扣教材，选取家校共同关注的话题，活动中可以充分利用音频、视频等现代化教学信息技术，多重刺激学生的感官，激发学生的情感体验；也可以结合社会热点问题，激发学生和家长的思考，让学生、家长对主题事件做出分析，从而懂得辨别是非黑白；还可以让家长和学生在课堂中同步协作，如表演情景剧，增强学生、家长和教师之间、学生与学生之间的互动，进一步促进学生、家长、教师之间的多向交流。这种基于课程主导的形式生动活泼，活动充满和谐氛围，有助于进一步激发学生的体验欲望。

3. 家庭生活式家校德育活动

在家庭生活中深挖德育活动主题，将家庭生活元素融入德育活动之中，推进家长和学生的广泛参与。这一形式要求参与者认真体验家庭生活的点滴，加深学生的道德情感，促进学生道德的知行统一。例如，在吃饭的时候要求学生学会珍惜粮食，在生活中学会节约用水用电，养成良好节约习惯。在实施家庭生活式家校德育活动时，教师要因地制宜地抓住家庭教育的关键点，精心设计家长与学生喜闻乐见的活动，引导学生有梯度、有针对性地参与家庭德育活动。

除以上所提到的之外，体验式家校德育活动的形式还有专题体验研讨式、事例体验式、比较式、反向式等。

三、体验式家校德育活动的改进措施

（一）优化活动环境

体验式家校德育活动环境是指影响家校德育活动实施的一切因素的总和，对于活动的进程与质量有着巨大的影响。良好的环境是体验式家校德育活动开展的前提与基础。改进小学体验式家校德育活动应从以下几个方面入手。

1. 优化认知环境

体验式家校德育活动参与者对活动地位、功能、意义的认知水平，决定了其实施活动的观念、态度，影响着活动实施的成效。从笔者调研的情况来看，影响小学家校德育活动参与者对活动认知的环境因素众多。就德育课程的社会认知环境来看，一方面，在长期以考试为标准的教育措施下，学校和家长将教与学的重点放在了与考试、升学相对应的主科上，而德育被置于副科的位置，导致德育课程的作用被严重低估，影响德育教师的工作态度，降低了他们对德育课程地位的认知水平。另一方面，部分家长受社会环境中功利主义、实用主义的影响，对孩子的行为习惯、道德修养和思想品质等引导不够。

因此，优化社会认知环境，必须深化对体验式家校德育活动的本质认识。首先，树立起以德育为首的教育理念，重视德育课程的功能，认可体验式家校德育活动是学生成长发展的重要形式，肯定德育课程及德育教师的学科地位，调动德育工作者的积极性。其次，在教育教学中积极发挥体验式家校德育活动的德育功能，杜绝以功利和实用的标尺评价家校德育活动，或简单将其归结于智育范畴，防止家校德育活动走向边缘化，提升德育工作者对家校德育活动的关注与投入。最后，要积极引导家长改变"唯学业""轻德育"的观念，促使他们认识到德育的重要性，使其在家庭教育中把孩子优良思想品德的形成与发展作为关切的要点。

2. 优化物质与精神环境

体验式家校德育活动需要物质环境、精神环境的强力支持。

就物质环境层面而言，首先，要为体验式家校德育活动提供基本的物质保障，加大家校活动方面的经费投入，提供能保障活动的场地。规范家校活动场室建设，有利于加强家校合作管理，促进家校活动常态化、规范化。同时，要配备活动所需的基本硬件设施，尤其是多媒体设备，扩大家校德育活动的时空。其次，为德育工作者提供德育活动设计所需的优质参考资料，满足活动策划的要求。最后，鼓励与支持德育工作者遵循高效低耗的原则，因地制宜，开发与利用本土文化和自然资源，如可以借助果园、茶园、农田等组织开展以劳动为主题的活动。

就精神环境层面而言，首先，要重视体验式家校德育活动的价值，通过激励政策，调动德育工作者积极投身于活动的设计与实施。其次，充分调动家长参与家校共育的兴趣，提高家长参与活动的荣誉感和获得感。再次，注重活动中参与者之间和谐关系的构建，形成良好的活动氛围。这要求活动组织者尊重每一位家长和学生，努力营造良好的互动环境。最后，要完善活动中教师对家长、学生的评价机制，建立开放的评价模式，强化家长和学生的活动体验反馈。

3. 优化政策环境

体验式家校德育活动的良性运行，离不开教育主管部门的政策指导及政策保障。对此，各级教育主管部门应在深入学习习近平总书记关于学校教育、家庭教育的相关精神的前提下，认真领会《中小学德育工作指南》的内涵和小学道德与法治课程的教育教学要求，围绕体验式家校德育活动的特点、实施原则，结合本地区的实际状况，建立健全相关的地方性政策，为体验式家校德育活动的组织、管理、运行、保障、激励等提供政策保障。为体验式学校德育活动制定的相关政策既要具有活动方向的指导性，又要具有活动开展的操作性，保证体验式家校德育活动有规章制度可依，按规章制度而行。同时，重视体验式家校德育活动的评价制度，将其纳入学校德育工作考核之中。

（二）开发人力资源

体验式家校德育活动是一种多主体参与推进的教育活动，着力开发家校德育活动人力资源是保证活动顺利且有效开展的基础。

1. 立足本校开发人力资源

学校是家校德育活动的主导方、组织方、实施方，活动的开展需要足够的人力资源保障。对此，学校应形成以学校领导统领，以道德与法治课程教师及班主任为骨干，学科教师共同参与的局面。

其一，为德育工作者提供必要的培训。体验式家校德育活动的设计与运用是一种专项能力，必须要以专业的理论知识培训和实操来提升德育工作者的能力。当前，虽然德育工作者业务培训项目很多，但是针对体验式家校德育活动的培训多呈碎片化、零散化，理论培训与技能实训缺乏，不能满足德育工作者的现实需要。此外，与城市德育工作者相比，农村德育工作者因地理、资源等因素更难以接受更多的培训。因此，加大对德育工作者的体验式家校德育活动理论培训及技能实训，对农村小学一线班主任加大培训力度，建立城乡一体化专题化的培训方案，既要主动走出去，也要专门请进来。

其二，拓宽德育工作者的互动渠道。德育工作者进行学习交流的方式可分为校内、校外，其中，同一学校的德育工作者间的学习交流是最基本的方式。通过集中讨论体验式家校德育活动中需要解决的问题，思考主题体验活动的设计方向，设定有本校特点的活动策略，商讨活动的方式，总结反思活动执行过程中存在的问题，有利于推进本校体验式家校德育活动的具体实践，使活动设计策划与执行科学化。除了同校间德育工作者的互相交流外，还应创建校际交流平台。

其三，鼓励德育工作者进行实践探索。发挥德育工作者的主观能动性，利用一切条件强化对体验式家校德育活动的实践探索。一方面，为德育工作者探索体验式家校德育活动提供良好的环境，提供必要的物质条件支持，并对于有效的探索经验进行表彰与推广，使德育工作者保有探索激情。另一方面，德育工作者应以职业道德为基准，将包括探索体验式家校德育活动策划与执行等能力的提升，作为自己的职责；在内在驱使下，改变消极心理等不良因素的干扰，自我激励、不断奋斗，通过阅读理论书籍，搜集网络资源信息等多种途径，丰富体验式家校德育活动设计与具体策划、执行的理论认识，探索不同教学模式下的体验式家校德育活动的新路向，努力提高家校活动的质量。例如，在实践中，笔者所在地区在创新实施体验教育上采用以下七条途径：在责任岗位中体验、在典型仪式中体验、在传统节日中体验、在问题矫正中体验、在多彩社团中体验、在社会实践中体验和在自主学习中体验。不仅如此，我们还总结了激发学生产生内心体验的八种方法：对话交流法、故事引导法、音乐诱发法、图片唤醒法、角色扮演法、游戏活动法、问题探究法和实践操作法。这七条途径和八种方法体现了向内挖掘自身潜力，努力探索的可贵。

2. 借力家长充实人力资源

家长是体验式家校德育活动的参与者、体验者与受益者，也是家校德育活动的发起人、组织者。家长虽然学历层次不同、教育观念不同、经济实力不同等，但他们都有共同关注的对象——孩子。因此可以以孩子的成长需要为纽带，以孩子的发展为关注点，联合众多家长，发挥人力资源优势。

其一，健全家委会制度。学校应健全学校、年级、班级三级家委会组织，通过定期召开家委会工作会议，实现家校的及时沟通，及时发现并解决学生存在的一些问题。定期邀请家委会成员参与体验式家校德育活动，在活动过程中观察了解学生的具体表现，与教师一起发现学生在道德方面的问题，共同协力培养学生良好的行为习惯。为了更好地发挥家委会在家校共育中的积极作用，学校可以通过定期开展专题讲座的方式来提升家委会成员对德育活动目标、内容及要求的理解。收集家长关心的家庭教育问题，了解学生在学习、生活、德行等方面的共性问题，以及一些特殊的个案，协商组织有针对性的德育活动，最终实现家校共育的目标。同时，在家长和学校协作组织建设方面，可以建立年级家长协作委员会，使学校与家庭在相互没有隶属关系情况下能平等参与合作，充分调动家委会成员作为家长骨干的能动性。

其二，开办家长学校。学校可以以家长队伍建设为核心，架构家长学校必修、选修、函授、自修四类课型，将必修课程分层化、选修课程专业化、函授课程普及化、自选课程多样化。通过以家庭教育为主题的论文比赛、体验式助教活动教案比赛、每学年评选优秀"家长培训"进行录像比赛等活动，使每一类课程具有科学性、针对性，有效提升家长的参与感、获得感，实现家长学校与体验式家校德育活动的深度融合。

其三，充分发挥家长的特长与优势。家长中不乏种植高手、养殖能手、手工技能高手，以及具有精湛手艺的工匠，他们是家校德育活动中不可多得的人力资源，有的还有能力提供活动的校外场所，甚至是物质支持。动员并发挥这些家长的特长与优势，借力其资源，既可以补充学校资源的不足，也可以使家长在活动体验中分享活动成果。

其四，以家校同步发展为目标，积极探索以学生成长为主体，以家长、教师发展为两翼的联动共育模式。即鼓励家长、学校、学生自觉参与、相互配合，形成一种新型的伙伴关系，谋求多元体验式的互联共育、合作共赢，促进学生全面、和谐发展。

3. 借助社会力量丰富人力资源

虽然体验式家校德育活动最为重要的主体是德育工作者、家长与教师，但是小学生的思想道德建设不仅是这三个主体的职责，也应得到社会的大力支持。其中，社区是家校共育的协作者与重要合作伙伴，社区工作人员也应是体验式家校德育活动可借助的重要人力资源。因此，学校应充分联合社区，发掘社区教育资源，推进活动本土化、生活化。另外，学校可以聘请德育专家为活动提供理论指导及实践操作的指导；可以聘请社会知名人士，如劳动模范、行业专家、创业先进等进校园，共同参与活动，提升活动的品质。尤其是本校的优质校友资源，是体验式家校德育活动可利用的鲜活的实例。

（三）落实活动要求

1. 明确活动的主体与主题

首先，体验式家校德育活动不能盲目开展，必须明确并尊重学生的主体地位，发挥其主观能动性。其次，活动主题的选择是调动家长与学生参与活动的关键，新颖且有挑战性的主题对家长与学生更具吸引力，因此，德育工作者要关注时事热点，针对家庭教育的需要，保持活动主题的新鲜度，注意主题设计的层次性，以激发家长和学生兴趣，升华他们的情感。最后，应对活动进行总结反馈，使活动产生实效。

2. 遵循活动实施的基本原则

体验式家校德育活动的实施既要遵循德育活动的一般性原则，也要紧扣家校合作、体验性的特点，以及小学生的身心特点来开展。具体体现为：一是坚持方向性原则，即活动应始终与小学德育要求相一致，保持德育的本质特色；二是坚持求实原则，即坚持从学生日常生活的实际、家庭教育的实际出发，开展与家长、学生认知水平相当的活动；三是坚持渗透性原则，即活动的主题渗透德育蕴意，寓教育于活动之中，寓生活引理促行；四是坚持民主原则，即将家长、教师、学生置于平等的地位，尊重教育对象的人格，保障其参与活动的民主权利；五是坚持与时俱进的原则，即针对不同生活背景的学生家庭、不断发展变化的生活，以及不同时期的德育要求，及时更新活动主题，解决现实亟须解决的问题；六是坚持目的性与个性化相结合的原则，即针对全体学生，熟悉体验式德育活动内在逻辑顺序，递进性地开展体验式活动，引导家长与学生向最终的教学目的靠拢；七是坚持灵动性与和谐化相结合的原则，即依据学生的具体认知能力及家长的思想道德水平，结合德育阶段性目标，灵活地设计主题、选择活动方案、安排活动内容，营造和谐的互动氛围。

3. 将活动贯穿于小学德育全过程

小学德育是思想政治教育的基础性工作，对于人的发展起着奠基性的作用。德育工作的成效需要教育者日积月累才能取得，需要创新德育方式予以保障。一方面，要结合小学道德与法治课程的教学内容，注重道德与法治课程对学生行为规范的培养要求；另一方面，要了解本地区学生德育的现状，遵循学生道德与法治思维培养的规律，区分不同学段，由浅入深地开展体验式家校德育活动。总之，必须将行之有效的体验式家校德育活动贯穿于小学德育的全部过程，以实现小学德育的目标。

（四）完善评价体系

对体验式家校德育活动的实效性评价，应着力于树立重参与、重过程和重发展的整体评价观，强调评价方式立体化、评价内容全面化、评价标准合理化、评价手段多重化。对此，要坚持过程与结果并重的评价原则，注重家长与学生在活动中的真实感受，通过规范的评价体系促进活动的有效开展。

1. 确立实效性评价原则

第一，过程性原则，即需要重视学生在活动期间所表现行为的评价。学生只要全身心地参与了过程，就会在过程中形成对于社会、人生、自我的一些认识，获得生活学习体验。因此教师要认可学生的过程性活动价值，给出应有的正面评价。

第二，多元性原则，即强调评价主体与标准的多元化。在评价主体方面，采用小组讨论、家长互商、联席会议等方式将自我评价、群体互评、交互评价结合起来。尊重学生特有的表现方式，鼓励学生进行绘画、舞蹈、钢琴、演讲等才艺展示，将评价标准多元化落在实处，增强可操作性。

第三，反思性原则，即发挥评价的反馈、改进功能，启发学生做自我反思。教导学生在活动中养成笔记习惯，通过活动的前、中、后三个时期的互相交流，让学生和家长对于活动的事先组织、实施情况、实际效果进行分享与总结，促使大家进行自我反思，起到改正进步的作用。

第四，激励性原则，即正确看待正面评价的意义，注重用口头表扬、实物奖励等方法鼓励学生。无论学生在活动中遇到什么样的挫折，都应该在指出问题的同时，对于学生勇于尝试的行为进行正面激励，让学生获得前进的动力。

2. 凝练实效性评价内容

体验式家校德育活动的实效性评价内容，应以建立过程档案与整理活动成果方式进行多维评价，在评价中确立"定性评价为主，量化评价为辅"的原则，坚持自我评价与他人评价相结合的标准，对活动中学生的情感态度、执行能力和合作情况进行评价。主要包括：

第一，参与态度评价。将学生与家长参与活动的频次、时常、认真程度，是否提出过建设性建议，在过程中能否发挥主观能动性等内容作为评价的参考依据。

第二，团体合作精神评价。在活动过程中，家长与学生能否主动帮助他人及与他人进行协作，积极听取其他同学与家长的意见，与其他人共享成果等。

第三，学习能力评价。对学生在活动中所体现出来的发现问题、分析问题、解决问题的实际表现进行总结评价。

3. 丰富实效性评价方式

体验式家校德育活动的实效性评价方式多元，实践中可见成效得主要有：

第一，档案袋跟踪评价。根据活动主题内容建立专门的档案袋，包括活动实施计划、主题活动行为记录、考勤表、活动笔记等相关的影像、文字资料，作为活动评价的重要依据。

第二，现场即时评价。需要在活动的始终持续进行，一是能够对于活动的现场实施进行随时调节，在过程中即时激励学生参与下去；二是有助于提高评价结果的准确性。

第三，成果展示综合评价。结合德育活动本身，形成调查总结报告、研究小论文，或通过文艺会演、设计方案、手抄报等方式呈现活动成果。学校每学期举办一期主题体验式学习成果展示评价活动，每学年举办一届家长学校活动心得体会展示评比等，以丰富多彩的评比活动来评价德育活动的效果。

第四，主题体验活动延伸评价。在主题体验活动顺利完成之后，引导家长和学生及时总结反思活动内容，对后面的主题体验活动提供一定帮助。

体验式家校德育活动是小学德育的重要形式，也是德育活动过程中对学生进行知识、能力、情感、态度、价值观教育的重要手段。通过对体验式家校德育活动的环境的优化、人力资源的开发，并遵循体验式家校德育活动的原则，有助于不断提高活动的组织协调水平，充分发挥家校共育的实效性。

四、家校共育改进案例

家校共育是促进学生健康和谐发展的重要手段，学校要重视家校共育的改进，创新家校共育方式，提高家校共育的成效。下面以《基于教育生态学的家长学校办学模式探索》《开启家长学校"培训超市" 实现共育共赢新格局》《关于对孩子使用手机的认知误区及家庭教育策略的探究》三个案例，谈谈如何改进家校共育。

◆ 案例一

基于教育生态学的家长学校办学模式探索 [1]

◎ 案例背景

传统的家长学校办学模式存在许多弊病，例如，各地、各校对家长学校工作的认识水平和重视程度不一，家长学校工作发展不平衡；许多家长学校工作流于形式，缺乏创新，甚至以家长会取代家长学校，缺乏实质性的活动。种种问题导致家长学校办学停滞不前。要想突破困境，有效地提升家长教育的质量，就需要不断创新家长学校办学模式。

由于教育和周围环境的相互关系在某种程度上具有生态学意义，可以根据教育生态学对家长学校办学模式进行创新。教育生态学强调人、教育及环境的关系，注重社会环境、教育的规范环境，包括民主、法制、社会风气、习俗等

---

[1]　本案例由东莞市寮步镇河滨小学尹瑞玲提供。

教育的影响。学校在培育学生的过程中应当关注学生成长的生态环境，而家庭是学生成长的根基，家长的素养高低对于营造学生成长的家庭环境起着重要的作用。基于教育生态学，东莞市寮步镇河滨小学主要从以下四方面对家长学校办学模式进行探索：学制创新、课程创新、管理创新、授课模式创新。

一、学制创新

按照教育生态学的耐度定律和最适度原则，教育生态的个体、群体、系统在自身发展的一定阶段上，对周围生态环境的各种生态因子都有自己适应范围的上限和下限。因此，东莞市寮步镇河滨小学根据年级的不同，以"3+2+1"学制模式引领家长坚持学习。

1. "3"：一至三年级学生的家长为基础班，学制三年

这一阶段主要对家长进行系统的家教基础学习，让家长掌握一定的心理学、教育学等理论知识。以年级为单位，每月一次进行大班制集中授课。三年的课程设置分为：第一学年教育观念篇、第二学年个人修养篇、第三学年教育能力篇，逐层深入，努力做到系统、规范。

基础班以《爸爸妈妈的课本》[①]为主要教材，根据一、二、三年级家长的不同需求，有针对性地、系统地进行不同主题的授课。每次课后对于家长上交的课堂笔记，由各班家委会会长组织家委会成员进行批改，并解答家长们提出的困惑和问题，有代表性的问题会在下一次家长授课时由讲师统一解答。

2. "2"：四、五年级学生的家长为提高班，学制两年

这一阶段的孩子往往会出现各种问题，如产生逆反心理、亲子沟通不顺畅、沉迷电子网络等。虽然家长知道问题的原因，但不懂得如何解决，改变孩子的行为，这就需要通过专业人士的指导示范，让家长去模仿、反复练习，以达到举一反三、熟能生巧的状态。因此，提高班会邀请某方面的专家，以小班制或工作坊的形式，现场进行手把手指导。例如，为了解决孩子叛逆、亲子沟通问题，专家会先引导家长说出具体情境，再指出哪个环节出现了问题、应该怎么沟通并做示范，最后由家长反复练习并在日常生活中进行运用。在下一次授课的时候，家长分享方法运用的情况和孩子的变化，后续进一步开展改进训练。

3. "1"：六年级学生的家长为专业班，学制一年

这一阶段的孩子面临着升中学的压力，情绪波动比较大，对于家长而言，如何很好地处理孩子的情绪是关键。学校想家长所想、急家长所急，每学期有

---

① 张润林. 爸爸妈妈的课本 [M]. 广州：广东人民出版社，2010.

针对性地举行一次集中授课，及时解答毕业班家长的疑惑，让家长主要学习青春期和中小衔接的相关知识。例如，第一学期邀请东莞市中小学心理健康教育指导中心郝东老师为家长进行"如何引导孩子顺利度过青春期"的主题讲座，帮助家长解决这一年龄特点的孩子所出现的焦虑、烦躁等现象；第二学期邀请东莞市寮步镇寮步中学的李宁老师对家长进行"如何引导孩子顺利进行初小衔接"的主题讲座，引导家长学会让孩子尽早了解中学生活，为顺利步入中学做好准备。

二、课程创新

教育生态学中有一个效应称"花盆效应"，就是把学校和家庭都看作一个花盆——半人工、半自然的小生态环境。为了让家庭这一花盆的土能为孩子这朵花的成长提供更适合的养分，东莞市寮步镇河滨小学根据家长的特点、家庭教育指导的理论、学校的育人目标等，设置了具有科学性、系统性、实用性的家长学校课程体系，并衍生了相关的课程内容。

1. 科学性

家长学校课程体系（见图2-1）以家庭教育指导为主，分理论基础课、实操技能课、活动拓展课三大类。课程内容符合儿童成长规律，符合教育的基本规律，符合家庭教育指导活动的自身特点，建立在各门学科各个领域的科学知识基础之上。

图2-1 东莞市寮步镇河滨小学家长学校课程体系

2. 系统性

家长学校课程体系的构建把握了全面性，理论基础课、实操技能课、活动拓展课各自涉及的内容丰富，且各个具体部分与各个方面是相互关联、目标一致、逻辑统一的，有助于建立内在统一的家庭教育思维。

3. 实用性

家长学校课程具有很强的实用性，从理论到实践，帮助家长更好地提高家庭教育能力。理论基础课主要从理论知识方面入手，给家长提供科学的育儿观念，分享良好的育儿方法；实操技能课共设十多个细分课程，通过沙龙、工作坊、咨询等多样化的形式开展，能够让家长在课堂进行亲身体验，产生身体记忆，继而形成技能；活动拓展课包括了校内活动和校外活动，让家长和孩子在活动中促进关系、升华感情。

三、管理创新

在教育生态系统中，几乎所有的生态因子都会成为限制因子，都会起限制性副作用，只是所起的程度大小不同而已。家长是家长教育的主要对象，当家长学校的管理不到位，就会影响家长教育的实施和开展。因此，东莞市寮步镇河滨小学结合家长的特点，创新管理模式，从主导因子入手，充分发挥家长的主体作用，最大限度实现教育效果。

1. 由校级家委会参与家长学校的管理

校级家委会管理架构主要包括会长一人、会长助理一人、副会长五人，其中五名副会长分别带领六位成员，分管组织策划、宣传联络、教育管理、后勤保障、志愿服务五个方面的家长工作。教育管理这一板块主要负责家长学校的各类学习活动，包括整体规划、课程设置、学习形式等，分管教育管理的副会长和其成员都全程参与。

2. 每次授课由各班家委会协助开展

家长学校的每一次授课都需要做大量的准备工作，如布置会场、接待讲师、主持、负责签到等，这些工作全部由班级家委会商讨后安排落实。例如，基础班一至三年级每月一课授课时，家委会就采用班级轮流的方式做好后勤服务工作。所轮班级在活动开展前召开班级家委会议，商讨活动细节，明确分工，全力以赴为活动做好准备。

3. 每次作业由班级学习委员组织批改

家长学校各类授课都有严格的评价标准。家长在课后认真做好家长学习手册，并在规定时间内上交，各班学习委员组织本班家委会成员进行统一批改，对于家长们提出的困惑进行解答。并以年级为单位收集有代表性的问题，和下次授课的讲师提前沟通好，请讲师在课上进行解答。

四、授课模式创新

教育的生态环境是以教育为中心，对教育的产生存在和发展起着制约与调控作用的多维空间及多元环境系统。基于此，东莞市寮步镇河滨小学创新了家长学校授课模式，主要采用"案例＋分析＋对策教学模式""工作坊教学模式""主题聊天式教学模式"三种授课模式。

1. 案例＋分析＋对策教学模式

这一模式能够有效避免授课形式和内容空洞、教条化的缺点，主要以《父母课堂》杂志①为教材，班主任及家长助教为主讲师。《父母课堂》杂志中有许多家庭教育的案例，对其进行分析和对策研讨，能够开阔家长的育儿思维，习得实用方法。课前，四、五年级各班家委会根据本班家长的反馈意见，挑选比较有代表性的主题作为班级授课的内容；班主任及家长助教对所要授课的主题进行集体备课、磨课，直到完全成熟，再向全班家长授课。

2. 工作坊教学模式

这一模式主要是根据家长的反馈，集中焦点问题，邀请有需求的家长参加，为个别的家长解决了很多后顾之忧。例如，邀请国家二级婚姻家庭咨询师刘欣到学校为提高班的家长进行"婚姻关系团体辅导活动"，辅导活动结束后，参与的家长受益匪浅，都反映以前从来没有如此审视过自己的婚姻，懂得婚姻一定要好好经营，给孩子一个良好的家庭环境。

3. 主题聊天式教学模式

这一模式主要用于基础班（一至三年级家长）每月一课。首先，家长们根据需要事先选定的聊天主题，如有的班级选定主题为"如何引导孩子与小伙伴友好相处"、有的主题是"如何营造良好的学习氛围"等。其次，在各班学习委员的组织下，家长们以小组的形式进行探讨交流，由各小组派代表上台和全班家长一起分享本小组经验成果。最后，由班主任进行总结概括，给出"金点子"。班级进行主题聊天时，大家根据主题你一言我一语，气氛轻松融洽，有时展开激烈讨论，有时彼此分享育儿心得。参与活动的家长们都反映这样的授课形式效果很好，可以学到很多家长的实战经验。

东莞市寮步镇河滨小学基于教育生态学理论开展家长学校办学模式的创新与实践，努力把家长学校办成培训合格家长、提高教学效益的主阵地，有效提升了家长教育的质量，提高了家长家教水平和整体素质。通过培训，家

---

① 由中国出版传媒股份有限公司主管、中国大百科全书出版社有限公司主办的学术理论期刊。

长们掌握了正确的方式方法向学校提出意见和建议，更加积极配合及参加学校各类工作。

☆案例点评

随着《国家中长期教育改革和发展纲要（2010—2020年）》的颁布实施，特别在新一轮课程改革实践中，家长教育成为社会的热点问题。回应这种关注的是如火如荼的行动——在全国各地兴办家长学校，因为家庭教育指导包括家长教育主要靠家长学校。虽然各级各类家长学校层出不穷，但出现最早、数量最多的还是学校开办的家长学校。家长学校是学校教育的重要组成部分，是实行家长教育最直接、最主要的形式，是整合学校、家庭、社会三者教育资源的有效途径。但是，办好家长学校并非易事，需要不断创新家长学校办学方法和模式，寻找适合本校家长情况的授课和交流途径，才能避免家长学校办学同质化和形式化。东莞市寮步镇河滨小学在家长学校办学过程中，构建了家校学校课程体系，大胆进行了学制创新、课程创新、管理创新、授课模式创新，从顶层设计到落地实施，有计划、有实践、有反馈，是一次成功的创新探索，实现了提高家长素质、提升家庭教育质量、优化家庭教育的目的，具有很好的参考价值。

◆ 案例二

开启家长学校"培训超市" 实现共育共赢新格局 ①

◎案例背景

关于家长与学校之间的关系，苏霍姆林斯基把家庭和学校比作两个"教育者"，认为这两者的教育效果取决于教育影响的一致性，如果没有这种一致性，学校的教学和教育过程就会像纸做的房子一样倒塌下来。如何做到两者行动一致？家长的步伐与学校怎样才能保持一个步调？家长学校是一个很好平台。苏霍姆林斯基在《给教师的建议》一书中讲道："家长学校的任务是不断地提高父母们的教育修养水平。"他还说过："学生在学校学习多少年，家长也要相应学习多少年。"家长必须不断学习，才能更好地肩负起教育孩

---

① 本案例由东莞市石碣实验小学张树芳提供，原文在东莞市2018年教育学会年会论文评比中获得一等奖。

子的重任。

实用主义理论认为，一项举措行动能否带来实际效果，看它的效益，有用即是真理。对于新时期的学校来说，需要真正建立一个开放性的家长学校，常态化地开展工作，以真正落实培育家长的职责。为促使家长与学校保持一致性，并基于实用主义理论，东莞市石碣实验小学构建起家长学校"培训超市"，以多元、新型的授课形式和内容推进家校共育。

一、家长学校的现状

首先，许多家长学校处于一种"有名无实"状态。虽然设有家长学校，也在学校门口挂有家长学校牌匾，设有家长学校办公室，但这更多的是一个虚拟的架构，并没有实质的具体内容和工作。

其次，呈现出"有校无课"的现象。许多家长学校的建设比较单薄，家长学校的质量参差不齐。名义上有这样的"学校"，多为应付了事，并没有具体开展家长培训课程，仅限于每学期开一场家长会。

因此，许多家长学校还处于一种"睡眠"状态，没有真正发挥出家长学校应有的培训家长的作用，没能科学、全面地引导家长学会用正确、有效的方法教育下一代。

二、家长学校"培训超市"的构建

基于实用主义理论，为使家长学校真正承担起培育家长的职责，东莞市石碣实验小学开展了建立家长学校"培训超市"的探索，并构建家长学校"培训超市"的系列课程，供家长选择，进行灵活学习，真正发挥家长学校的功能。

1. 家长学校"培训超市"模式

家长学校"培训超市"是一种常态化的课程，指学校规划好一系列课程，像超市摆放商品一样展示给家长，让家长根据自己的时间和兴趣及需求进行自主选择。培训项目根据学校行事历进行设置，每周一节课，每月共四节课，每学期共二十节课。家长学校"培训超市"时间以不影响学校学生上课为前提，可以是工作日晚上进行"开班营业"，也可以是周末或假期。

家长学校"培训超市"先通过问卷调查，了解家长对培训的需求，根据家长的需求开设一系列课程，再由家长自主选择课程，根据家长选择的课程进行授课和开展活动。授课教师可由学校教师、家长、行政机关聘请的讲师、有资质的培训机构教师等组成，需要具备授课资质，并且所开展的课程适合家长需求。家长学校"培训超市"基地主要在学校，如电教室、书法室、舞蹈室、体育馆等各种功能室；也可灵活安排校内外场所。

在兴趣和需求的支撑下，家长参加培训的积极性明显提高了，发生了从被动安排到自主选择，从"要我学"到"我要学"的转变，大大提升了家长学校的实用性、信誉度和美誉度。

2. 家长学校"培训超市"课程

（1）家长学校"培训超市"课程科目。

根据家长的需求，"培训超市"开展了幼小衔接班、毕业升学心理辅导班、特殊心理辅导班、绿色上网班、家长义工班、书法班、亲子英语口语班、亲子阅读班、亲子手工班、篮球班、足球班、游泳班、亲子瑜伽班等十多个班级，并根据现实情况不断优化更新。让家长参加学校公益的课堂学习，不但可以提高个人能力，也可以借此平台认识更多志同道合的家长，促进家长之间交流合作，提升家长与学校之间的融洽度。

（2）授课方式。

一是面授。要求家长亲自到学校上课或参加活动。

二是亲子体验。要求家长和孩子一起到学校上课或参加各类课程体验活动。

三是观看网络视频。通过现代化科技，把教师的授课内容制作成微课，经由家长微信群传播，让家长根据自己的时间进行网络观看学习。网络课程的开展，一方面减少了家长到学校上课来回奔波的时间，另一方面家长可以随时温习。如，举办亲子游泳班，分为孩子基础班、家长提高班，借助游泳中心的教练资源进行授课，可供孩子学习基本的游泳技能，也可供家长进行游泳运动。这样的课程，让家长和孩子都能进行游泳锻炼，一举两得，深受家长的欢迎。

3. 家长学校"培训超市"制度

家长学校"培训超市"要有制度保障才能正常运转，一般情况做到以下"五有"。

第一，有机构。家长学校要成立管理机构，设立校长、副校长、教导主任、德育主任、办公室主任等职务。这些职务由学校行政人员及家委会领导人员担任，确保家长学校得以正常运作。

第二，有目标。家长学校要有五年工作计划及每学年工作计划，确定工作目标，详细列举培训家长人数、内容、项目及达成目标，以便家长学校依纲领开展工作。

第三，有制度。家长学校要制定相关的管理制度，如考勤制度、考核制度、奖励制度、结业制度，力促家长参加培训不流于形式，不随意变更，不虎头蛇尾，不无果而终。

第四，有活动。除了正常课程外，家长学校还要设立各种各样的活动课，展开"第二课堂"活动，如开展家长篮球赛、足球赛、乒乓球赛、羽毛球赛等体育运动项目，瑜伽、广场舞、歌唱、书画活动等，通过活动促进家长之间的交流，进一步提高家长学校的活力。

第五，有经费。家长学校的经费来自学校的经费和家长筹集。一些经费由学校从公用经费中支付，保障家长学校的正常运作；也可以借助家长的力量，支持热心的家长出资开展各类活动，以弥补学校经费不足。

4. 家长学校"培训超市"资源

家长学校"培训超市"的正常运作，需要一系列的资源支撑，既要学校的内力带动，也要各方力量帮助。就内力来说，要学校各学科教师作为师资为家长进行授课，结合学科的专业素养，针对不同的家长需求为各种课程担任授课教师，确保家长学校的顺利运作。从各方资源上看，可以统筹为"五个借力"，分别是借助政府的力量、借助教育机构的力量、借助家长的力量、借助社区的力量、借助兄弟学校的力量。

（1）借助政府的力量。

政府是学校最大的后盾，党政、教育、妇女联合会、财政、科技、环保等部门是学校教育的强有力的支持者，家长学校各项工作的开展要紧紧依靠政府的力量。东莞市石碣实验小学积极借助妇女联合会的力量，举办"家长持证上岗"培训活动，由妇女联合会组织家庭教育讲师团，出资、出人、出力牵头实施。学校通过家长学校落实活动，开展家庭教育主题讲座，如"家庭如何塑造人""小学生家庭教育的十大误区""如何表扬更有效""加强家庭教育，营造良好氛围，提高孩子素质"等；开展亲子活动，如"亲子沟通""成长路上，你我同行"等。通过一系列的讲座和活动，学校为家长提供良好的学习平台，向家长宣传普及科学的家庭教育知识，提高了家长对家庭教育的认识，提高了家庭教育水平，使家长们与孩子共同成长，实现家校双赢的效果。

（2）借助教育机构的力量。

教育机构包括教育事业单位、进修学校、社会教育机构等。据学校了解，东莞进修学校拥有比较丰富的培训资源，它和广东第二师范学院、蓝天培训等院校机构进行合作，开设了大量的课程。东莞市石碣实验小学通过与其合作，将家长群体的学习需求提供给进修学校，争取他们的支持，将培训惠及基层家长。如将羽毛球班、游泳班、健美操班等课程带到学校，让家长群体借助更高的平台学习得到更专业和丰富的知识和技能。

（3）借助家长的力量。

家长资源是非常大的可利用资源，学校可借助家长的力量，开展各种各样的活动。例如，开展亲子美食节活动时，邀请做饮食和生产糕饼的家长参加活动，一方面推介家长的产品，另一方面为亲子活动提供帮助；利用具有书法、绘画、舞蹈、歌唱等特长的家长，聘请他们做家长学校的特聘教师进行授课，既能提高家长的积极性，也能促进家长间的交流。

（4）借助社区的力量。

东莞市石碣实验小学周边的社区义工学校组建得比较完善，有义工上班值日，有义工协助学生开展"430学堂"及假期公益培训活动，社区的义工力量比较大。学校与社区进行合作，补充家长学校师资力量，为家长学校提供有力帮助。

（5）借助兄弟学校的力量。

当一所学校的师资力量存在某一方面的欠缺时，可以通过兄弟学校的力量，弥补自身的不足。例如，一所学校在书法教学上尚欠缺书法教师为家长进行授课，就可以聘请兄弟学校较有影响力的书法教师进行授课，既推动了课程的落实，又提升了课程的影响力。

三、家长学校"培训超市"的开展成效

家长学校"培训超市"的常态化开展，取得一定的成效，使得学校更好地开展家庭教育工作。家长与个人的兴趣爱好结合在一起，既能够在自己感兴趣的项目里寻求到快乐，又能以更适合的方式进行亲子教育，家长与孩子一起学习、一起进步，达到共育共赢的局面。据调查发现，家长学校"培训超市"开设后，与开设前相比，增设书柜的家庭明显增多，家庭购置的书本数量大幅度增加，亲子阅读活动比例上升80%，孩子玩游戏、看电视的比例下降50%。

家长学校"培训超市"的正常运作，践行实用主义理论，提高了家长素质和家庭教育质量，促使家校形成合力，家校关系更加密切，学生成长更加健康，学校教育更易得到提升，达到事半功倍的效果。

☆案例点评

关于家长学校如何真正落实其职能，每个学校在操作上都有差异。东莞市石碣实验小学基于对家长学校现状的分析，设计规划并详细阐述家长学校"培训超市"模式，为家长提供了一个很好的学习和交流的平台。"培训超市"这一模式让家长自主选择课程，满足家长学习需求的同时，尊重家长的个人意愿，能够让家长感受到学校的真诚和用心。另外，该校积极借助多方面的资源，弥补学校资源的不足，贯彻了"家庭—学校—社会"三位一体思想来完善家长学校。案例中，东莞市石碣实验小学倡导家长学校"培训超市"的常态化开展，有利于学校更好地开展家庭教育工作，持续性发挥家校共育的作用。

◆ 案例三

关于对孩子使用手机的认知误区及家庭教育策略的探究 [①]

◎ 案例背景

2020 年新冠状肺炎疫情期间，学校开展和普及了网络授课，其授课效果如何暂且不提，但网络授课这一形式确实对学生产生了一定的不良影响。例如，部分学生借由网络授课，放任自己过度使用电子产品（特别是手机），从而养成了不良的学习、生活习惯。"如何纠正孩子不恰当使用电子产品的行为"成为令许多家长"头疼"的问题。为此，以下案例是对实际情况进行反复的思考和查证后，以手机作为电子产品代表，总结出几种家长对孩子手机使用的认知误区以及对这些误区的应对策略。

一、案例情况分析

曾有一位学生的妈妈声泪俱下地到学校求助。经了解得知，疫情期间，这位妈妈的孩子需要上网课，于是她就给了孩子一台手机作为上网课的设备。虽然这位妈妈也担心孩子会用手机做一些与学习无关的事情，但孩子一直以来在学习上的表现不错，她也相信孩子的自我管理能力，所以就让孩子自己保管手机。慢慢地，这位妈妈发现孩子起床的时间越来越晚，学习的效果越来越差，越来越沉默寡言。有一次凌晨三点多，这位妈妈隐隐约约听到孩子的房间传来声音，便推门进去，发现孩子正在被窝里玩游戏。这时候，这位妈妈才明白为什么孩子早上起得这么晚。于是，这位妈妈制止了孩子，要求他立即睡觉。第二天，这位妈妈检查孩子的手机，发现手机上多了一些游戏软件，便训斥了孩子，并删除了软件。本以为事情到此为止，但事与愿违。这位妈妈没有想到，她一向听话乖巧的孩子居然会因为她删除了一个游戏账号而变得疯狂起来。之后，他们母子之间经常因为手机使用的各种问题而"斗智斗勇"。这位妈妈说："事到如今，这个问题已经不是直接把手机没收就可以解决的了。手机瘾已经深入

---

① 本案例由东莞市洪梅镇第二小学梁瑞冰提供。

他的骨髓，如同毒瘾一样。复课后，我曾经试图拿走手机，但他居然扑过来抢，还说了一些让我心寒的话。我们做父母的实在没办法，只能来求助学校了。"

这位妈妈的哭诉十分令人同情，也让我们意识到这不是个例。因此，我们在家长会上和家访时，特别注重与家长沟通这方面的问题，得出的结论是：大部分家庭多少都出现孩子不恰当使用手机的问题，尤其是在疫情期间上网课之后，这方面的问题更加突出。也有很多家长自叹输给了手机，输给了游戏软件，也输给了社交软件。

二、家长对孩子使用手机存在的误区

类似上述的大多案例，其问题成因在于孩子，更在于家长。许多家长在给予孩子使用手机的权利时，会对孩子使用手机存在以下这些误区，这些误区影响着家长对孩子使用手机的合理管控。

误区一：孩子的很多小伙伴都能熟练地使用手机，假如家长不让孩子接触手机，孩子在小伙伴们聊手机话题、游戏话题的时候，就插不上话，就会显得不合群，被其他人笑话，从而影响孩子学习交流的心态。

误区二：现在孩子的很多作业都需要上网查资料，这需要用手机才能完成，而且网络上的各种有益信息也可以开阔孩子的视野。

误区三：孩子在使用手机的时候会特别安静，这让工作操劳了一天的家长可以清闲一下。他们认为孩子玩一会儿游戏也没什么大不了，反正大人也玩。

误区四：只要手机的控制权在家长手上，家长就可以控制孩子玩手机的时间。只要把孩子玩手机的时间控制好，就不会出现大问题。

三、对孩子使用手机的误区的应对策略

针对上述家长对孩子使用手机存在的几个误区，有以下几个应对策略。

1. 帮助孩子建立正确的交往价值观

交往是建立在价值观统一或相对统一的基础上的，孩子正处于学习和成长的黄金时期，主要任务是完成学业。手机游戏里精美的画面、刺激逼真的场面、新颖有趣的情节足以使成年人沦陷，更何况是孩子。孩子的感官和心智是很敏感、脆弱的，这些内容会使他们更刺激和兴奋。对大部分自控能力不强的孩子而言，游戏有着致命的吸引力。因此，家长要清晰地认识这个问题，不要被"人家的孩子会玩，我的孩子也要会"的面子思维、虚荣思维裹挟。家长要正确引导孩子的交往价值观，发掘孩子的长处，培养孩子在交往中的角色魅力。

2. 合理使用教学软件，关注孩子学习质量

随着教育信息化的普及，日常会使用到许多教育类的手机软件，但这些

软件的设计初衷是为教学服务，而且在设计使用的时候，大多数是以家长陪同使用为前提的。学校首先应该通过教师向家长清晰地强调这个前提，让家长对学生使用这些软件学习时有一定的管理意识。另外，家长反映孩子"很多作业需要上网查资料"的问题的确是存在的，但作业上真正需要查资料的东西不多，并不会导致学生经常性使用手机。所以，非常不建议家长让孩子以"查资料、做作业"为理由自行支配手机，因为这样家长在手机使用的管理上会存在很多不可控的情况，比如前面案例中的妈妈反映孩子凌晨玩游戏的情况。建议家长将教学类软件安装在自己日常使用的手机上，与孩子一起完成相关的教学任务。

3. 用实际行动陪伴孩子

当今社会生活节奏越来越快，人们工作压力也越来越大，家长在外工作了一天，身心疲惫地回到家，确实需要清静一下。但家长不要忘记，工作的目的是让自己和家人的日子过得更幸福，而子女是幸福生活中的重要一环。子女的成长需要家长的陪伴，这种陪伴是手机不能代替的，也是家长责无旁贷的。家长需要调整心态，认清幸福的本质。其实，家长陪伴孩子的实际时间并不多，很多孩子在上小学的时候能留在父母身边，一旦上初中、高中，乃至大学后，他们就是一周甚至一学期才回来一次。等到那个时候，家长想认真陪孩子的时候，孩子已经不需要家长的陪伴了。

4. 从"控制"转变为"转移注意力"

很多家长天真地以为，让孩子玩手机、玩游戏是一种让孩子解压的方式，只要控制好时间就没问题。但是，家长真的懂得怎么控制吗？大部分孩子对游戏的抵抗能力是很弱的。家长虽然可以控制孩子玩手机时间，但是往往忽略了手机对孩子的影响程度。很多事例告诉我们，游戏成瘾、使用手机成瘾是渐进性、不断累积的，想要逆转会很困难。许多只靠对手机使用时间进行控制管理的家长，最后往往发现，孩子对手机的使用时间要求越来越长，次数要求越来越多。在此情况下，一旦家长不同意，孩子就会出现许多症状，如失眠、暴躁、厌学、精神不集中、成绩大幅度下滑等，使得很多家长不得不妥协，进而使得孩子越陷越深。要想让孩子健康地使用手机，家长要控制的不仅是手机的使用时间，还有使用的需求和使用的深度，要认清孩子的实际情况，避免孩子过度接触手机内容而成瘾。

☆ 案例点评

一台小小的手机可以装得下一个世界，但孩子的内心又是那么的小、那么的单纯，又怎么能直接去承受这个网络世界里的斑斓、庞大和虚幻？科技发展得太快，快得我们还没有准备好如何接受它，它就来到我们的身边。新冠肺炎疫情发生后，学生使用手机（电子产品）不当的问题愈发严重，许多家长因此焦头烂额。东莞市洪梅镇第二小学案例中的孩子，正是过度使用手机，造成亲子关系紧张、学习成绩下降等问题。作为家长和教师，我们要为孩子设防，通过多方面的干预，正确引导孩子去正确地使用科技发展带来的成果，让学生健康成长。以上案例根据班级实际情况，结合了当前普遍存在的小学生过度使用手机的问题做出概括，并从家庭教育管理的方面进行了策略探究，具有一定的参考意义。

第三章

未来已来，点亮未来智育生态

第一节　构建校本课程——维护动态平衡

课程是学校教育的重要载体，是促进学校特色发展的主要载体和路径，也是学校教育生态系统的关键因子。改进学校教育系统，发展学校特色，都需要通过课程建设来彰显学校特质，形成良性发展循环。学校有了明确的办学定位后，便应思索如何通过课程改革来实现学校特色化发展。

一、校本课程建设的分析与诊断

（一）校本课程的发展现状

在当今"应试教育"仍有较大市场的背景下，不少学校能够放下包袱，从"育分"走向"育人"，重视学生的需求，坚持多方面开展校本课程，探索适合学生未来成长的素质教育之路。然而，在实际工作中难免出现各种问题。

1. 课程建设难以"上天入地"

一方面，表现为课程文化的立意不高。学校课程（尤其是校本课程）文化建设在开发层面上明显出现两种倾向：一是依据学校教师特长，有什么样的教师，就开设什么样的课程；二是根据学校现有的特色项目需求（如书法、科技、体育、美术等）进行课程开发。没有基于国家对于核心素养召唤的要求，特别是不能依据学生的个性发展需求来开发课程，因而只能是学生无奈地适应学校、适应教师。

另一方面，表现为课程文化的取向虚无。每一所学校虽然都有自己的文化建设与发展规划，也不缺少学校的教育哲学、办学理念、愿景目标等，但这些精神文化层面的要素常常与学校的课程建构体系形成"两张皮"，难以体现用学校追求的课程文化内核来直接引领课程开发与实施，并落实为各类课程开发与实施主体的价值观念、行为准则和思维方式。尤其是难以将学生的需求和学校的追求转变为适切的、校本的、现实的课程文化，不能直接指导构建有特色的学校课程体系、目标、结构、形态等，让国家的核心素养育人意志作为课程文化的核心元素，直接融入学校的课程文化结构体系，并使之得以真正落地生根。

2. 课程体系中"重知轻育"现象明显

当前，我国绝大多数学校还沿袭分科教学的传统课程文化方式，学科本位的课程观仍然居于强势地位。在课程实施中，学校和教师重点关注的是教给学生什么知识，学生在课程学习中又获得了什么知识，而这些知识往往被窄化为学科知识。这样容易导致各学科之间互不相通，知识间的连接难以落实，甚至常常出现知识点重复渗透。这种单向注重知识传授的学科教学，必然使得学生缺少知识与生活、知识与经验、知识与育人的联通，从而使教育的本质和价值诉求难以在学科教学中实现，难以使"培养完整的人"的教育目的在学科教学中落实。

3. 校本课程开发质量不高

"真爱梦想杯"全国校本课程设计大赛[①]的调查结果表明：从校本课程开发专业化体现四个水平等级的现状来看，处于"去专业化"水平层次的学校有8%，即课程开发选题学科化取向明显，缺乏科学性、规范性，经验化、随意性强；处于"专业初步"水平层次的学校有44%，表现为有明确课程主题取向，但开发水平不高，课程要素建构及表述缺乏技术规范要求；处于"准专业化"水平层次的学校有37%，体现了课程开发关注学生需求，课程要素完整且基本符合要求，体现一定专业水准；处于"专业化"水平层次的学校仅有11%，具体表现为课程开发文化理念先进、设计创新，满足学生发展需求、符合课程技术规范，实施策略丰富多元。总体说明，我国校本课程开发主要处于"专业初步"与"准专业化"阶段，离"专业化"水平还有较大差距。

4. 课程实施中教师素养不适应

一是课程理念更新较慢。部分教师在全面深刻理解学校特色课程文化理念方面显得不够主动，思考不深入，观念更新慢。常常流露出陈旧的课程观念，实践中缺少课程意识、文化意识、学生意识、开放意识、情境意识、问题意识等，难以自觉更新课程教学的学生观、学习观、教材观、课堂观、评价观等。

二是课程知识与能力不足。如缺乏对学校特色课程文化应有的认知，整体把握课程教学、课程资源校本开发、知识储备与动态生成、调整内容重组结构、差异指导课程学习等能力不强。尤其是在即兴评价学生课程学习现场真实情境问题时，教师往往因学科素养不足，所评价的结果难以使学生满意。

三是课程实施角色转换不力。面对新一轮基础教育课程改革的挑战，不少教师依然演绎着传统的角色职能，课程教学中注重知识的传输，满足于每

---

① 由教育部基础教育课程研究华东师范大学中心、教育部人文社科重点研究基地华东师范大学课程与教学研究所、上海真爱梦想公益基金会联合举办。

次完成执行教案的任务；难以与时俱进地适应课程教学新挑战的需求，尝试成为课程教学的个性创设者、资源善选者、文化融通者、理性评析者和持久学习者等。

四是课程理论与实践脱节。明显表现在：一方面，教师自觉学习和掌握系统课程理论的真义不够，总以为一线教师只要会做就行，对"为什么要这样做而不那样做"并不关心。另一方面，主动运用所学理论来理性指导自身的课程教学实践变革行为的并不多，自觉养成理论联系实践的习惯、选择研究性教学方式难以形成常态。

（二）基于教育生态学的校本课程诊断

下面以东莞市寮步镇河滨小学的"灵动教育"为例，对小学校本课程进行较为全面的诊断。"灵动教育"源于学校"水文化""科技教育"特色项目，又指向办学愿景，该校"灵动教育"的理念文化体系构建已基本完成。

1. "灵动教育"的内涵及理论分析

（1）明确"灵动教育"内涵，多维确立办学理念。

"灵动"一词，《现代汉语词典》（第7版）解释为"活泼不呆板，富于变化"。那么，东莞市寮步镇河滨小学的"灵动教育"的内涵是什么？取本义，还是自定义？例如，将"灵"定义为"灵性"；"动则生"，"动"是创新，智慧。那么"灵动教育"，即通过学习与活动，激发、挖掘、培养学生灵性与智慧的教育活动，渗透在学生成长与发展阶段中，根植于教育教学活动中，具有"灵活、民主、创新、智慧"四大要素。又如，将"灵"定义为"本心、灵魂"，"动"定义为"天性"。那么，"灵动教育"则可以定义为，尊重学生"动"的天性，唤醒学生生命中的灵性和欲求。马克思也说："教育绝非单纯的文化传递，教育之为教育，正是在于它是一种人格心灵的唤醒。"因此说，教育的核心所在就是唤醒。唤醒什么？唤醒学生生命中的灵性和欲求。

（2）增强理论思维，确立指导理论。

科学理论是对事物发展内在规律的深刻揭示，是破除认识迷雾的思想灯塔，是引领实践发展的行动指南。学校品牌发展也是如此，建议从现有的、被广泛认可和运用的心理学、教育学中选择、确立能够符合新课程标准，能支撑"灵动教育"的科学理念，并作为学校发展、教育教学改革的思想灯塔，作为引领"灵动教育"实践发展的行动指南，如心理学理论、教育学理论、人本主义学习理论。以人本主义学习理论为例，人本主义心理学强调人的本性、尊严、理想和兴趣，认为人的自我实现和为了实现目标而进行的创造才是人的行为的决定因素。人本主义学习理论是建立在人本主义心理学的基础之上的，它从全人教育的视角阐释了学习者整个人的成长历程，以发展人性；注重启发学习者的经验和创造潜能，引导其结合认知和经验，肯定自我，进而自我实现。人本主义心理学代表人物卡尔·罗杰斯认为，人类具有天生的学习愿望和潜能，这是一种值得信赖的心理倾向，它们可以在合适的条件下释放出来；当学生了解到学习内容与自身需要相关时，学习的积极性最容易激发；在一种具有心理安全感的环境下可以更好地学习。教师的角色应当是学生学习的"促进者"。

只有确定"灵动教育"内涵、确立指导理论，才能准确构建品牌体系。如将"灵动"定义为灵性、创新、智慧。那么，该校的办学理念可定为"灵动育人，育灵动人"。

2. "灵动课程"发展优势及存在的问题分析

明晰学校的发展优势及存在的问题，才能更好地为校本课程的开发提供强有力的支持，把握校本课程的走向。

在优势方面，东莞市寮步镇河滨小学的办学成效硕果累累，特色项目亮点纷呈。在科学教育、家校共育和书香校园等项目上的课程及教学具有显著特色。此外，该校不断加大课程建设改革，提升课堂教学质量，学校机构改革为课程建设及课堂教学改革提供了强有力的保障。

在问题方面，东莞市寮步镇河滨小学的课程存在以下弊端：第一，整体课程建设目标未明确，课程体系、课堂模式尚未完整构建或未能完整表述。课堂教学未建立模型，有待提炼或加强顶层设计。第二，课程建设理念有待寻求理论支撑。缺乏明确的教育学、心理学理论支撑、指导课程建设和课堂教学改革。第三，课程教学改革有待核心课题引领。虽然该校的科学教育、家校共育、书香校园特色显著，但缺乏全校性的核心课题去引领学校的课程建设、课堂教学改革。

综上，该校要想建设校本课程，要解决好两个方面的问题：一是加强课程理论建设，引领课堂教学改革。建议选择一种教育学、心理学理论，结合新课程标准、学校办学理念，明确课程建设、课堂教学改革方向，即要构建什么样的课堂生态。如基于儿童中心论或学习者中心论的"以儿童为中心的课堂"、基于生本理念的"生本课堂"等，课程建设亦如此。二是加强核心课题研究，引领学校特色发展。课程建设、课堂教学需要形成特色，需要核心课题引领，需要整体构建，先行先试，分科推进。建议在确定"灵动教育"内涵后，进一步确定"灵动课堂"的内涵并申请课题作为学校核心课题予以推进。

二、校本课程的建构

随着新课程改革的深入，"三级"课程（国家课程、地方课程、校本课程）结构已深入人心，其中校本课程已成为学校课程改革和建设的重点与热点。何谓校本课程？综合各家说法，校本课程有三个明显的重要特征：一是自主性，即校本课程无论是学校自主开发的还是选用的，都是学校自主决定使用的，而不是外加或硬加的；二是针对性，即校本课程针对现实需要，紧密联系本校实际，更好地满足学生和学校发展的需要；三是独特性，即校本课程反映了学校的办学思想和教育观念，是学校特色的集中体现，是学校独特课程文化的重要组成部分。可见，校本课程至少包含了三层含义：一是体现学校的办学思想、宗旨和特色；二是在学校本土生成，必须立足校情，挖掘资源；三是强调植根本校，服务本校，实现学校的办学理念。

（一）开发主体与路径

要形成有特色的校本课程，学校需要从纷繁众多的资源中找准切入点，寻求特色亮点，组织开发团队，进行重点打造。课程的开发与教师直接相关，教师是校本课程开发的主要承担者、实际操作者。要使教师成为校本课程开发的主体，就要赋予教师在开发过程中的主动权，让教师在校本课程开发中能针对学生实际需要和自己的专长提出校本课程开发的建设性意见。要让教师在校本课程开发中自主选择、自由发挥，才能充分调动教师参与课程改革的积极性。同时，要重视教师团队的作用，发挥课程专家、学生家长和社区的力量，让教师在开发过程中适时地与专家、同事、校外人士积极探讨、共同切磋，使校本课程精益求精，提升品质。

校本课程开发的路径多种多样，一是从学校已开设的课程中寻找优势项目，将其提升为学校特色课程；二是挖掘学校有特长的教师，将其特长与学校办学目标联系起来，开发出有特色的课程；三是基于学生的兴趣和学习需求，综合开发出特色课程。

（二）课程类型与实施形式

一般而言，校本课程有以下几种类型：第一，学科拓展课程，主要是结合学科进行内容拓展和学习方法研究。第二，主题活动课程，主要是指在校内的以学生为主体的系列活动。第三，综合实践课程，主要是指学生在校外所进行的社区服务，走进高校、企业、军营、农村等社会实践。第四，研究性学习课程，主要从学科拓展、主题活动、社会热点、社会现象、自然现象、经济问题等方面入手，涉及人类、自然、社会、科学、技术、经济、文化、军事、历史、体育、艺术等各个方面，以组织学生个人或团队的方式进行类似科学研究的方法来学习，组合课程。第五，德育课程，涉及家校互动、社区合作、品德提升、思想教育等内容，主要侧重于学生的精神成长。此外，还有环境课程、潜在课程、短期课程等。

校本课程的实施形式也十分丰富，按其内容可分为以下几种形式。第一，植入式，即将课程列入课本，每班每周全体学生进行活动。第二，渗透式，即将特色课程渗透在各学科的教学之中，包括教案编写、教学过程的实施、教学结果的评价等各环节。第三，延伸式，即在基础性课程的基础上在某一方面加以延伸。第四，镶嵌式，即特色课程的实施没有固定在某一节课，而是结合具体内容、教育时机，镶嵌在某一教育教学环节之中（如升旗礼、班队课等）。第五，节庆式，即集中一个阶段，以节日的形式进行特色课程的学习，如英语节、科技节等。

总的来说，校本课程类型与实施形式没有统一化、格式化的标准，能满足学生学习需求，符合学生心理、生理特点，调动学生学习兴趣、立足学校办学理念的都可能成为校本课程开发的类型与实施形式。

（三）基本原则

学校发展以学生发展为本，那么校本课程建设的本源也应指向学生，以学生需求为出发点，丰富学生的学习方式，培养学生自主学习、合作学习、探究学习，夯实终身学习的基础。在课程建设过程中，应重视课程的人本性、整体性、科学性、发展性。

1. 课程的人本性

人本主义课程观主张课程要适合学习者的内部和外部需要，而自我实现是人的基本需要，因此学校课程应该帮助学习者发现自我。自我实现是人本主义课程理论的核心，强调以尊重人的个性为根本出发点，把促进学生各项基本素质全面发展作为课程设计中心，以整体、优化的课程结构观为核心内容，在课程选择使用上以人为本，重视学生学习需求，使得不同层次学生的学习需求都能得到尊重和满足。

2. 课程的整体性

学校课程是一个完整的体系，因此课程的开发要从整体上把握课程目标与结构，使学科课程得到充分重视，活动课程成为学校课程的重要组成部分，同时开发潜在的课程资源，培养学生广泛的兴趣爱好及特长。

3. 课程的科学性

在把学校课程建设融入学校文化的同时，还应注重课程的科学性。这就要求学校深入系统地学习与课程改革相关的理论，借鉴外来优秀经验，结合本校实际，以科学的精神和严谨的态度来解决课程建设中遇到的实际问题，以科学性为原则，创造性地开展工作。

4. 课程的发展性

校本课程的价值在于促进学生成才、教师成长，推动学校发展、社会发展。因此，学校可充分利用自身资源，构筑有学校文化特色的、适合学生终身发展和学校长远发展的特色课程。

三、校本课程改进案例

中华优秀传统文化是校本课程资源的"宝藏财富"，蕴含着极大的育人价值。小学生作为中华优秀传统文化的传承者，需培养其形成高度的文化自觉和文化自信。为此，校本课程的开发少不了中华优秀传统文化教育。加强中华优秀传统文化教育是推动文化传承创新的重要途径，也是落实立德树人根本任务的重要基础。下文以东莞市石龙镇中心小学为例，探讨如何从中华优秀传统文化切入，打造学校特色校本课程，为其他课程资源的校本化建设提供参考。

◆ 案例

中华优秀传统文化"一科一品"校本课程建设策略 [1]

◎ 案例背景

在"双减"背景下，2021 年 1 月，教育部印发《中华优秀传统文化进中小学课程教材指南》（以下简称《指南》），明确将中华优秀传统文化进课程教材的总体要求分解到中小学各学段各学科，不单独开设中华优秀传统文化课程，不增加学生学习负担。这就要求各学校各领导各学科从自身特点出发，发挥各自优势，彼此协同配合，形成有机整体，共同解决中华优秀传统文化进课

---

[1] 　本案例由东莞市石龙镇中心小学聂惠芳、苏海平提供。

堂"进什么、进多少、如何进"的问题。东莞市石龙镇中心小学结合校情、学情，通过多样化策略实施了中华优秀传统文化"一科一品"校本课程。

一、四个基本策略

"一科一品"是遵循和落实《指南》要求的有效支点，可以有效地破解中华优秀传统文化进校园、进课堂的诸多难点、痛点。"一科一品"不在多而在精，不求单科面面俱到，而能连点成面。

中华优秀传统文化"一科一品"校本课程的开发，既要结合学科特点与优势，又要符合学校、学科发展现状，可以实施"提炼、补白、整合、优化"四大基本策略。一是已有特色教学的学科，可以从中提炼开发中华优秀传统文化校本课程；二是没有特色教学的学科，则利用学科教师特长，补白中华优秀传统文化校本课程，或是整合校园资源、社会资源开发校本课程；三是已尝试中华优秀传统文化进课堂的学科，则通过优化的形式开发校本课程。以上策略不仅可以独立运用，还可以综合运用。

语文学科一直大力开展书香校园建设，每年利用读书节开展名著经典阅读教学和比赛。该学科通过提炼经典诵读特色教学活动，整合社会资源，参与建设国学智慧教学云平台，开发了每节包含读选填辨、故事诗歌、情景演练、评价小结四大板块的经典诵读校本课程，包括《弟子规》《笠翁对韵》《三字经》等古代经典名著的节选内容。

数学科组、英语科组采用补白开发的策略分别开发了"数独""红领巾带外宾游著名历史经典"校本课程。"数独"校本课程采用模块化设计，突出问题式、探究化，让学生既了解了古代数学小故事，又认识了数独和唯一解法、基础摒除法、区块摒除法、唯余摒除法、矩形摒除法等，通过"我的研究、我的收获、交流发现、活动评价"四个环节实施。"红领巾带外宾游著名历史经典"校本课程通过了解国内著名历史经典、情景导游、评选代言人等方式，让学生在英语环境中走进历史，学习文化，练习语言。

美术科组、音乐科组整合学校所在地区的非遗项目石龙新昌鼓制作技艺、石龙醒狮头制作技艺，开发实施"'鼓'舞人生"校本课程。吸引了东莞市台商子弟学校80余名师生到校，一起学习石龙新昌鼓制作技艺、石龙醒狮头制作技艺的知识，了解狮鼓、狮头的音色、造型、结构、表演技艺等；师生们一起学习舞狮，探究狮子与锣鼓之间的关系，感受传承中华优秀传统文化。

二、"融合"实施策略

通过中华优秀传统文化"一科一品"校本课程开发，东莞市石龙镇中心小学解决了"进什么"的难题，而"融合"实施策略则能在"不单独开设中华优秀传统文化课程，不增加学生学习负担"的基础上，有效解决"如何进"的问题。

"融合"实施策略是通过学科融合教学与评价的形式来实施中华优秀传统文化校本课程。其包括与国家课程融合，将中华优秀传统文化"一科一品"校本课程作为国家课程的补充和拓展；与学校常规活动、主题活动、校内课后服务融合，让中华优秀传统文化"一科一品"校本课程助力全面提高学生素质。例如，东莞市石龙镇中心小学经典诵读校本课程通过"快乐读书吧"语文课堂教学板块进行融合教学，同时通过读书节的"古诗新唱""古诗词配画"等活动进行展示。"'鼓'舞人生"校本课程通过音乐课、美术课进行融合教学，让每一位学生在小学六年的学习中，了解中国鼓、舞狮的历史文化内涵，掌握不少于六组中国鼓鼓点打法，尝试临摹、设计鼓的纹饰，感受民族精神和无限想象力。体育科组开发的"长拳"校本课程通过融入每天的大课间活动，让学生"拳"不离手，既在阳光下进行体育锻炼，又能感受传统武术的魅力，接受中华优秀传统文化的熏陶。

"融合"实施策略还指将中华优秀传统文化"一科一品"校本课程的师生评价融入学期末的评价中。例如，东莞市石龙镇中心小学改变传统"三好学生"的评价，设置"养正德育好少年（儿童）""尚美乐学好少年（儿童）""向阳体艺好少年（儿童）""智慧科创好少年（儿童）"等评价项目，将学生参加中华优秀传统文化"一科一品"校本课程表现纳入不同项目评价中，积极发挥评价引导、激励的作用。

三、增强教师课程开发实施能力

课程开发实施能力是确保中华优秀传统文化"一科一品"校本课程真正、持续走进课堂的关键。学校既要面对全体教师开展中华优秀传统文化教育通识研修，还要根据不同的校本课程组织专题培训。例如，东莞市石龙镇中心小学先后组织两期中华优秀传统文化智慧教师专题研修，还聘请非遗传承人对"'鼓'舞人生"校本课程实施教师进行了为期一年的培训，增强教师中华优秀传统文化"一科一品"校本课程开发实施能力。

☆案例点评

开展中小学中华优秀传统文化教育，对培养青少年做堂堂正正的中国人，具有重要意义。而中华优秀传统文化进中小学课程教材，是强化中华优秀传统文化铸魂育人功能的重要举措。案例中，东莞市石龙镇中心小学没有片面地独立开设中华优秀传统文化课程，而是围绕"一科一品"的路径，将中华优秀传统文化融入学校、学科发展，实施"提炼、补白、整合、优化"四大基本策略，采用"融合"实施策略等手段，丰富中华优秀传统文化校本课程，彰显了该校课程的地域性、学科性、独特性，是具有校本特色的智慧生态实践。

第二节　智慧课堂——深入课堂做教学

教育专家成尚荣教授曾指出："课堂教学改革就是要超越知识教育，从知识走向智慧。"高效的课堂是唤醒智慧的课堂。智慧课堂，是在信息技术支持下，通过变革教学方式方法，将技术融入课堂教学，构建个性化、智能化、数字化的课堂学习环境，从而有效促进智慧能力培养的新型课堂。鉴于智慧课堂独特的优势，运用"互联网＋教育"智慧教学新模式成为新课程改革、改进课堂生态的路径。

一、智慧课堂的现状及问题

智慧课堂最早源于21世纪初素质教育和新课程改革的实施，强调从注重知识传授的"知识课堂"向注重开发智慧的"智慧课堂"转变。而真正使智慧课堂得到快速发展和广泛应用的是近些年兴起的信息化教学改革，特别是以物联网、大数据等为代表的"智慧"技术在教学中的应用，从使用传统手段教学的"传统课堂"转向基于"智慧"技术构建富有智慧的学习环境、促进学生智慧发展的"智慧课堂"，由此"智慧课堂"概念不断发展和深化。

作为"互联网＋"时代的智慧教育，信息技术的发展为以智慧发展为取向的智慧教育插上了翅膀。一般认为，智慧教育即以大数据、云计算为技术环境，以教师的教学智慧为条件，以培养智慧人才为价值追求的教育形态。2017年《地平线报告》[①]指出，大规模在线资源的建设与推广为智慧课堂教学提供了丰富的资源，未来的一定时间内，智慧课堂将成为主要的教学形式。

智慧课堂在基础教育阶段、高等教育阶段、职业教育阶段等皆有应用，但具体的内涵与特征有所不同。表3-1为智慧课堂的应用现状及分类。

---

① 由美国新媒体联盟（New Media Consortium，NMC）组织每年发布的关于信息技术及其在教育中应用情况的前瞻报告。

表 3-1　智慧课堂的应用现状及分类

分类标准	类型名称	主要内涵与特征
按所采用的信息技术划分	基于物联网和云端一体化技术的智能课堂	整合了教室感知设备、互动电子白板、多媒体投影设备、实物展台、智能终端等软硬件的智能化教学手段
	基于电子书包的智慧课堂	通过电子书包的数学应用，实现课前预先学习、课中互动教学、课后微课作业辅导，为教师和学生提供了一种高效的"教"与"学"模式
	基于云计算和互联网技术应用的智慧课堂	通过云计算、网络技术、应答系统等技术手段进行有效、个性化学习
	基于网络教学平台的智慧课堂	在基于 Web 的网络教学平台支持下，运用一定的教学策略，有效支持学生进行个性化学习
	基于大数据学习分析的智慧课堂	以课堂大数据为依托，形成数据的采集、抓取、筛选、挖掘，为智慧决策提供数据模型，从而准确把握学习者的个性化需求，建立智能化评测体系，形成智慧课堂
按学习类型和层次划分	中小学智慧课堂	实现教师、学生、家长、管理者的全时空互通，有效实现校内和校外教学场景的融合；具备教师教研预备课、师生互动交流、及时评价反馈、家校互通、资源共享等功能，从而形成具有互动、探究特性的中小学智慧课堂
	职教智慧课堂	突出职教资源智能推荐服务，进行模拟仿真训练、虚拟化实验实训、智能化综合评测等，更好地培养高素质、多样化、技能型人才
	大学智慧课堂	在课堂上实现学生签到、教师点名、随堂测验、学生及时回答、平时成绩记录与统计等功能，增强课堂师生互动，创设优化学习情境，实现有意义学习，提升课堂教学管理效率
按学科专业应用类型划分	基础教育学校	包括适合中小学的语文、数学、英语等各个学科教学的智慧课堂
	高校和职业教育院校	包括公共课、专业基础课、专业课、综合实践课等各类课程的智慧课堂

　　智慧课堂有效弥补了传统课堂的诸多不足，但也遇到很多的问题：第一，教师为学生甄选线上学习资源时，因网络资源繁杂、质量参差不齐，往往耗时长且质量难以保证。第二，教师为学生推送线上学习资源时，因学生、家长手机上的学习 App 众多，账号不统一，学生、家长使用起来不方便。第三，对于学生课前学习完成情况如何、质量如何等情况，教师难以掌控。第四，

教学的重点、难点已视频化，教师在课堂上无所适从。基于此，在利用智慧课堂时，要做到扬长避短，发挥智慧课堂的实际运用效果，从而有效改善学生的学习体验，提升教和学的质量与效率。

二、智慧课堂在小学课堂的应用策略

科学技术进入校园是一种潜移默化的过程，也是科学技术对教育影响的过程。在信息化时代下，智慧课堂的应用形式多样，围绕智能化、数字化、个性化的课堂教学模式，不同教育理念下的智慧课堂产生了不同的教学策略。

（一）策略一：翻转课堂

翻转课堂教学是一场针对课堂教学的"革命"，被加拿大的《环球邮报》评为"影响课堂教学的重大技术变革"[①]。翻转课堂是从英语"Flipped Classroom"翻译过来的术语，也被称为反转课堂式教学模式。该模式通过对知识的传授和知识的内化进行颠倒，重新调整课堂内外的时间，使传统教学中教师和学生的角色发生变化，教学信息更清晰，重新构建学习者的学习流程，学生复习、检测更加方便和快捷。张金磊等人认为，在翻转课堂中，知识传授通过信息技术的辅助在课后完成，知识内化则在课堂中经教师的帮助与同学的协助而完成。[②] 发展至今，翻转课堂围绕以学生为中心的理念，进行了多次创新实践，采用"先学后教""以学定教"等形式激活教育主体。

下面以东莞市石龙镇明德小学构建的"慧自主"翻转课堂教学为例[③]，探讨翻转课堂如何实现改变课堂、改变学校的。

---

① 张金磊，王颖，张宝辉. 翻转课堂教学模式研究［J］. 远程教育杂志，2012（4）：46-51.

② 张金磊，王颖，张宝辉. 翻转课堂教学模式研究［J］. 远程教育杂志，2012（4）：46-51.

③ 本案例由东莞市石龙镇明德小学夏品山提供。

◆ 案例

小学"慧自主"翻转课堂教学的实践研究

——以东莞市石龙镇明德小学"改变课堂、改变学校"建设品牌学校实践研究为例

◎ 案例背景

"慧自主"翻转课堂教学是一种基于学习分析的掌握式教学,是利用信息技术实现教与学的理念重塑、结构重组、流程再造和模式重建,构建以学生发展为本的新型教学关系,实现"课堂革命";是利用交互技术,运用教与学过程大数据的行为记录、分析和诊断,实现教师教情、学生学情的及时精准反馈,及时发现学习的共性和个性化问题,优化教学策略,提供适应性的教学和适配性的资源补救,直到学生达到教学目标,真正实现以"学"为中心,全面提高教学质量。"慧自主"翻转课堂教学包括语文"自主散敛"翻转课堂教学模式、数学"139"翻转课堂教学模式、英语"SCS"翻转课堂教学模式。

1. 主要方法和措施

(1)教育目标上聚焦核心素养。

中国学生发展核心素养体系作为具有国际视野与符合中国国情的顶层设计,代表了我国基础教育对"知识核心"时代的发展与超越,是改革、深化素质教育的重要节点。

东莞市石龙明德小学"慧自主"翻转课堂的核心是在教育目标上聚焦学生发展核心素养,这是落实立德树人根本任务的一项重要举措,也是适应世界教育改革发展趋势、提升教育竞争力的迫切需要。中国学生发展核心素养,以科学性、时代性和民族性为基本原则,以培养全面发展的人为核心,分为文化基础、自主发展、社会参与三个方面,综合表现为人文底蕴、科学精神、学会学习、健康生活、责任担当、实践创新六大素养,具体细化为国家认同等十八个基本要点。我们根据这一总体框架("三头六臂十八般武艺"),针对学生年龄特点进一步提出各学段学生的具体表现要求。

(2)教育手段上走向智慧教育。

"谁失去教育信息化,谁就失去未来。"在教育信息化的时代,在"互联网+教育"布局中小学教育的新征程中,东莞市石龙明德小学主张构建"慧自主"翻转课堂,其关键是在教育手段上走向智慧教育。智慧教育是信息技术与学科教学深度融合,全球教育资源的无缝整合共享,无处不在的开放、按需学习,

基于大数据的科学分析与评价，绿色高效的教育管理，真正实现从规模化教育转向个性化教育。

东莞市石龙明德小学从 2016 年 7 月获得东莞市义务教育阶段民办学校教育信息化基础设施建设财政奖励至今，共投入千余万元进行教育信息化建设，为开展"慧自主"翻转课堂教学打下坚实的物质基础。例如，通过 4A（Anywhere、Anytime、Anybody、Anyway）云课堂建设，进一步明确"落实立德树人、提升核心素养"的课堂新目标，促进学生德、智、体、美、劳全面发展，因材施教，为学生提供 4A 化的课程学习环境，让每一位学生都享受到个性化的学习，能进行深度学习，让自主学习真正发生。

（3）教学模式上打造"慧自主"。

在推进教育信息化的历程中，东莞市石龙明德小学打造"慧自主"翻转课堂教学模式，包括语文"自主散敛"翻转课堂教学模式、数学"139"翻转课堂教学模式、英语"SCS"翻转课堂教学模式。"慧自主"翻转课堂教学模式下，传统的基于班级授课制"以教师为中心、教材为中心、教室为中心"的知识单向传递模式，逐渐让位于基于广泛学习资源"以学生为中心、问题为中心、活动为中心"的创新能力培养模式。

东莞市石龙明德小学从 2016 年开始，首先在三年级 2 个平行班做实验，组建以校长为组长、学科骨干为成员、中青年教师搭配的翻转课堂建设领导小组；"破"与"立"相结合，积累经验与资源，建立了一整套翻转课堂教学管理制度；完善了校园内网的建设，有序推进学校翻转课堂教学革命。三至六年级"翻转班"的数量不断上升：2016 年 2 个、2017 年 14 个、2018 年 22 个、2019 年 33 个、2020 年 41 个，2021 年实现全覆盖。

2. 课堂教学特征与创新

东莞市石龙明德小学的"慧自主"翻转课堂教学呈现以下明显的特征。首先，从教学流程的角度看，翻转课堂颠覆了"教师讲授＋学生作业"的教学过程，知识内化由课外转到课内。其次，从师生角色的角度看，教师由"演员"变为教学活动的"导演"和学生身边的"教练"，学生由"观众"变为积极主动的参与者。再次，从教学资源的角度看，短小精悍的教学视频（微课）是翻转课堂教学资源最为重要的组成部分。最后，从教学环境的角度看，翻转课堂通过学习管理系统整合线下课堂与网络空间，形成 O2O（Online to Offline）环境。

东莞市石龙明德小学坚持立德树人，守正创新，借助教育信息化，"变道超车"，潜心构建"慧自主"翻转课堂教学模式，推进智慧教育，丰富了"莞式慕课"① 的内涵。"慧自主"翻转课堂教学的重要创新之处和关键价值在于为小学阶段的语文、数学、英语等科目构建翻转课堂教学模式，制定相应教学效果的评价机制。

一是在教学目标上。以发展学生关键能力和核心素养为导向，深入挖掘学科育人价值的开发、转化与生成，关注文化知识、思维与方法、关键能力和必备品格与社会主义核心价值观的培养。

二是在教学策略上。突出以学生发展为本的新型教学关系，尊重和关注差异，注重学生的参与、实践和探究，强调合作与对话，关注高阶思维培养。

三是在教学效果上。体现学生的全体参与，实现学生主动的知识意义建构、高阶思维和问题解决能力的发展，积极的情感体验以及课堂的有效生成，全面提高教学质量。

东莞市石龙明德小学以翻转课堂为课堂教学改革的手段，以信息技术与教育教学深度融合创新为核心，研究"慧自主"翻转课堂教学，实现教育信息化的深层应用。通过改变课堂达到改变学校，进而建设品牌学校，提高办学质量，推进素质教育，培养德、智、体、美、劳全面发展的社会主义建设者和接班人，从而实现"为党育人，为国育才"。不是为"信息化"而信息化，更不是为"翻转"而翻转，而是让每一位学生接受最适合的教育，让教育不仅看见"森林"，更看见每一棵"树木"。

3. 改革成果

"慧教育、慧资源、慧应用"改变了东莞市石龙明德小学的教学生态，教学由以教为中心转变到以学为中心，实现了从结合到整合再到融合的跨越，助力教学质量节节高升，表现在如下四个方面。

（1）克服办学痛点，课堂"活起来"。

作为普惠型民办小学，学校借力"慧自主"翻转课堂，实现了教与学的理念重塑、结构重组、流程再造和模式重建；构建以学生发展为本的新型教学关系，实现课堂革命，师生教与学的主动性得到培养、提高，教学相长，让课堂"活起来"，克服了"痛点"，收到良好效果，学校荣获"莞式慕课实验基地"、全国智慧校园优秀示范校称号。2018 年 2 月 26 日，《南方日报》以"开学第一课"的形式全程直播陈丽华老师的语文翻转课。2019 年、2020 年，学校成功承办粤港澳大湾区翻转课堂教学研讨活动、全国翻转课堂教学研讨交流活动，反响热烈。

---

① 东莞市自 2015 年开始慕课探索，制定了《东莞慕课建设方案（2015—2017 年）》《东莞市普通中小学慕课试点工作方案（2017—2020 年）》。

（2）打破传统，课改"亮起来"。

借助学校"慧明人人通"网络学习空间平台（无缝链接市城域网、万兆光纤、国家省市平台资源），教学设计以学生的"学"为中心，针对学生现实学习情况进行二次备课，通过课前微课自学、课中合作探究、课后分层巩固达到知识掌握的目的。

为更好地把握课改方向，学校将"请进来"与"走出去"紧密结合。从2016年至今，来自全国、省、市的教学领导、专家相继莅临学校指导，站在更高的层面为学校的翻转课堂教学指明方向。同时，学校组织广大教师外出培训学习，已有20余人次参加全国、省、市培训，其中邱伟灵老师、朱玲老师与江苏省特级教师仲广群校长跟岗学习半年，汲取"助学课堂"精髓为翻转课堂所用。

（3）教师队伍"转变角色"，方法"新起来"。

课堂是学校的心脏，教学质量的高低取决于课堂教学水平的高低。学校构建"学为中心"的"慧明课堂体系"，打造"慧自主"翻转课堂，其核心是基于学习分析的掌握式教学，是在"先学后教，以学定教"的教学理念指导下，全方位构建"课前微课导学—课堂互动探究—课后个性辅导"的教学模式，并基于大数据云平台和智能设备的支持，最终实现教学内容数字化、交流互动多样化、评价反馈及时化、资源推送智能化，促进教师开展精准教学与个性化教学，实现以学生为中心的高效互动课堂。

教师通过"慧明人人通"网络学习空间平台认真备课，精心设计教与学环节，做到备教材、备学生、备资源。翻转课堂颠覆传统，教师转变角色，由"教"到"导"，方法新，效果好。看到学校的教育教学成绩全面提升，教师无不动情地说："翻转，让我们遇见了更好的课堂，也遇见了更好的自己。"

（4）教研活动"带动研讨"，效率"高起来"。

学校构建教师成长共同体，成立了14个名师工作室，涵盖各学科、各年段，系统推进"青蓝工程"，教研活动的持续推进和深入开展成为常态。课题研究基于教育信息化，教育信息化带动课题的高效研究，每位教师在教研活动中积累并形成信息化教学的经验，有力促进了教师专业成长。尤其是学校充分发挥"莞式慕课实验基地"教育资源整合应用、教学技术融合创新的作用，积极借助市教研室、镇教研室及教育信息技术公司的力量，全链条、全环节加强翻转课堂的建设，加强科研力度，做好国家子课题、省市课题的研究工作，推动学校翻转课堂教学走入深水区。

☆案例点评

"课堂改变，学校就会改变。"这是一个需要教育智慧也一定能够产生教育智慧的新时代。东莞"莞式慕课"品质教育为东莞市石龙明德小学提供了一个更优质、公平、均衡发展的平台，在这个平台上，学校积极构建"慧自主"翻转课堂教学模式，将学生摆在中心位置，有效地运用现代信息技术手段来整合课堂，推进了智慧教育的新生态建设。如今，站在新的历史起点，聚焦新时代对人才培养的新需求，教育信息化被赋予了新的使命，教育信息化作为教育系统性变革的内生变量，必将支撑、引领教育现代化发展，推动教育理念更新、模式变革、体系重构。

（二）策略二：可视化导入

"好的开始是成功的一半。"课堂导入的效果往往能对整节课起到关键作用。从教育信息化的发展来看，信息化教学手段的应用逐渐变得不可或缺，信息化教学手段的应用很多都要求知识呈现和习得的可视化。

可视化是以一种直观、易感知的图示方式表征信息及信息加工的过程。任何复杂的教学知识都可以通过图解方式将逻辑关系进行剖析。可视化导入是为了在课堂知识的呈现阶段简洁明了地传递信息，也是对语言、文字等思维活动的解释说明，其简易直观的特性适合小学课堂教学。因此，探讨可视化导入在小学课堂中的有效应用，有助于让师生迅速融入课堂，改变课堂教学。下面以东莞市茶山镇第二小学对于可视化导入在小学英语课堂的应用与实践为例[①]，展示可视化导入在小学英语课堂中的具体应用情况。

◆ 案例

可视化导入在小学英语课堂的应用与实践

◎案例背景

小学英语课堂的可视化导入指在课堂导入阶段，教育者运用实物、图画、图表、导图和微课视频等直观性教学手段，刺激学生的视觉、听觉等多种感官，系统地呈现新知识。它是一种教学信息技术手段，源于国内关于图表、思维导

---

① 本案例由东莞市茶山镇第二小学刘钧富提供。

图和微课视频等可视化手段在课堂中的应用，符合小学生的学习特点、学习经验和心理特征。

1. 可视化导入在小学英语课堂的应用意义

（1）可视化导入在小学英语课堂中的原理。

可视化导入是以重构课文文本为基础的导入过程。虽然课文文本是固定的，但是学生的学习特点、学习经验和学习习惯，以及每个地区的教育程度都存在一定的不平衡性。因此，可视化导入是在紧扣课文文本的基础上，根据本地区的学生学习特性，以各种可视化信息技术手段进行科学优化，以适合所教学生学习特点的形式表现出来，合理地引导学生在课堂导入阶段整体掌握英语知识。

小学生的生理和心理处于初始发展阶段，其逻辑思维能力、归纳和综合分析能力水平比较低，要理解一些间接性的知识往往比较困难，因此小学英语课堂需要使用直观、自然且与学生生活学习息息相关的教学手段，把学习知识和学习过程直观化、可视化，才能使学生的学习变得更有趣、更容易。在教学中，教师应有意识地在课堂导入阶段渗透可视化的教学手段，使导入方式更精彩、导入内容更系统和丰富。

（2）可视化导入在小学英语课堂中的优势。

可视化导入就是利用微课、图表、思维导图等在课堂中的实际运用，以直观性、整体性、思维性及趣味性的特点，引导学生在课堂导入阶段有效地完成对知识结构的自我构建。瑞士卢加诺大学马丁·爱普教授认为："学生只有设计、利用知识可视化，并及时接收相应的反馈，才能有效地提升主动视觉素养。"[①]可视化导入是在立足于思维可视化理论的基础上，通过应用新的信息技术手段合理重构课文文本的方式进行导入的。这种方式与复习导入法、故事导入法和背景知识导入法等对比，更能在短时间内使学生整体感知知识，提高掌握单词的效率和效用，真正做到"轻负高效"。

2. 可视化导入在小学英语课堂中的应用

教学实践证明，在小学英语课堂的教学中，课堂导入直接关系到学生的学习效果、兴奋度和课堂教学质量，而可视化导入更适合现代小学英语课堂的要求。

（1）可视化游戏导入的应用。

游戏导入法一般是比较有效的导入方法，能够吸引学生注意力。但在传统

① 赵慧臣，王淑艳. 知识可视化应用于学科教学的新观点——访瑞士知识可视化研究开拓者马丁·爱普教授［J］. 开放教育研究，2014，20（2）：4-10.

的游戏导入流程中，必须先跟学生解释游戏流程、示范活动方式，接着实施，且这个过程中师生的默契是一个关键要素。要改变这种状态，在游戏过程中可以增加可视化的演示手段。操作流程为：微视频简述游戏流程—师生随视频一起演示—教师以思维导图或图表形式明确要点—师生共同游戏—评价，这样就可以大大提高游戏效率。

但是要注意，开展可视化导入不能为游戏而游戏，无论是微视频还是图式演示，都要结合教学内容。例如，在进行 Seasons 主题教学的时候，可以在微视频里"摆放"关于季节的内容、表示气候的图片及有动画效果的活动素材，如 warm、spring、hot、cream、swimming、summer 等单词。然后，微视频里说出一个季节的名称，学生将马上指出与这个季节相关的气候和活动例子，每说一个都用三方面内容进行造句联系，这样效果会更好，不但增加了学生的竞争意识，其学习英语的积极性还大大提高了。

（2）可视化情境导入的应用。

情境导入法在小学英语课堂中的使用频率很高，它需要教师创设一定的教学情境，依据教学内容进行一定程度的整合，让学生体验课堂、习得知识。但是，要在课堂导入阶段创设一个情境，往往需要师生的配合、教具的演示、动作的示范，还要教师具备表演能力，少了其中任何一环都会对情境创设产生不利的影响。因此，情境导入法虽好，但也不是每个教师都可以接受并有效使用的。如果使用可视化情境导入手段，能使抽象的内容变得具体，由烦琐变简易，由陌生变熟悉。可视化情境导入方式还可以给学生一定的亲近感，活跃课堂氛围，改善学习效果。

在小学英语课堂应用可视化情境导入法，可以以问题为主线设计微视频，通过环环相扣的问题，以思维导图描画出所学知识点；也可以从学情出发，巧妙运用微视频播放学生日常生活知识，帮助学生通过知识迁移的方式来习得知识；还可以让学生通过自己动手、动口、动眼睛的方式体验导入过程，紧扣教材，整合教学内容，激发学生的学习动机。例如，在学习身体部位的单词的时候，教师可以借助微视频演示有关身体部位的有趣的卡通故事，创设生活化情境，并以学生为例演示导图，让学生系统地认识相关的部位和英语单词，如头发（hair）、眼睛（eye）、耳朵（ear）等。这样一来，导入会变得非常有吸引力。

（3）可视化多媒体导入的应用。

随着科技和社会的不断发展，许多现代化信息教育工具不断涌现，电子白板、应用程序（App）、多媒体软件、平板电脑（pad）等屡见不鲜。这类可视化多媒体手段的应用创新了课堂的教学过程，丰富了知识呈现的方式，使视频、语音、文字和图片等拥有了"生命"，调动了学生的眼睛、耳朵、手和脑，大大提升了教学质量。比如，在学习 My family 主题的时候，运用央视公益广告Family，一方面通过视频让学生了解家庭成员，另一方面通过视频的播放激发学生的学习兴趣，提升学习效果。教师在课堂中首先可以利用电子白板、App和多媒体软件演示本课的学习要点和知识点，然后利用多媒体，师生现场共同绘制思维导图，师生归纳知识，在 APP 或者音乐视频软件的帮助下再次描述，最后进行小结和评价。

不过，使用可视化多媒体导入时，应当注重策略和合适的教学手段的应用，才能让学生的学习思维得以拓展，学习效率得以提高。例如，在进行小学英语三年级上册 Unit 1　Hello！教学的时候，将课文中的重点词语和句子通过 App呈现，在电子白板中让学生边指边说，再利用音乐软件现场编写一首歌曲，用歌曲演唱的形式让学生学习教材内容。有了可视化多媒体，学生学习英语更活泼，学习效率自然会提高。

3. 小学英语课堂可视化导入的应用效果

（1）可视化导入能优化学生习得效果。

近年来，学校在英语课堂导入阶段中使用思维导图、图表和微课等可视化手段后，学生往往在导入阶段就可以快速习得英语知识。可视化教学手段可以很好地帮助师生在导入过程中快乐地学习，让学生在愉悦的环境下有效地进入新课。

（2）可视化导入能激发学生的探究热情。

《义务教育英语课程标准（2011 年版）》指出：小学英语教学的任务是激发和培养学生学习英语的兴趣，使学生树立自信心，养成良好的学习习惯和形成有效的学习方式，发展自主学习的能力和合作精神。在关于课程实施方面，提出要强调变"要学生学"为"学生要学"，要激发学生的兴趣，让学生主动参与、乐于探究、勤于动手、学会合作。有效的课堂导入不仅能激发学生的学习热情，还能加强学生学习的主观能动性。因此，深入研究课堂导入方式对于学生学习能力的提高和思维方式的改进有关键性的作用。在现代教育思想和理论指导下，结合新课程标准，可以采用小学英语可视化导入方式调动学生的学习积极性和增强学习主体参与性，从而提高课堂的教学效果、发展学生的思维能力。

（3）可视化导入能丰富学生的学习过程。

小学英语课堂要"基于文本、挖掘文本、拓展文本、回归文本"。因此，将可视化教学素材直接转化成课堂教学的组成部分，包括在理解的基础上重构出来的一个串联性语篇。教师要结合具体的文本体裁和形式，用可视化的文本让学生在最短的时间内迅速进入和本课知识紧密结合的文本中。而这类可视化文本可以是一首根据学习内容整合过的歌谣、小诗等，其有助于增强知识的关联性。

☆案例点评

可视化导入是有目的性地针对新教学方式、教学手段的整合尝试。它紧扣课文文本，立足于师生共同知识体系，以高阶思维能力的培养为主，能合理引导学生在课堂导入阶段整体掌握英语知识的各个维度。东莞市茶山镇第二小学沿着这条路径前进，对小学英语课堂教学进行更多新的尝试与实践，相信可视化导入的应用与改造能为小学英语课堂教学创造出一片新天地。

（三）策略三：思维导图式板书

20世纪60年代，思维导图被东尼·博赞提出，随后逐渐应用于各行业。思维导图是一种外显、可视的知识框架，简单、高效地对所学知识进行概括归纳。思维导图式板书是一种让学生理解、归纳、记忆、发散思维的工具。思维导图式板书的运用有助于改变如今小学课堂中低效、死板的现状。

在实践小学思维导图式板书的过程中，需要研读新课程标准的要求，明确课程目标、教学目标，总结板书的类型，整合教材话题，着力提高教师对思维导图式板书的设计与实施能力；并分年级进行实践探究，创新思维导图式板书设计的实施策略，为小学高效课堂的实现提供有力的支持。

1. 思维导图的分类

在*Student Successes with Thinking Maps*一书中，大卫·海勒把思维导图分成八类：圆圈图、树状图、泡泡图、双重泡泡图、流程图、多重流程图、环抱图和桥状图。每类思维导图形态各异，对应人类最基本的思维，如归纳演绎思维、讨论思维、评估思维、比喻隐喻思维及系统动态思维；又分为人们通常使用的思维模式，如比较与分类、抽象与概括、分析与综合、系统化与具体化。

（1）圆圈图。

图形由两个同心圆构成：里圈和外圈。里圈用来定义核心主题，外圈运用数字或图文对核心主题进行描述与反馈。它用来定义一个单词或者一件事物，也是最常用的头脑风暴工具图。

（2）树状图。

树状图形状酷似一棵大树，上方的树干是核心概念或主题；下方的树根，是分论点和类别细节。它可以分门别类地将事物或观点井井有条地列出来，是锻炼分类思维的方法之一。

（3）泡泡图。

泡泡图由许多泡泡构成，中间的泡泡是主题词，周围环绕着许多属性泡泡，常用来描述一个主题词的特点和性质。泡泡图能增加学生描述事物的深度、广度和多样性。

（4）双重泡泡图。

双重泡泡图是由两个核心泡泡构成。从两个核心泡泡向两边发散的属性泡泡代表着两个主题间的不同点，核心泡泡中间的气泡是两个主题的共同点。双重泡泡图用于比较和区分事物之间的异同。

（5）流程图。

流程图是依据事情发展的时间顺序、事物依次形成的步骤，按照"1→2→3→4→5→6……"的框架和箭头标记所描绘的图画。流程图能够帮助学生分析事物的发展顺序、内在逻辑关系。

（6）多重流程图。

多重流程图也叫因果关系图，左边的格子是事件发生的原因，中间的格子是事件本身，右边的格子是事件带来的影响。多重流程图可以帮助学生分析事情起因和结果，用来锻炼因果思维。

（7）环抱图。

环抱图有许多大括号（也称括号图），主题事物在最左边，其组成部分在括号的右边，右边的局部部分能不断分级扩大。环抱图主要用于展现各个事物间的整体与局部关系。

环抱图与树状图的区别在于，环抱图可以将事物从物理角度分解成零部件，是整体和局部的关系；而树状图把事物归类，类似于生物学的界、门、纲、目、科、属、种，是上级和下属关系。

（8）桥状图。

桥状图的左边是用来描述核心主题，右边依次列出与主题相似的名称和特征。桥状图的功能是用于类比与比喻，描绘事物间的相似性与相关性，通常应用于基础数学、自然科学的定义、概念教学中。

2. 思维导图式板书案例

下面以东莞市茶山镇第二小学在小学英语课堂中利用思维导图式板书进行教学为例①，为合理应用思维导图式板书提供参考。

◆ **案例**

思维导图式板书助力小学英语高效课堂

◎案例背景

作为辅助课堂教学工具，板书永远不会被淘汰。在小学英语课堂上，教学的每一部分都离不开板书的辅助。成功的思维导图式板书应该服务于学生、服务于课堂教学，成为教与学的有力支撑。

（1）小学英语六年级上册 Unit 2　Ways to go to school。

本课所教授的内容为人教版小学英语六年级上册 Unit 2　Ways to go to school Part A 的 Let's talk 部分，此部分为对话教学。本课中的对话采用图片和文字相结合的形式，以显示交通方式表达和学校使用的频率副词的正确性。文本的对话内容不是很长，但是要六年级学生适应或创编对话并不容易。学生已经学会了三个频率副词 usually、often、sometimes，但是他们以前学过的交通工具只有 foot、car、bike。在本单元第二课的 Let's learn 部分中，其他交通工具为四会单词呈现。因为在句子练习中可以替换的单词非常有限，所以预先以词汇思维导图的形式展示了交通工具，并且是需要满足三会单词标准的单词。例如：bus、taxi、train、subway、plane、ship 等。此外，掌握呈现思维导图的方式也是一个难点。在教学中，教师尝试使用思维导图来帮助学生有效地学习相关词汇，弄清对话的主要内容，并通过图片和文字形式改编或创建对话内容。

教学设计的片段如下：

Step 1　Warm up and lead in

Daily　question

T: How can I get <u>there</u>? （此环节是复习前一单元主题问路及指路的表达，替换画线部分的 there 为前一单元中所学的表示地点的单词，促进已学词汇的提取，也有助于本节课对话内容的编辑。如 How can I get to the library? How

---

① 本部分案例由东莞市茶山镇第二小学周梦、罗丽萍、胡敏仪提供。

can I get to the hospital? 为了方便导入本课内容，此环节最后一个问题用 school 来提问）

T: How do you come to school? （用双手握方向盘的动作提问学生并引出 car 一词）

T: Yes, by car. （做骑自行车的动作引出 bike 一词）

T: I usually go by bike. （自然而然地加上一个频度副词）

Step 2　Let's talk

① Watch flash. （观看 flash 之前给出问题，如 How does Amy come to school? 让学生说出 on foot 的短语）

② Read.

③ Explain the dialogue. （在此环节中讲解 "I come on foot" 一句时，呈现词汇思维导图，要求学生跟读三遍，并进行简单替换练习）选择相对易于理解的圆圈图来呈现，便于归类（见图 3-1）。

图 3-1　词汇思维导图式板书

（2）小学英语六年级上册 Unit 3　My weekend plan。

本课所教授的内容为人教版小学英语六年级上册 Unit 3　My weekend plan Part A 的 Let's try 和 Let's talk 部分。学生在学习 Let's talk 对话的基础上，合理并准确地运用 be going to 句式结构来表达周末计划。

教学设计的片段如下：

Step 1　Lead-in

① Sing a song. What are you going to do?

E.g.：I'm going to walk on the moon! Hooray! Hooray!

I'm going to walk on the moon! Hooray! Hooray!

When I grow up, I'll walk on the moon.

When I grow up, I'll walk on the moon.

What are you going to go?

② According the song complete the vocabulary mind-map?（学生以小组合作形式演唱歌曲并完成中心句式 be going to 的思维导图，见图 3-2）

Step 2　Let's try

① Listening.

听录音材料，完成教材的练习题。通过 Sarah 和 Mike 的对话，了解两人周末计划做的事情，并初步感知 "What are you going to do?" 和 "I'm going to do something" 的用法。

图 3-2　be going to...的思维导图

② Pair work.

根据小组合作完成的思维导图，两人为一组完成 "What are you going to do? I'm going to..." 的对话练习。

Step 3　Let's talk

① Watch the video of the Let's talk.

② Explain the dialogue.

讲解对话之前，教师给学生发放句型思维导图主干图，学生边听边做，为之后独立完成思维导图做好铺垫。

③ Read the dialogue in pairs.

④ Group work（Task 1 是必做题，Task 2、Task 3 中可以选做一题）

Task 1：完善思维导图。

Task 2：表演教材对话。

Task 3：自编对话（引导学生以小组形式根据句型思维导图，以周末计划为话题来编对话）。

Step 4　Presentation

展示小组思维导图，并表演教材对话或创编对话。

Step 5　Evaluation

简单评价各小组所展示的对话内容、词汇的使用、句型多样性、篇幅长短。

Step 6　Sum-up

展示教师准备的思维导图（见图3-3），让学生再次对本课内容进行小结，也让学生初步了解怎样用思维导图归纳整体内容，提高学生归纳整理能力。

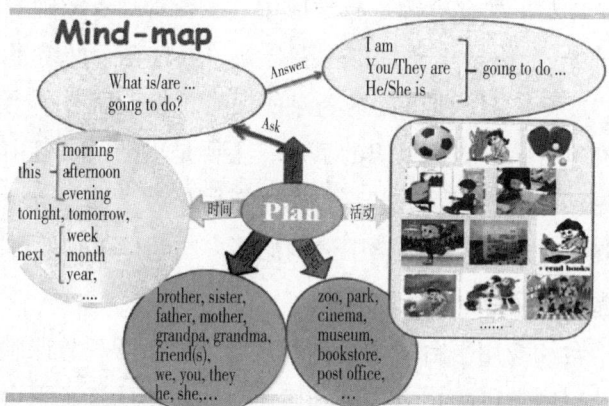

图3-3 教师在总结时形成的思维导图式板书

☆案例点评

思维导图式板书具有独特的动态性、审美性，能够帮助学生提高处理信息、使用语言和解决实际问题的能力。只要教师在备课时认真研读教材，深挖教材背后隐藏的关联，合理地运用思维导图式板书，定能提高课堂教学效率。案例中，东莞市茶山镇第二小学在小学英语课堂开展思维导图式板书教学，拓展了英语课堂教学的广度和深度，打造了高效的小学英语课堂。思维导图式板书的设计与应用不仅仅限于英语学科，其他学科如何合理利用，发挥思维导图式板书的作用也是我们应该继续深入探索的课题。

三、智慧课堂对教学资源平台的应用

随着"互联网+教育"的逐步推进，许多学校倡导资源建设与课堂教学相结合，开发了大量的优秀课件、教学案例、精品课程、习题资源库、网络课程、微课、微视频、优课、慕课等。这些耗费了教师众多精力和心血的教学资源，要最大限度地发挥作用，方便教师集众家之所长来进行方便、快捷的备课和授课，让学生能利用多种数字化设备终端（如手机、电脑等）进行个性化学习。在构建信息教学平台、开发优质教学资源的同时，通过对接国家、省、市信息化平台，引进优质特色教学资源及学科工具，在满足自主学习、个性化学习及教学需求的同时，探索优质资源共享机制，是切实可行的途径。在这一背景下，基于智慧课堂的学科教学应用也进入新的阶段，迎来了新的契机。各学科教学结合学科特点，以学生为主体，以智慧课堂为载体，发挥各种资源平台优势，实现教学资源共享，促进教育公平，解决了学校差异、教学设施设备不均衡、师资配备不齐等问题。

以东莞市为例，近年来，东莞市实施"互联网+"战略，致力打造东莞"慧教育"，整合、开发了教育资源、教学应用、教育管理、教师发展、家校互动共五大体系超过 30 个信息化平台，并整合到"慧教育"网络平台中，实现全市师生、家长"1 人 1 号"即可免费登录使用有授权的所有平台。"慧教育"网络平台是在教师引导下的有组织的慕课，主要是集纳全市各中小学校所制作的优质教学资源，实现资源互通共享。基于东莞市教学课程资源开放式共享的"智慧课堂"教学模式，传统教学中遇到的诸多问题得以有效解决。

（一）甄选最优平台

教学资源平台和应用平台对融合创新理念下的小学智慧课堂教学实施起重要作用。学校可利用学科的技术优势，横向对比常用的资源平台和应用平台优缺点，确定最优平台。

1. 百度文库

"百度文库"（https://wenku.baidu.com/）作为常用的资源平台，是百度为网友提供的信息存储空间，是供网友在线分享文档的开放平台。在"百度文库"中，用户可以在线阅读和下载课件、习题、论文报告、专业资料、各类公文模板，以及法律法规、政策文件等多个领域的资料。"百度文库"平台上的文档，均来自热心用户的上传，百度自身不编辑或修改用户上传的文档内容。它的优点在于自由开放，任何用户都可以上传、阅读、下载文档，信息涉及种类较多、全面，但随之带来的缺点就是文档的质量良莠不齐。此外，"百度文库"中的很多资源下载需要会员，需充值财富值或者金币，对于没有这些的人来说下载资源极为不方便。

2. 国家教育资源公共服务平台

国家教育资源公共服务平台（http://www.eduyun.cn），是由国家进行建设的一体化资源大平台。其以云计算为基础，通过信息技术与教学过程深度融合，搭建涵盖核心应用的教育云平台，同时汇聚第三方优质资源及应用，面向教育机构、教师、学生、家长提供一站式的教学服务。集纳的资源主要由参加"一师一优课，一课一名师"活动的教师上传，资源数量非常丰富，截至 2021 年底，已晒 20 077 191 课，对边远学校和资源薄弱学校的建设起到了很好的支撑作用。但也有部分缺点以待改进，例如，2020—2021 年因新冠肺炎疫情导致"一师一优课，一课一名师"活动暂停，从而出现资源内容更新不及时；教学内容跟地方现用教材版本不一致；部分资源内容与知识点不对应，部分资源质量不高，参考价值不大等现象。在应用方面，与学生交互性不强，无法及时反馈学生的学习情况。

3. 广东省教育资源公共服务平台

广东省教育资源公共服务平台（http://zy.gdedu.gov.cn），是专门为广东省地区的学生、教师等群体提供教学服务的平台。平台上覆盖了各种教育资源，包括防疫教育、课程学习、生命与安全教育等，所有的学习资源均免费使用，使用起来非常方便，学生能共享到的资源更加广泛。学生根据所学的阶段去挑选数字资源，找到合适的教学方法，能够更好地提升学科成绩。但有的学科相关资源缺乏，如有关粤教版小学信息技术的资源还未完善。

4. 东莞教育资源公共服务平台

东莞教育资源公共服务平台（https://res.dgjy.net），主要收集了东莞本土教师的优秀教学资源，包括微课、优课、教学设计、教学素材等。平台上各类资源丰富，是近几年来东莞市教育局教研室通过优课或微课评选活动、教学能手评比活动等所积累的优质资源，资源涵盖了现用教材的所有知识点，符合教师日常教学的需要。平台界面友好，操作便捷，登录账号密码与东莞"慧教育"网络平台一致。但在应用方面，该平台存在与师生交互性不强、资源的数量不足等情况。

5. 东莞市教育局教学资源应用平台

东莞市教育局教学资源应用平台（http://dg.etiantian.net）由东莞市教育局打造，主要是为全市中小学生提供相关的教学服务。最初的目的是解决民办教学师资力量薄弱、资源匮乏，致力于打造均衡、优质的民办教育，实现区域内教育公平；发展到后来，经广大教师反馈，该平台主要分为"我的课程""资源库""在线组卷"等多个栏目，可以支撑教师进行混合式教学、双师教学和翻转课堂教学等多种新型教学模式，契合东莞"莞式慕课"教学改革的需求。该平台整合各类教育资源，是一款共享优质教育资源的应用，随即推广到全市所有公民办学校。

其中，课程资源主要收录了东莞市第一届微课程大赛的参赛作品。此次大赛由东莞市教育局主办，意在推进东莞慕课试点及教学资源建设与应用，向义务教育阶段中低收费民办学校和薄弱学校推送慕课优质教学资源，实现资源共享。遴选东莞市名师工作室主持人、学科带头人、教学能手、骨干教师组团参加，覆盖所有学科、章节、知识点。平台收录的资源正在逐步完善，资源与现用教材一致，资源质量优秀，每一个微课均配套有微教学设计，支持快速分享视频的功能，预计未来的资源库建设将更为丰富。除此之外，平台支持师生互动交流的在线讨论、作业答题卡、错题本消错等紧贴教学习惯的易用功能。使用该平台，教师可以足不出户通过教学平台发布微课、练习等教学任务，学生可以在家使用电脑、手机、平板完成学习任务，并自主完成个性化学习。教师可以实时收集、统计、分析学生相关学习数据，给予相应指导。

综上所述，各平台并非十全十美，相对而言，东莞市教育局教学资源应用平台资源相对更优，但目前资源的种类和数量还不够丰富；东莞教育资源公共服务平台的资源，从数量、质量、使用便捷性等方面分析，都具有一定的优势，但在将资源推送给学生课前学习、学生学习反馈方面存在不足。

（二）家庭、学校、教师三位一体，创设有利条件

小学智慧课堂教学模式的实施，受家庭条件、学校条件及教师条件的影响，因此，为小学智慧课堂教学模式的实施创设有利条件，要从这三方面入手。

在家庭条件方面，家庭须具备必要的网络学习终端，如手机、电脑等。在学校条件方面，学校要提供充足的支持，各学科教师每天布置的作业要适量，避免作业过多，确保学生完成网络学习的时间。在教师条件方面，首先，需要教师转变教学观念，改变教学模式，将课堂交还给学生，真正体现以学生为主、以教师为辅；其次，教师需熟悉各平台的使用方法，并制订课前导学案、学生学习情况反馈问卷，在资源平台中优选教学资源，推送给学生进行课前学习。

（三）以典型课例教学为载体，构建智慧课堂教学模式

以东莞市"品质课堂"① 建设为例，进行融合创新下小学智慧课堂教学模式的实践研究，在"莞式慕课"教育信息化中，研究确定资源平台及应用平台的基础上，以典型课例为载体，用示范课、观摩课、同课异构等方式开展主题研讨。在教学实践中，注重学生的自主学习和协作学习，注重让学生大胆提出问题及学生之间互答解疑，注重引导学生进行回顾反思，将课堂主动权交给学生。

1. 构建线上线下融合的小学智慧课堂教学模式

融合创新下的小学智慧课堂采用"线上＋线下"的融合教学模式，主要运用东莞本土的资源平台和应用平台，形成一定模式的智慧课堂教学三部曲：课前线上自学"三个一"、课堂线下教学、课后线上巩固。

第一部：课前线上自学"三个一"，即一份导学案、一份微视频、一份学

---

① "品质课堂"是东莞市开展的教育改革项目，其目标内涵是：围绕立德树人根本任务，坚持有教无类、素质教育、因材施教的教育理念，以课程标准为依据，以发展学生核心素养为目标，深入推进课堂变革，让师生享受到精彩的学习过程，促进学生幸福成长。

习反馈。教师通过集体备课，形成课前导学案。借助东莞市本土资源平台，通过引进、整合、自主开发等，整理供学生自主学习的优质资源，通过"微课掌上通"推送给学生，由家长督促学生完成课前的学习，并通过"问卷星"等平台反馈学生学习情况，为下一步课堂教学活动的重心做好预测。

第二部：课堂线下教学。线下教学以教师为主导，针对学生在课前线上学习中遇到的问题、教学中的重点及难点，以案例驱动的方式组织学生分享问题、协作解决问题。在课中学习时，发挥教师的主导作用及学生主体作用，以自主、探究、合作为主要特征，充分发挥学生的主动性、积极性、创造性。这样的做法，改变了传统的以教师为中心的课堂教学结构，将由教师为中心的教学结构转变为"主导—主体相结合"的教学结构。

第三部：课后线上巩固。教师为学生课后练习、巩固、拓展、延伸、深入探索提供学习任务单。

在融合创新下的小学智慧课堂教学中，教师发挥指导者、启发者、监督者的主导作用，学生通过自主学习、合作探究等学习方式进行探索和实践，积极主动地完成学习任务，达到预期的学习效果。在此过程中，学生的自主学习能力、积极性与创造性不断提高，获得学习成就感。图3-4为融合创新下的小学智慧课堂教学的总体框架。

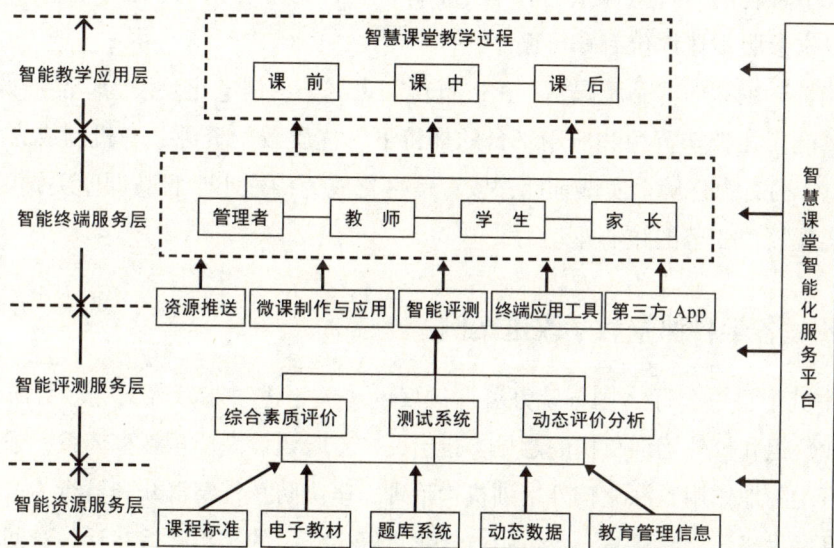

图3-4　融合创新下的小学智慧课堂教学总体框架

2. 开发线上线下融合的小学智慧课堂教学资源平台操作指南

"莞式慕课"教育改革落地到课堂教学中，离不开本土特色的教育信息化平台的应用。通过实践研究、反复对比，归纳总结出众多的平台各有优点和不足，但东莞本土的平台，如东莞教育资源公共服务平台、东莞市教育局教学资源应用平台，在资源的质量、数量方面，使用便捷度方面，有较为明显的优势，故可将这两个平台作为融合创新下的智慧课堂的平台支持。另外，这两个平台可开发形成使用操作指引文档，为教师开展研究提供了平台的使用操作指引，方便后续研究成果的推广应用。

3. 创建线上线下融合的小学智慧课堂教学典型课例资源库

教育教学资源对教学起着重要的作用，这不仅跟资源的数量有关，更与资源的优化程度、使用频率和发挥效益密切有关。充分整合资源、发挥共享功能，最大化地利用资源，是在资金有限、资源有限的条件下提高教育教学的最佳手段。本着"统一规划、共建共享"的原则，在打造融合创新下小学智慧课堂的过程中，将自主开发、资源整合的课程资源，以网络云盘的形式建立教学资源库，供教师共用，同时方便资源的二次开发。

4. 制定线上线下融合的小学智慧课堂教学评价标准

教学评价是课程体系中重要的组成部分，在实践研究中，可以制定《小学线上线下融合的"智慧课堂"教学评价标准》，为融合创新下小学智慧课堂的实施提供参照，让评价有章可循。

当前，东莞的"品质课堂"正进行得如火如荼，信息化手段为"品质课堂"教学赋能。在教学资源和应用平台的加持下，优质教学资源共享机制成为"品质课堂"的有力保障。实践证明，教育信息化成为构建小学智慧课堂关键因素，成为实现教育变革的核心驱动力。

四、各学科课堂教学改进案例

中共中央办公厅、国务院办公厅颁发的《关于进一步减轻义务教育阶段学生作业负担和校外培训负担的意见》指出，"着眼建设高质量教育体系，强化学校教育主阵地作用，深化校外培训机构治理，坚决防止侵害群众利益行为，构建教育良好生态"。"双减"政策中"教育良好生态"的提出，旨在让教育回归本真，是对整个教育环境的要求。其中，课堂教学作为平等、和谐、开放的系统，是教育生态中最重要的一部分。构建教育良好生态，是深化课程改革、落实立德树人目标的有效方法，是课堂教学改革的出发点和落脚点，是促进学生全面发展的有效途径。由于学科的特性，各学科的课堂教学改革方式、策略有所不同，但都是围绕核心素养而进行的，都是围绕"培养什么人""怎么培养人"这一核心进行的，最终实现改进课堂生态的目标。

（一）语文学科

语文素养是一种以语文能力为核心的综合素养，而听、说、读、写是四种基本的语文能力。随着时代的发展和学生终身发展的需求，语文核心素养应运而生，它是语文素养的核心要素和关键内容。最初，对于语文核心素养，相关的阐述如"'以知识作为核心'的语文素养观，肯定落后于时代，恐怕没人赞成"，"'以态度作为核心'的语文素养观，极可能造成基本语文技能素养的低下"，"'以能力作为核心'的语文素养观，还有响应者"。后来，《普通高中语文课程标准（2017年版）》提出，语文核心素养主要包括语言建构与运用、思维发展与提升、审美鉴赏与创造、文化传承与理解四个方面。与语文素养相比，语文核心素养落脚点在于培养学生未来生活所必须具备的关键能力，是以学生的终身发展进行考量的，其具有综合性、阶段性、工具性和人文性。

下文以语文的综合性学习为例，从语文核心素养出发，探讨如何改进语文课堂教学、改进语文课堂生态。

◆ 案例

小学语文综合性学习的"听、说、读、写"[①]

◎案例背景

语文的综合性学习能较好地帮助学生掌握"自主、探究、合作"的学习方式，有利于学生在听、说、读、写的活动中提高语文核心素养，有利于语文知识和语文能力的学以致用，有利于培养学生的综合表达能力、人际交往能力、搜集信息能力、组织策划能力及合作能力。从某种意义上说，综合性学习是培养语文核心素养的关键途径。然而，在当前的小学课堂中，综合性学习却遭到忽视，存在以下问题：一是听——两耳不闻窗外事；二是说——敢"怒"而不敢言；三是读——书犹"药"也，苦；四是写——"不立文字"。

---

① 本案例由东莞市洪梅镇第二小学谭庆章提供。

一、倾听——一种平等而开放的交流

第一，教师要向学生表现出自己在认真倾听。教师可以通过一系列的互动来达到这种积极倾听的状态，如复述学生的讲话内容，并通过进一步的评论和提问，帮助学生解答他们所关心的问题。

第二，教师核查学生是否理解自己所讲的内容。例如，一年级上册的口语交际"有趣的游戏"中，第一个问题包含了两个问句："你做过哪些游戏？你觉得哪些游戏最有趣？"对于一年级的学生来说，要一下理解两个问题并准确回答是有困难的。因此，这时候教师必须放慢语速，给足够的时间让学生去倾听。如果有必要，可以把两个问题分开来问。培养学生从小倾听的习惯，对其将来的学习具有深远影响。

反思：作为教师，如何理解学生积极倾听呢？有什么好的评价策略，可以激发学生倾听呢？

二、能说——胜百万雄师

第一，无规矩不成方圆。学生想在课堂上说出自己的观点，必须端正举手，教师点名后才回答问题。

第二，交流时声音要响亮。学生进行交流、回答时，说话要流畅，不带口头禅。特别是第一学段（一、二年级）的学生，如有必要，教师一定要对学生的交流作出评价和指导。

第三，用证据说话。第二学段（三、四年级）和第三学段（五、六年级）的学生在交流汇报的时候，必须用证据支持自己所要表达的观点，最好有数据支持。

例如，对于四年级上册第七单元综合性学习"成长的故事"的汇报，建议用讲故事的方式展示学习收获。教师需要提供充足的时间给学生去了解别人的故事，要求学生利用录音，把自己讲的故事录下来听一听，看有什么发现，在课前把故事讲流利。教师把关后，再把故事带进课堂。

反思：教师在课堂上是否过多地占用学生说话的时间？应如何让学生在课堂上掌握更多的"话语权"？

三、善读——不动笔墨不读书

第一，学会快速阅读技巧。学会利用引导物阅读、跳跃式阅读等练习方式提高阅读速度，从大量的资料中迅速查找到自己需要的第一手资料。

第二，学会技巧阅读。查找到自己需要的资料的时候，充分利用不同颜色的笔、线段、图案等，对查找到的资料进行处理。

第三，摘抄自己需要的资料、数据。例如，对于六年级上册第六单元"轻叩诗歌大门"第一部分"诗海拾贝"，教师可以要求学生找一些含有比喻的诗词和含有拟人的诗词，并提问"从这些诗词中你发现了什么？哪些对你的学习有用？"充分利用综合性学习培养学生的语文核心素养。

反思：如何将布置学生读书这一项学习任务落到实处？

四、会写——激扬文字

第一，仿写。例如，四年级上册第三单元的"读童话、讲童话、编童话、演童话"，对于四年级的学生来说，编童话的难度有些高，但可以进行仿写。难度低了，学生的参与率就会高，那么综合性学习就会惠及全部学生。

第二，创意写。例如，三年级上册第一单元"记录自己的课余生活"，如果要求刚从二年级上来的学生用文字去记录生活，学生会觉得很难。这个时候，可以让学生用连环画的形式，图文并茂地展现自己的生活，这样学生学到语文知识的同时也能提高综合素养。

第三，像学者一样去探究。五、六年级的四个综合性学习单元——"遨游汉字王国""走进信息世界""轻叩诗歌大门""难忘小学生活"，都要求学生写活动计划、活动总结。其中，五年级下册第六单元"走进信息世界"要求写简单的研究报告。面对这样陌生的写作模式，学生很容易产生恐惧和抗拒。该活动建议的几个话题比较空洞，如果教师没有灵活地使用教材，那么整个活动结束后能上交报告的寥寥无几。这时候就需要教师提供适度的指导，给予学生力量和鼓舞。

反思：如何帮助学生克服怕写的心理？

语文综合性学习是一种"先见林，再见树"的教育，对于培养和提高小学生的语文核心素养有着举足轻重的作用。教师要坚持探究，深挖综合性学习的资源和价值，让学生在一片生机勃勃、活力无限的森林中达到学习目标，体验探究的快乐，成为一棵参天大树。

☆案例点评

语文教育的意义，从工具性来讲是人际交流、表达思想感情、传递文化的工具；从人文性来讲肩负着传承传统文化、精神和品质培养的任务。培养学生的语文核心素养，要把握语文教育的重点，而听、说、读、写就是语文学习的关键和核心。案例通过语文综合性学习提升学生的听、说、读、写能力，关注到综合性学习的育人价值。综合性学习是灵活的教学内容，其学习方法、方式是灵活的，有助于学生在感兴趣的自主活动中全面提高语文核心素养，培养学生主动探究、团结合作、勇于创新精神。

（二）数学学科

随着课程改革的推进，小学数学学科的教学不再是注重让学生进行大量的数字计算和公式的死记硬背，而是把重点转移到培养和提高学生的数学核心素养上。数学核心素养是数学情感、思想、能力、交流、创新思维的综合体现，它的形成需要一个长期、渐进的自主生成和体验的过程。

基于核心素养的小学数学课堂教学，要做到促进学生数学思维能力的发展、培养学生的数学学习能力，实现个体的可持续性发展。为此，教师要积极转变教学方式，优化教学策略，使课堂教学成为培养学生数学核心素养的基地，让学生以数学的眼光、思维和语言去理解知识、进行深度思考，形成数学的关键能力。下面以小学数学课堂的"五适"教学策略为例。

◆ 案例

小学数学课堂"五适"教学策略　助力教育良好生态构建 [①]

◎案例背景

传统的小学数学教学，一味地给学生灌输知识，甚至采用"题海战术"，并没有注重对学生数学核心素养的培养，导致学生的数学学习难以有所突破，小学数学课堂教学质量不尽如人意。这就要求改变小学数学课堂教学现状。怎么改？转变教学观念、改变教学策略是重点。基于此，东莞市石碣镇中心小学数学教师尝试通过"五适"教学策略，优化课堂教学，助力教育良好生态构建。

一、适趣导入，激发学习兴趣

兴趣是学习最重要的内在动力。教师需要针对具体的数学课程内容，运用生动有趣的方法导入新课，激发学生学习的兴趣，引导学生快速进入学习情境和学习任务。可以采用玩游戏、讲故事或者猜谜语等导入方法。

以游戏导入为例。游戏是学生最喜欢的活动之一，教师可以根据不同教学内容设置有趣的游戏来导入。比如，在教学四年级下册"找规律"一节课程时，教师可以利用学生常玩的"剪刀石头布"的游戏来导入。游戏可以这样设定：两个学生玩游戏，如果第一个同学只允许出"石头"，另一个同学则可以出"剪

---

① 本案例由东莞市石碣镇中心小学卢文凯提供。

刀""石头"或"布"中的任意一种，那么一共有多少种可能的搭配方法？如果一个同学可以出"石头"和"布"其中的任意一种，另一个同学可以出"剪刀""石头"或"布"中的任意一种，那么结果又有多少种可能出现的搭配方法？这样利用学生喜欢而又熟悉的游戏导入课堂，不仅可以有效地激起学生的学习兴趣，还可以让他们在游戏的情境中轻松地获得知识。

二、适中任务，掌握数学思想

教师在备课时可以预设数学思想，开展有效的活动，让学生在学习的过程中感悟数学思想、体验数学思想，从而掌握数学思想。"转化"就是在小学数学教学中运用非常广泛的一种数学思想。运用数学思维，可以把书本知识、教师的思考和学生的实践转化为学生的数学学习，而数学的学习过程就是把新问题转化为已有的知识和经验，经过组合、变式和变化等，从而达到掌握知识的目的。

任何一个新知识，总是对原有知识进行发展或转化的结果。当利用创设情境激发学生探求平行四边形面积计算方法的兴趣时，教师可以将"那我们如何计算出平行四边形的面积"这样的核心问题直接抛给学生，让学生自己研究解决。学生要解决这个完全陌生的问题，需要调动相关知识及经验储备，寻找可能的解决方法，才可能最终解决问题。如果学生已经将平行四边形的面积计算转化成长方形的面积来计算，教师还要让学生明确以下三个方面：

（1）拼出的新图形和原平行四边形相比，面积有变化吗？

（2）新图形的长和宽与原来的平行四边形的底和高有什么关系？

拼出图形的面积＝（　　　　）×（　　　　）

⇩　　　　⇩

相当于原来平行四边形的（　　　）（　　　）

（3）根据拼出图形的面积计算公式推导出平行四边形的面积计算公式：

拼出图形的面积＝（　　　　）×（　　　　）

⇩　　　　⇩

所以平行四边形的面积＝（　　　）×（　　　）

然后，教师再总结："不管你用哪一种拼法，我们都是把平行四边形'转化'成长方形，所得出的结论都是'平行四边形的面积＝底×高'。"在转化完成之后，教师应提醒学生反思：为什么要转化成长方形？因为长方形的面积先前已经会计算了，所以将不会的、生疏的知识转化成已经会了的、熟悉的知识，就能够解决新问题。在此过程中，"转化"的数学思想也就埋入学生的心中，为以后图形面积的推导奠定基础。

三、适当方式，提升数学能力

教师可以根据不同的教学内容，利用优课、微课等现代信息技术手段，采用动手实践、自主探索、合作交流等方式来实施课堂教学。现代教育技术可以通过图像、动画、声音等多种形式，直观地传递信息，使知识更加形象、易懂。例如，在讲授"圆的面积"时，学生已经掌握了长方形、正方形、三角形和梯形等图形面积的求法，但圆的面积的计算方法与这些图形面积求法不同。这些图形可以通过测量长度来计算，而圆是曲线图形，所以不能直接测量圆的面积，而应将其转换成矩形来计算圆的面积。这个转化过程如果只靠书本出示的图形来理解，大多数学生可能理解得不是很透彻，教师可以借助现代教育技术，在学生学习过课本推导过程后，利用多媒体课件把圆的面积公式的推导过程动态地演示给学生看。这样，学生对圆的面积计算方法的理解就非常透彻了。

四、适时质疑，促进数学交流

在独立思考或小组合作交流后，让学生通过口头、图表或书面的方式表达自己的想法与观点，可以有效促进学生的数学交流。对于分享自己的学习成果，大多数学生是愿意大胆说的，他们也想得到别人的认同和肯定。但是对于自己在学习中遇到不懂的问题时，大多数学生是不好意思开口的，甚至不敢提出来，因为害怕遭到同学的嘲笑。因此，教师要鼓励学生大胆质疑、敢于提问。

例如，"两个题目都知道了每小时或每分钟行的路程是多少，还知道行了几小时或几分钟。求行了多少千米或骑了多少米？应该怎样求出来？"这个问题具有普遍性，教师不要自我解答，而是引导学生互相解答。学生 A 回答："我从题目中学会了如何求速度，解答第一道题时，将汽车每小时 70 千米 ×4 小时，按速度 × 时间 ＝路程的公式，列式 70×4 ＝ 280（千米），接着，解答第二道题，求路程，就是将一个人骑自行车每分钟行 225 米，骑了 10 分钟，列式：225×10 ＝ 2 250（米）。"这个学生回答后，得到同学们的热烈掌声。此时，学生 B 提出两个疑问："280 千米叫什么？ 2 250 米叫什么？"学生 C 回答道："2 250 米叫作路程。"学生 D 质疑："为什么叫'路程'？"学生 C 回答："根据书本上的定义，一共行多长的路叫'路程'，再根据公式'速度 × 时间 ＝路程'，同样道理，280 千米就是路程，按书上的定义，公式也是一样。"教师引导学生将"速度 × 时间 ＝路程"进行变换，向学生提出问题："如果要求时间，知道了路程和速度，应该怎样办？"学生回答："路程 ÷ 速度 ＝时间。"教师再问："如果要求速度，知道了路程和时间，应该怎样办？"学生回答："路程 ÷ 时间 ＝速度。"

五、适度拓展，开拓创新思维

对教学内容和开放性练习的适度拓展，可以开拓学生创新思维。教师在设计实践或练习时，不能只满足于实现知识方面的教学目标，不能只满足于学生会"做题"，应进一步挖掘思维发展的内在价值。如果有必要，还要通过对练习题的设计、补充和开发，让学生在解决实际问题的过程中挖掘思维的深度。

例如，在设计人教版五年级下册"分数的意义"的拓展练习时，通过图 3-5 的形式让学生猜猜一共有多少支小棒。从几支小棒的 1/6 是一支小棒，到几支小棒的 1/6 是两支小棒，层层递进，让学生对分数的意义的理解更深，有效发展学生思维的深度和广度。练习题的多样化，由易到难，通过不断的猜想练习给予学生充分的思考空间和想象空间，有助于拓宽学生的思维。

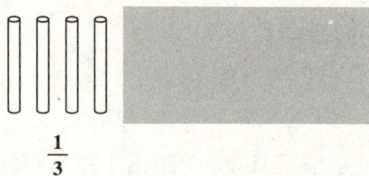

图 3-5　猜猜一共有多少支小棒

事实上，设计这样的题组练习已经不再局限于知识的掌握和问题的解决，而要通过比较，培养思考的深度，拓宽思维的广度，让思维更灵活、深刻。细致的实践设计是培养学生数学思维能力的重要手段。教师应立足于教材本身和学生的实际需求，设计具有探究性、扩充性和开放性的内容，以培养学生思维的差异性、综合性和深刻性，使不同层次的学生在实践中实现思维的成长。

探究小学数学课堂"五适"教学策略，教师的专业水平得到提高，学生的数学核心素养、获得感和幸福感得到提升，学校的教学质量得到提高，教育生态得到进一步的改善。

☆案例点评

通过数学学科的学习，学生不仅要懂得基本的数学知识，更重要的是具备数学思维，也就是在思考和解决问题过程中对数学思想、方法的合理运用。案例中的五个教学策略，从导入到课中再到课后拓展，形成了一个完整的教学闭环，将培养学生的数学思想、思维能力贯穿其中，潜移默化地培养学生数学核心素养。

（三）英语学科

在英语课程改革中，需要关注英语学科的育人价值、关注学生的思维发展、关注英语学科核心素养。英语学科核心素养包括语言能力、文化品格、思维品质、学习能力四个方面。小学英语学科的教与学离不开几个关键词：兴趣、情境、活动、问题。在英语学科核心素养下，这几个关键词的作用不可忽视。英语学习的过程是学生自主建构、主动探索的过程，基于核心素养的小学英语教与学必须改变碎片化教学和单一知识学习的状况，将知识学习与技能发展融入主题、语境、语篇之中，形成语言、文化、思维和能力发展一体化。下面以小学英语词汇教学为例，探索在教育新生态引导下小学英语课堂教学的新路径。

◆ 案例

PBLL：小学英语词汇教学新视角 [①]

◎案例背景

语言项目学习（Project-Based Language Learning，PBLL）是以项目为中心组织学习活动的一种教学模式，也是促进学习者综合实践能力和综合语言运用能力发展的有效学习方式。它是一套能使教师指导学生对真实世界主题进行深入研究的课程活动，具体表现为构想、验证、完善、呈现成果。语言项目学习主要由内容、活动、情境和结果四大要素组成：内容是指具体的语言学习主题；活动是指学生在语言学习实践中所进行的小组活动，这些活动应在一定的情境中产生；结果是指语言实践中所产生的具体的、真实的作品或项目。

在语言项目学习下，以高阶思维能力培养为主，合理引导学生整体掌握英语词汇知识的各个维度，重点将词汇教学与游戏、情境和多媒体相结合，深入开展小学英语词汇课 3M 导入模式的研究实践。与游戏有机整合，设计多形式的 3M 导入游戏，明确活动过程；与情境深度融合，给学生呈现活泼生动的学习情境，化繁为简；与多媒体相结合，师生共同系统归纳知识，提高教与学的

---

① 本案例由东莞市茶山镇第二小学刘钧富提供。

效率；让学生明晰操作，明确 3M 导入模式教学的意义和目的。

一、小学英语词汇教学 3M 导入模式构建

1. 实践建模

建模步骤一：微型文本重构（Mini Text Reconstruction）。利用单元 Let's learn 中的词汇课开展文本重构，包括文本的"解构—重构—创构"三个步骤。利用 Let's talk、Let's start 中的基本架构，将词汇课中的单词融入当中，构成一个有完整意义的整体。

建模步骤二：制作词汇微课（Micro Class）。基于重构的微文本素材，制作适合词汇课教学使用的微课，实现信息技术与小学英语词汇课教学的深度融合，提高学生学习英语单词的兴趣和效率。

建模步骤三：共建思维导图（Mind Map）。在词汇课堂中合理利用微课进行导入，基于文本的"解构—重构—创构"过程，师生共同"勾勒"思维导图，使单词学习更有效。

2. 成效检验

第一，3M 元素相结合的优势。主要体现在导入过程中使用导图、文本和微课等激发学生的探究热情。

第二，课文文本重构后优势。紧扣文本（语境和情景），把核心知识变成更有意义的语篇。

第三，3M 导入模式重点功能。通过微型重构文本制作微课的辅助，师生以共同构建思维导图的形式初步整体认识新单词形音义用的导入模式，帮助学生主动开展学习。

二、小学英语词汇教学 3M 导入模式实效

1. "微课 + 词汇教学"以读促写

首先，通过微课设计，给出句型结构关键词发散句型训练。运用微课进行小学英语词汇教学，让知识难点"可视化"，能有效突破写作教学瓶颈。"微课 + 词汇教学"，可开辟小学英语写作教学的新思路。通过微课设计，给出句型结构关键词，发散句型训练是有效的教学策略。句型结构关键词能辅助学生掌握正确句型表达。如"Holiday plan"写作的关键句型是"be going to..."，教师可运用微课，呈现该单元 Read and write 的文本内容，微课语音引导学生划出核心句型"be going to..."，梳理句型结构，并引导学生运用句型结构关键词进行写作前的说句训练。在训练中，一定程度上培养学生的发散性思维，启发学生的写作动机，集句成篇，为通篇写作奠定了语句基础。

其次，以微视频为载体，引导学生仿写篇章中的核心句型。小学生模仿能力强，以微课视频为载体，仿写篇章中的核心句型，可以让学生开阔写作视野，激发写作兴趣。此时，利用屏幕录像软件（Camtasia Studio 8.0）设置微课检测节点，呈现"be going to..."句型各成分可替换的词汇，语音引导学生根据句型结构仿写，检测学生对句型的迁移运用掌握情况。学生以例句为基础，以正确的句型结构为规范，仿写出多个核心句型，一方面内化句型结构，另一方面达成写作切入点，以点带面。

最后，以微课导入篇章，利用思维导图帮助学生完成篇章输出。在明确语篇主线和篇章结构后，学生需要教师"推一把"，提升认识高度，为写作"加把劲"。再以微课中的思维导图建构语篇情境，通过"看"微课视频，加深学生对可视化信息的理解，形成思维链条提取信息，更有利于学生完成写作任务。

2. 思维导图构建知识框架

以思维导图为基础构建英语词汇微课教学，有效促进学生将单词记忆的规律、记忆特点与词汇学习方法联系起来。思维导图在呈现单词、对单词展开联想、构建词汇网络等方面有比较大的优势。通过思维导图的使用，教师可以对各种教学方法及词汇记忆规律进行总结，鼓励和引导学生在词汇学习中充分发挥自己的个性特点，掌握适合自己的学习技巧。例如，教学衣物类的单词时，教师可进行创意构图，结合简笔画来创建思维导图。这样的思维导图简单易懂，且学生可结合自己的想法来构建思维导图。

三、小学英语词汇教学 3M 导入模式应用优势

1. 功能方面

小学英语词汇教学模式融合了微型重构文本和微课的应用功能，改善师生教与学的行为和效果：一是帮助学生构建完整的知识结构体系，二是增加教师对教学过程的调控，三是弥补课堂普遍缺少课后巩固环节的不足。

2. 模式优势

首先，通过"微课＋词汇教学"以读促写模式，促进读写任务输出。一是以微课设计给出句型结构关键词，发散句型训练；二是以微课视频为载体，引导学生仿写篇章中的核心句型；三是以微课导入篇章结构思维导图，帮助学生提炼全文，形成完整篇章输出。然后，通过思维导图化繁为简，构建知识框架，让学生们相互交流沟通，真正掌握独特的词汇学习方式。

3. 实施策略

一是充分利用多媒体的闪烁、移动、变形等功能，强化感知，促进知识由具体到抽象的转化；二是以生活原理为载体，提炼出英语思想；三是探索英语

导入建模方向，加强学生使用英语的意识。

☆案例点评

在语言项目学习下，采用3M导入模式进行英语词汇教学，能有效打破师生思维定式，优化词汇与对话的融合与联系，以信息技术的功能，为学生提供多学科思维解决办法，促进各学科的联系与融合。通过微课、思维导图和微文本等模拟真实、形象、生动的生活情境，满足学生的好奇、好动心理，激发学生解决问题的动机。此模式能让学生直接从词汇学习过程中获取语言本身的反馈信息，快速检验自己的思维严密性，提高学生的实践和创新能力，为小学英语词汇教学改革探索出了一条新路径。

（四）思政学科

《义务教育道德与法治课程标准（2011年版）》指出："良好的品德是健全人格的根基，是公民素养的核心。"从心理学的角度来说，6～12岁的学生接受新知识的能力与模仿能力特别强，因此要学生形成道德认识与道德判断能力、道德情感，需要教师在教学中进行正确引导。那么，如何在具体教学中进行正确引导？这就需要做到既结合教材内容，又拓展课外知识与实践，让教学内容"活"起来。

下面以东莞市洪梅镇第二小学道德与法治五年级下册"开天辟地的大事"板块的教学实践为例，探讨小学思政课堂如何结合教材整合乡土红色资源文化，拉近学生与红色文化的距离，让红色基因根植于学生心中，实现引领学生树立正确的价值观、树立坚定的理想信念的育人目标。

◆ 案例

活化教学内容，让红色基因根植于学生心中 [1]

◎案例背景

红色资源是中华民族百年精神力量的沉淀，在全民族努力实现中华民族伟大复兴的道路上，红色文化教育成为学校立德树人的重要载体，对学生进行爱国主义教育、提升爱国主义情怀具有重要价值。小学道德与法治学科是进行情

---

[1]　本案例由东莞市洪梅镇第二小学莫玉云提供。

感教育与道德熏陶的主阵地。为此，可以充分利用道德与法治课程进行红色文化教育，让学生在了解红色历史，体验红色情怀，感受红色精神中，传承红色基因，培养家国情怀，以英雄为模范，以英雄精神为文明向导，树立良好的榜样，以爱家、爱国、爱党、爱人民为荣。

一、活用教材内容，丰富学生的知识储备

小学《道德与法治》统编教材在"红色文化教育"这一主题中，涉及的内容是十分丰富的，包括历史事件、英雄故事、英雄精神等，并开设了"活动园""阅读角""相关链接"等板块增强教材的内涵。如在五年级下册"开天辟地的大事"红色文化教育板块中，讲述了《新青年》的创办历史、李大钊的故事、红船精神等内容，这些知识的掌握对学生感受红色文化、体悟红色精神具有深远意义。教师要利用好教材的内容来增加学生的红色知识储备，为进一步学习红色经典打好基础。

1. 拓宽红色文化储备，增加教材的广度

教材中涉及许多历史上发生的重大事件，如"开天辟地的大事"板块就涉及新文化运动、十月革命、五四运动等，如果教师对这些历史事件是一知半解的话，教学时也只能照本宣科，教学不仅会平淡无味，还有可能混淆历史事实。如此，学生怎么能在教师的授课中学到知识、提升情感呢？教师在对"开天辟地的大事"备课时，要查阅历史资料，如文字资料或《开国大业》《我的1919》《觉醒年代》等影视资料，对教材中描写的历史事件进行全面了解。这样一来，教起来就会得心应手，教学也变得更加灵动。例如，对于"议一议，为什么中国在巴黎和会上遭到不平等对待？"的问题，为了让学生更深刻地认清史实，笔者讲述了1919年1月18日，第一次世界大战的战胜国在法国巴黎凡尔赛宫召开巴黎和会的始末，并截取了《我的1919》影视中顾维钧外交官义愤填膺的言辞片段，把学生的思绪带入当时的情境，让学生产生了共鸣，产生了爱国情感。通俗地说，"给学生一杯水，教师要有一桶水"，教师只有深入了解了历史才能将知识传授给学生，教师只有自己深有感受才能感染学生。

2. 红色文化生活化，增加教材的热度

一般情况，学生对自己不需要的、不熟悉的知识是不感兴趣的，而道德与法治教材中那些历史事件对小学生来说是很久远的、抽象的。为此，要激发学生学习的兴趣与需求，教师更应将教材中看似与学生不相关的知识转化为与学生密切相关的话题，或者把不相关的话题串联成学生易于理解的内容，使学生学起来更容易。例如，"开天辟地的大事"中讲述了1921年中国共产党的成立，这对学生来说是遥远的。但2021年是中国共产党的百年华诞，媒体大力宣传，相关庆祝活动进入学校、家庭，学生对这一个重大时刻是非常熟知的。在教学中，笔者以2021年是建党百年这个贴近学生生活的事例为主题，吸引学生的兴趣，并以问题启发，引导学生探究一百前的旧中国是怎么样的。抛出的问题很自然地引领学生通过各种途径了解史实，分析史料。学生从熟悉为起点，循序渐进地探究更深的领域，在挑战中获得成果，中国共产党的历史就植根在学生心中。

3. 整合红色文化，增强教材的理解度

道德与法治教材的编写逻辑倾向于知识体系及价值体系的完整性，而教学的逻辑更倾向于学生的理解，因此活用教材需要教师合理地安排好教材，使学生的学习从简单过渡到复杂。例如，在"开天辟地的大事"的编排中，每个事件是独立的或者只是简单的介绍，如果教师只是一页一页地讲，会显得生硬和抽象，但如果能够根据认知规律，给学生提供"启蒙—觉醒—建党"的线索，搭好支架让学生走，学生理解起来就水到渠成。

教学过程是一个教与学的活动过程，在这个过程中，教师不但要教学生知识，还要教学生方法。教材中有显现的知识、直接的图文，而有些知识、思想、方法却隐藏在图文背后，这就需要教师去挖掘，并对教材内容进行重组、开拓、丰富内涵，使学生在不断学习中沉淀红色知识的积累，在内心中体验红色文化的内涵，使自身的心灵世界越来越丰富。

二、活化教学形式，引导学生的学习方法形成

道德与法治教师要充分利用红色资源，突出红色精神对学生实践的引领与内化作用。随着多媒体等信息技术的广泛应用，教师通过观看图片、视频引入和文字讲解等灵活多变的形式，把红色资源应用到课堂之中，使学生更容易理解与体验红色文化。

1. 做好课前预习，丰富知识储备

为了让学生更容易理解、接受"开天辟地的大事"板块中的历史内容，教师可以借助课前小提示，督促学生回家预习，自主查阅资料，让学生通过多种渠道形象、生动地了解红色事件；再引导学生利用课间时间与同伴讨论一些感兴趣的话题，并做好记录，学生在这个过程中拓宽学习的内容，增强了学习道德与法治的兴趣，为实现知识的建构、能力的提升、情感的升华奠定了基础。

2. 做红色宣讲员，传播红色文化

道德与法治教材中有很多值得传承的红色精神、红色故事，如"开天辟地的大事"中就有李大钊的故事、五四运动的影响、"红船精神"等，这些具有跨时代意义的故事和精神放射着红色的光芒。在学习每个主题单元之初，教师可以让学生搜集这些故事，利用课前五分钟让学生轮流上台宣讲红色故事，可以以个人为单位，也可以以小组为单位来表演故事。如有的学生在学习了语文教材中《十六年前的回忆》这篇课文后，把李大钊英勇就义的英雄气概演绎得淋漓尽致。学生在同伴的影响下，对红色故事、红色精神接受得更快，潜移默化地提升了道德情操，也促进了各学科的有效整合。宣讲不局限于课堂，还可以通过讲给家人听、讲给同伴听、在社区进行演绎等方式，为学生提供展示自我的平台，促进红色文化的传承。

3. 以影视为载体，延伸红色文化内涵

为了让学生对教材中的红色精神体会得更为深刻，对革命事件、革命遗址有更清晰的了解，课堂上积极利用影视资源是很有必要的。例如，组织学生看《我的1919》可以更容易理解巴黎和会的阴谋与国人的觉醒；看《长津湖》更能体会到志愿军们不怕艰苦、勇于牺牲的军人精神；引导学生借助"学习强国"App体会新时代人们如何践行红色精神……除此之外，结合本土的红色文化，让学生亲身体验，可以更好地感受红色文化，升华情感。

三、活拓教学资源，激发学生的情感价值

道德与法治课程是教师对学生进行思想品德教育的主要途径。道德与法治教育既来自生活，也回归生活。例如，"开天辟地的大事"的教学设计是让学生受到红色文化的熏陶，激发爱国情感。教材的内容对于学生来说是抽象的，教师在备课时可以从学生生活入手，如对"红船精神"进行理解时，笔者引出学生敬重的习近平爷爷来诠释"开天辟地、敢为人先的首创精神，坚定理想、百折不挠的奋斗精神，立党为公、忠诚为民的奉献精神"。习近平爷爷在学生中具有很大的威望和影响力，从学生熟悉的人物切入阐述"红船精神"，学生能够更加明白"红船精神"丰富的内涵。

教师可以以教材为本，根据每节课教学需求，将身边的红色资源进行筛选和处理，把本土的红色资源融入课堂教学，顺利地引导学生形成正确的价值观。如在"开天辟地的大事"教学中，笔者在课堂上拓展与课文主题相符的本土烈士莫萃华、李本立的事迹，通过一步步地挖掘和探讨，让学生亲临莫萃华故居，感受烈士的艰苦岁月；祭拜李本立烈士墓来了解烈士的事迹；利用班队活动，邀请本土党员老干部讲述英雄不怕牺牲、贡献社会的事迹，让学生深刻感悟烈士的精神，从而提高学生对红色文化的认识。

传承红色基因是道德与法治教师的重要职责，教师在实施红色教育过程中，引领学生感受革命先烈的英雄事迹、感悟革命前辈的拼搏精神，从而使学生树立坚定的理想信仰，把红色基因植根于心中，并发芽生根、开花结果，开拓更美好的未来。

☆案例点评

红色基因是小学道德与法治教学的重要载体，对学生形成良好的品德、健全的人格、树立正确的价值观，具有重要的意义。该案例利用活用教材内容、活化教学形式、活拓教学资源等方式，丰富学生红色知识的储备，引导学生用正确的态度和价值观去实现自己的人生理想，做到了让教材在课堂中"活"起来。"一个善于思考的教师永远没有固定不变的教材，应该敢于昂首做学科的教育决策者。"善用、活用教材和资源，提高道德与法治课堂的开放性与实效性，才能使道德与法治教学更具时代性和针对性。

第三节　跨学科教学——打破传统壁垒

北京师范大学林崇德教授在《中国学生核心素养研究》一文中说："相对于'知识基础'领域中的学科素养，被访谈者更为强调各类跨学科素养的养成，并将其作为决定个体核心竞争力的主要方面，在被提及频率排名前十位的素养指标中有九项为跨学科素养。"很明显，"中国学生发展核心素养"十分重视基于"跨学科素养"的培育，这与目前国际社会的普遍经验相契合。

《关于深化教育体制机制改革的意见》中指出："要建立以学生发展为本的新型教学关系。"尤其针对割裂的学科知识和单向的思维，要重视多学科整合的学习，发展综合思维。随着社会发展对应用型、复合型、创新型人才培养需求的不断升级，打破现有的课程教学的学科界限和壁垒，探索针对学生完整的问题解决能力和综合的实践创新素养培养的跨学科融合教学已成为教育的时代所需。目前，跨学科学习已成为世界各国课程改革主流。

一、跨学科教学的诊断与改进

何为跨学科教学？跨学科教学指的是超越单一学科的边界而进行的涉及两个及以上学科的知识创造与传播活动，通过整合两个及以上学科或专业知识体系的信息、数据、技术、视角、概念及理论，促进基础理解，解决单一学科或领域难以解决的问题。可见，跨学科教学的本质是打破学科界限，通过多学科课程资源的介入和融通，更好地解决学生在本学科学习过程中出现的问题，以提升学生综合的问题分析和解决能力。

（一）跨学科教学存在的问题

跨学科教学以其不同于孤立的学科分科教学的独特价值和显著优势正广受青睐，但总体而言，其效果还不尽如人意，主要存在以下四个方面的问题：

第一，学科课程固守传统教学思维，跨学科融合的意识尚未形成。

长期以来，受分科课程教学模式的影响，不同学科课程教学方式、学科思维相对独立，教师习惯于用固定的学科教学思维方式组织实施教学活动，学生接触的教学方法、学习方式比较单一，从而使得不同学科课程的知识内容、学科思维、课程资源不能形成有效的互融互通，跨学科融合的教学观念还没有真正形成。

第二，不同学科知识之间只是简单叠加，跨学科知识没有深度融合。

学科融合的主要目的是应用跨学科的知识内容和教学思维，实施跨学科的知识联姻、方法融通和课程资源的有机整合，从而更加深入地引导学生理解和掌握本学科知识。然而在一些教师的跨学科融合教学中，课堂更多的是不同学科知识的随意堆砌、简单拼凑和叠加，是为"跨"而"跨"的生搬硬套式的机械组合。

第三，跨学科融合不以解决问题为目的，导致知识习得不能应用于真实问题的解决。

知识的领会和掌握是学习过程中的要求而绝非学习的终极目的，一切知识的学习都应该迁移和应用于现实问题的，在此基础上培育学生的创新素质和实践能力，实现学生全面而有个性的发展。缺失了对所学知识的迁移和应用，知识就成为与现实生活隔离的一种孤立性存在，知识学习就成为一种刻板的、固化的认知活动。然而当下的一些跨学科融合教学活动，课堂并不是以真实情境下的问题解决为目的，跨学科的知识习得与解决现实问题之间脱节，这就导致学生的创新素质和实践能力得不到有效培养，知识学习为个人成长和社会发展服务的功能也就难以真正发挥。

第四，学科教学的孤立性和知识学习的碎片化，导致学科知识能力与完整的问题解决能力不匹配。

孤立的学科教学和碎片化的知识学习是当前学科教学中存在的突出问题，这使得学生难以通过知识学习形成与解决实际问题需要相匹配的综合的、完整的、开放的问题解决能力。比如，钻木取火就是一个需要融合多学科知识来共同解决的问题。木质如何、什么样的植物从生物属性上来看更容易被点燃等，需要学生用相关的生物学科知识来解决；如何能够取火，涉及温度、燃点、反应等因素，需要学生调用相关的化学学科知识；如何钻木才更受力、效率才更高，需要运用物理学科的知识；当然整个过程背后还离不开运算等数学学科能力。所以，即便是钻木取火这样一个简单的事情，也需要综合运用生物、化学、物理、数学等多学科、多门类的知识和能力才能有效解决问题。由此可见，孤立性的学科教学和碎片化的知识学习已难以适应培养学生综合的问题解决能力的需求，而有效突破这一问题的关键就在于实施跨学科融合教学。

（二）跨学科教学的策略

要解决低水平、浅层次跨学科融合的问题，提高学生综合运用多学科知识观察问题、分析问题和解决问题的能力，形成基于学生发展需要的综合的、完整的、开放的问题解决能力，就需要对跨学科教学进行深度思考，积极推进跨学科教学的实践。

1. 聚焦真实问题解决，营造开放包容的学习场域

跨学科教学首先要变革的就是教学方式。教学方式指的是师生相互作用的教学活动。新时代的育人目标指向培养学生适应个人终身发展和社会发展需要的必备品格与关键能力，这要求教学要聚焦真实情境下的问题解决，营造开放真实的学习场域。真实的问题，开放的场域，这才是适应跨学科融合学习的教学方式。

跨学科教学有两个最基本的价值取向：其一，教学情境应是真实的，源自生活实践，立足于学生的思维特点，遵循学生的身心发展规律。唯有聚焦真实情境下的问题解决，才能更好地培养学生通过迁移和应用知识解决实际问题的能力，培养学生求真、求实的实践品格和创新素养。其二，跨学科教学应该致力于营造开放、真实的学习场域。学习场域的核心是学生的学，需要教师营造一种积极的、开放的、包容的学习场域，让学生在这种特定的学习场域中，能自主、自愿、自由地表达和应用跨学科的知识和思维、方法和技术，建构起多学科内容资源之间的相互联系和有效融通。

2. 发展学生核心素养，加强综合育人功能的跨学科课程建设

《教育部关于全面深化课程改革落实立德树人根本任务的意见》（以下简称《意见》）明确把核心素养的内涵界定为"学生应具备的适应终身发展和社会发展需要的必备品格和关键能力"。核心素养的培育离不开跨学科知识与思维的融合互通。核心素养内容的整体特性不仅决定了核心素养的育人功能和价

值意义是综合的、系统的、整体的，也决定了学生习得核心素养的过程与方式应该是跨学科内容之间的相互交叉与整合以及共同发挥作用。

在《意见》中，教育部明确提出，要"统筹各学科，特别是德育、语文、历史、体育、艺术等学科，充分发挥人文学科的独特育人优势，进一步提升数学、科学、技术等课程的育人价值。同时加强学科间的相互配合，发挥综合育人功能，不断提高学生综合运用知识解决实际问题的能力"。在当前各学校课改活动中，教育工作者纷纷提出通过学科融合、项目探究和动手实践创造，培养学生的批判性思维、创新意识、动手合作和问题解决能力，这正是跨学科融合教学的积极探索和行动实践。

3. 探索多样化学习实践，赋予学生更大的全面而有个性的发展空间

传统的课堂学习过多地注重学科知识的讲练、学科技能的操练和应付考试的训练，忽略了学生个性化的思维情感和差异化的认知经验，难以真正触发学生的心灵感应和生命体验，也就谈不上实现学生全面而有个性的发展。因此，唯有实施多样化的学习实践，带领学生走进跨学科融合的综合化学习空间，才能发展学生的个性特质、创造思维和综合能力。

跨学科教学以整合学科关联内容为基础，通过打破知识内容界限和学科壁垒，培养学生综合的问题解决能力和创新的实践素养，这要求教师在教学活动中，应统筹校内外各种资源，探索多样化的学习实践，为学生搭建跨学科融合学习的空间。跨学科教学不能让学生的学习活动仅局限在学校的教室之内，更应该充分利用校园外的社区、博物馆、实践基地、虚拟空间等各种资源，引领学生迈入社会实践活动的大课堂。在这些"大课堂"中，鼓励学生综合运用跨学科知识进行项目探究、动手合作和实践创造，既在"学中做"，也在"做中学"，使学习活动充满自主性、合作性、实践性、创造性和趣味性，从而实现学生全面而有个性的发展，为终身发展奠基。

4. 建立协同评价机制，倡导多元多维的学习评价模式

就评价主体而言，要积极开展教师评价、同伴评价、小组评价、自我评价。就评价形式而言，要以过程性评价为主、结果性评价为辅，尤其注重学生在真实或模拟的生活环境中，运用跨学科知识与思维创造性解决问题，以检测和评价学生知识与技能的掌握程度，以及在问题解决中所表现出的交流合作、反思质疑、批判性思考等多种复杂能力的发展状况。就评价内容而言，既关注学生对跨学科知识调动和运用的评价，也关注学生对不同学科思维技能、问题解决方式、学科素养融合的评价；既关注对学生思维过程、技能提升的评价，也关注对学生精神品质、价值观念的评价；既重视对学生智力因素的评价（如知识掌握、观察

力、理解力、创造性等），也重视对学生非智力因素的评价（如情感、动机、意志力、参与性等）。就评价对象而言，既要评价学生个体、小组团队在跨学科教学中的学习表现，也要评价班级、学校乃至区域实施跨学科教学的整体水平，形成一套从起点看变化、从现状看提升、从结果看改进的增值评价模型。

总的来说，推进跨学科教学的具体实践策略是多元的，如不同学科间跨学科教学、STEAM 教育、项目式学习等，但不管是哪种形式的跨学科教学策略，都应保持整体性、科学性、协同性。特别是在智能时代的当下来审视跨学科教学，更需从人与人、人与物、人与信息、人与社会、人与自然等之间的协调和联系进一步凸显对跨学科教学的理解、设计、实施与评价。

二、跨学科教学路径之一：课程统整

单纯的知识技能已经不足以应对未来复杂多变的社会，我们要培养"全面发展的人"，分科教学显然难以全面承担培养目标。以核心学科牵头，以项目式学习为模式的学科课程统整活动，打通学科之间的壁垒，使各自独立的学科知识点得以重新组合，成为学生用以解决问题的基础。这种开放共融的课程形式，让学生在真实的生活中学习，经历完整的学习体验，在教师的指导下积极主动地利用各学科相互关联的知识思考和尝试解决真实的生活问题，充分感受学以致用的乐趣。

下面以东莞市寮步镇河滨小学课程统整的具体实践为例，从课程现状、课程统整目标、课程统整实践及其评价等方面探究跨学科教学。

◆ 案例

小学学科课程统整的实践研究 [1]

◎ 案例背景

在东莞市寮步镇河滨小学学科课程统整的实践中，从学生的学习情况反馈来看，学生普遍享受这个课程所带来的乐趣，综合能力得到了较好的锻炼；从教师的教学情况反馈来看，教师进行了多种学习模式的探索，具体包括探究式学习、讲授式学习、自主学习、合作学习、基于问题的学习、基于设计的学习等。

---

[1]　本案例由东莞市寮步镇河滨小学尹瑞玲、刘肖玉、钟玉芳、林琳提供。

经过课程形态建设探索，探究式学习与合作学习成为该小学大多数教师认同的教学方式。

一、学校课程的现状

小学各科课程之间天然有着一定的联系。东莞市寮步镇河滨小学的学科统整课程萌芽于科学科组与其他科组的日常教学的互动，科学教师带领学生观察植物并绘画，或利用植物进行创作活动，学生会主动与美术教师交流；一些用心的语文教师看到学生写的作文《一次科学小实验》，会与科学教师互动，了解学生科学课上实验的情况，以便点评。学校的科学科组是一个独立的科组，有三位专职的科学教师，这种师资配备在普通镇街小学是不多见的。他们开设的专业的科学课程带给学生丰富的基于真实世界的实践体验，如种番茄、养蚕宝宝等自然课程特别受学生欢迎。

但是，学校空间不足，植物种类及分布常常让科学教师上课时觉得捉襟见肘。学校有两栋教学楼的天台一直空着，于是科学教师就很渴望能够把它变成空中花园，让它成为学生的科学课堂和休闲之地。如何在有限的物理空间里提升教育效益？学生对这些空间又有什么想象？经过几轮头脑风暴，一个以科学科组牵头，以"植物"为主题，围绕"如何利用植物美化我们的校园"的现实问题为驱动的统整课程有了雏形。此次课程统整活动，由科学教师作为项目主要负责人，科学教师抽取不同年级科学书上的有关植物的教学内容，和该年级的语文、美术、数学等学科教师进行讨论。活动打破学科固有界限，充分利用课内外、校内外资源，让每个年级的学生都置身于真实的校园美化问题之中，为学生呈现丰富的课程学习形式，让学生在解决真实问题的情境中提升综合素养。

二、课程统整的目标

学科课程统整的目标不单纯指向学生，而是通过师生共同参与，师生真实学习的发生和课程变革成为一体化的过程。在这个过程中，教师首先成为受益者，其学生的发展观念、课程观念都会得到革新和提升。家长由于参与了解课程变革的过程，他们对学校的教育教学工作有充分的了解，从而与学校结成更好的合作伙伴关系，共同促进学生的发展。

1. 学生发展目标

第一，在真实情境中学习，将知识与现实世界紧密结合起来，在实践中综合运用科学、数学、美术、语文等多学科知识，有效提升学生问题解决的能力。第二，激发学生好奇心和求知欲，在积极探索、主动实践的过程中，不断地有所发现、有所思考、有所创新，发展学习能力、思维能力、实践能力和创新能力。

第三，形成尊重事实、乐于探究、积极与他人合作的态度。

2. 教师发展目标

第一，转变教育、教学观念，改变教学策略。第二，拓宽知识结构，强化课程意识，锻炼课程开发能力。第三，培养教师之间的协作精神，形成民主、平等的师生关系。

3. 学校发展目标

第一，践行"合作、探究、自主、和谐"的教学理念。第二，推动学校教育、教学的整体改革，协同家庭、社区的力量，共同为培养"全面发展的人"服务。

三、课程统整的实践

让学习真实地发生，丰富师生的成长体验，是本次课程统整的主旨。校园环境和学校的一些活动场所、设施是实施课程的有效资源，让熟悉的校园成为课程学习的大课堂，降低了课程开发的难度，教师容易接受；熟悉的校园环境用不同的视觉去感受，学生有惊喜。同时，充分利用社会教育资源，弥补校内资源的不足，拓宽学生的学习空间和研究视角。因此，"植物·美化我们的校园"统整课程分为校内学科整合部分和校外社会实践课程。

1. 校内学科整合部分

科学教师首先要研读各年级科学教材上有关植物的教学内容，梳理出和本次项目主题相关的部分，根据知识的内在逻辑联系进行多维拓展与整合，在原有学科教学内容的基础上，协同本年级的语文、数学、美术、信息技术等各学科教师，围绕学情展开课程开发研究，优化整合，建构多学科聚焦的"植物·美化我们的校园"统整课程。课程内容及课时规划如表3-2所示。

表3-2　课程内容及课时规划

年级	项目主题	关联学科课程内容及课时规划
一年级	美丽的叶子	（1）认识常见的植物的叶（科学，1课时） （2）制作树叶贴画（美术，1课时） （3）树叶贴画分享会（语文，1课时）
二年级	神奇的叶子	（1）观察常见的植物的叶（科学，1课时） （2）制作树叶拓印画（美术，1课时） （3）"叶之签"分享会（语文，1课时）
三年级	植物生长的奥秘	（1）认识土壤的组成，撰写研究报告（科学，2课时） （2）超轻黏土植物造型（美术，1课时） （3）口语交际："认识土壤"（语文，1课时）

（续上表）

年级	项目主题	关联学科课程内容及课时规划
四年级	配置天台花园植物	（1）认识相关植物，撰写《天台花园的植物配置计划书》（科学，2课时） （2）口语交际："我是小小园林设计师"（语文，1课时）
五年级	设计与制作植物铭牌	（1）认识校园植物铭牌的基本要素，搜集目标植物的铭牌资料（科学，1课时） （2）设计与制作植物铭牌（美术，1课时） （3）制作植物铭牌二维码（信息技术，2课时） （4）植物铭牌挂牌（综合实践，1课时） （5）口语交际："植物铭牌设计"（语文，1课时）
六年级	创意设计天台花园	（1）天台花园的测量（数学，1课时） （2）天台花园平面设计（美术，1课时） （3）天台花园效果设计（信息技术，2课时） （4）口语交际："天台花园设计"（语文，1课时）

2. 校外社会实践课程

外出研学活动是学生拓宽眼界、经历真实社会生活的有效学习途径，认识自然是小学社会实践课程频率很高的内容。基于此，学校把外出研学活动纳入课程统整范畴，为学生提供完整、立体、基于真实生活的学习体验。

根据各年段学生不同的年龄特点和认知水平，本次课程统整将广州市的百万葵园和华南植物园分别确定为一至三年级、四至六年级的研学地点，学习时间为一天。同时，为各年级学生"量身定制"了研学手册，让学生有的放矢地开展学习研究。校外社会实践课程让学生在游中学、学中研、研中思、思中行，激发学生学习兴趣，丰富学生的社会实践经验。研学课程内容如表3-3所示。

表3-3　研学课程内容

年级	研学内容
一年级	（1）研学准备与攻略 （2）百万葵园探索与完成"任务卡" "任务卡"内容： ①请寻找四种不一样的落叶或者落花，并把它们粘贴在空白区域内 ②寻找几种落叶或者落花，发挥想象力，在空白处拼接完成一幅画 （3）分享总结与评价

（续上表）

年级	研学内容
二年级	（1）研学准备与攻略 （2）百万葵园探索与完成"任务卡" "任务卡"内容 ①请寻找四种不一样的落叶或者落花，把它们粘贴在空白区域内，并写出它们的植物名称 ②寻找几种落叶或者落花，发挥想象力，在空白处拼接完成一幅画 （3）分享总结与评价
三年级	（1）研学准备与攻略 （2）百万葵园探索与完成"任务卡" "任务卡"内容： ①请寻找六种不一样的落叶或者落花，把它们粘贴在空白区域内，并写出它们的植物名称 ②寻找几种落叶或者落花，发挥想象力，在空白处拼接完成一幅画 （3）分享总结与评价
四年级	（1）研学准备与攻略 （2）华南植物园探索与完成"任务卡" "任务卡"内容：请写出适宜在天台花园种植的五种以上的植物名称及科属，并写出你选择的理由 （3）分享总结与评价
五年级	（1）研学准备与攻略 （2）华南植物园探索与完成"任务卡" "任务卡"内容：请根据图片信息，寻找相应植物，写出相应的植物铭牌信息（植物名称、科属、特别之处） （3）分享总结与评价
六年级	（1）研学准备与攻略 （2）华南植物园探索与完成"任务卡" "任务卡"内容： ①请根据图片信息，寻找相应植物，写出相应的植物铭牌信息（植物名称、科属、特别之处） ②请画出华南植物园中一个专园的平面图 （3）分享总结与评价

四、课程统整的注意事项

1. 校内课程的教学指导建议

传统的分科教学，本身已有教学目标和内容，教学流程也有参考模板。这次的统整课程的实施，需要教师自行进行教学设计。对于年级教师领到教学任务后如何实施课程，我们制定了教学指导建议，教师可以根据建议撰写教学设计。下面以六年级的教学建议为例，如表3-4所示。

表3-4　六年级课程统整的教学建议

学习进程	学习内容	学科任务
第1课时	明确需要测量的天台花园的实际尺寸（测哪些长度等），实地测量并记录，完善天台花园平面图	数学：指导学生正确测量天台尺寸，并计算好相关面积
第2课时	欣赏天台花园实景图和设计图优秀案例，小组讨论天台花园可以划分为哪些功能区，初步设计并完成一个设计草图	美术：指导学生设计和呈现不同的功能区
第3课时	根据草图，运用电脑技术进行设计	信息技术：指导学生根据前期的设计草图，利用相关电脑软件进行最终设计
第4课时	各小组进行"天台花园设计图"展示和讲解，并通过互评、师评等形式，评选出最合适的设计方案	语文：指导学生正确讲述自己的作品（设计的依据和意图），激发学生热爱学校的主人翁精神

针对教案样式我们也做出了规定，以便教师理解这次课程统整和分科教学的细微差别，表3-5为二年级语文教师的口语交际教案的部分内容。

表3-5　口语交际教案（部分）

课题：叶之签	
上课班别：二年级（2）班　　上课科目：语文　　上课老师：叶丽香	
教学内容	将喜欢的树叶做成书签，跟同学交流制作的过程及交换书签
学情分析	学生已经在科学课和美术课上学会了用树叶拓印、用树叶绘画。于是，让学生将科学课及美术课的学习成果相结合，用树叶做成书签，结合语文的口语交际，完成这节学科统整课
教学目标	第一，用流利的语言跟同学分享学习的成果；第二，学习使用商量的语气与别人交流，尝试在生活中运用
教学重难点	重点：用流利的语言跟同学分享学习的成果
	难点：学习使用商量的语气与别人交流
教学准备	每个学生提前做好两张书签

从这位教师对学情的分析可看出，教师的课程统整思维已经初步呈现。根据教学建议，语文口语交际的任务主要是回顾学习历程及分享学习成果，但这位教师根据自己姓氏，灵活设计出一节别开生面的口语交际课，让学生的学习成果得到二次创新。这正是师生真实学习的发生和课程变革成为一体的最好体现。

2. 社会实践课程的教学指导建议

针对课外研学部分，我们从各个方面进行了细致指导。如在安全方面有这样的描述："学生在进行研学过程中，不可避免地走近植物，且园内珍稀植物较多，需要提醒学生不要伤害树木，也不要被植物伤害。"

又如，关于研学手册的使用要求如下：

（1）研学手册中"研学攻略"和"研学任务卡"需要学生现场完成，所以请带队教师适时检查学生的完成情况，确保学生能在规定时间内按质按量完成。如果学生在研学过程中遇到困难，要给予相关指导。

（2）研学活动结束后，学生要自行完成研学手册里的"研学成果"和"研学评估"，并统一上交给班主任（请提醒学生在研学当天保管好研学手册）。

（3）四年级行进路线随机，带队教师需要注意引导问题：写出适合天台花园种植的植物名称。

（4）五年级路线参考：正门右转，经济植物区，稀树草坪，山茶园，城市景观园，景观园路，姜园（路线可根据实际情况调整）。

（5）六年级路线参考：正门左转，棕榈园，蕨园，药用植物园，面条树路（路线可根据实际情况调整）。六年级有专园的平面图画画任务，各班自行选择专园进行画画，但不要脱离班级，注意不要有落单的学生自行组团前往。

这些明确的要求，大大提升了学生研学的效果，真正做到做中学、游中学。根据研学手册的填写反馈，学生都非常喜欢这种学习模式。

五、课程统整的实施评价

评价是导向，也是标准。这次课程评价以改进学生的学习方式、促进学生的发展为目的，以学生、家长和教师为多元评价主体，多种方式相结合。如表3-6、表3-7所示。

表3-6　校内课程部分评价量表

评价项目	评价方式		
	自评	互评	师评
能认识若干种植物或者植物的叶子			
能了解植物与校园环境的关系			

（续上表）

评价项目	评价方式		
	自评	互评	师评
能利用植物制作一件美化校园的创意作品			
表现出对课程的浓厚兴趣，积极参与探究活动			
在展示过程中，很乐意说和听			
在交流过程中，乐于发表自己与众不同的见解			
善于合作，遇到问题乐于与人商量解决			
总分			

表 3-7　社会实践课程部分评价量表

项目		细则	评估
过程性评价	守时	按时集合，有事提前向带队导师请假	
	纪律	公共场合不大声喧哗，不追逐打闹	
	安全	听从带队导师的安排和指挥，不脱离团队、擅自行动	
	任务	按时认真完成活动任务	
结果性评价	活动分享	参与班级讨论，积极分享	
	研学成果	根据自己兴趣及特长，选择提交一项作品	
家长心语			

注：分项目评估由带队导师根据学生表现评定 A 级、B 级或 C 级。

　　本次课程统整的最后阶段是学生作品成果展。物化学习过程的成果，让师生回忆整个课程的历程，是增强学生学习自豪感和学习动力的好方法。在准备展品的过程中，学生对学习过程中产生的信息进行甄别筛选、分析处理，也是一次学习思维品质的提升过程。总结阶段分三步走：第一步，教师指导学生完善自己的学习成果；第二步，学生以适合的方式在班中进行展示；第三步，学习小组开展互评和指导教师评定，并推荐出优秀成果参加学校统筹举办的学科课程统整学生作品成果展。展品包括各年级的研学手册、三至六年级学生学习心得；分年级的有一年级树叶贴画、二年级树叶书签、三年级土壤研究报告和超轻黏土植物造型、四年级《天台花园的植物配置计划书》、五年级植物铭牌、六年级天台花园设计图。

☆案例点评

"为未知而教，为未来而学。"学科课程统整的实践为师生提供更实用、更有价值的学习体验，助其获得在真实世界行走的力量，这也是国家课程最终指向的目标。案例中，东莞市寮步镇河滨小学从科学学科切入，让学生在认识自然的过程中习得其他学科的素养和能力，充分利用了各学科的优势，让学生能在做中学，实现了学科统整的目标。

三、跨学科教学路径之二：STEAM 教育

STEAM 教育是融合科学（Science）、技术（Technology）、工程（Engineering）、艺术（Arts）和数学（Mathematics）等多学科的综合性教育模式，主张不同学科知识的有机融合，致力于优化学生思维方式，培养学生的解决问题能力和创新能力，涵盖六大核心潜能：思考力、创造力、沟通力、解决问题能力、自主学习能力、团队合作能力。

与传统教学相比，STEAM 教育更能营造轻松、和谐的学习氛围，更能培养学生的综合能力、创造能力、自主学习探究能力和合作意识。虽然目前 STEAM 教育暂未有成熟的课程体系，但 STEAM 理念下的小学课堂主题教学活动与实际生活紧密相连，能实现学科间的相互联系，拓展学生的多学科视角，实现师生教学相长；其"综合性"和"跨学科"的特性能促进课程改革的发展，为小学课堂教学构建出更为完整的知识背景。

◆ 案例一

STEAM+ENGLISH：小学英语课堂新样态 [1]

◎ 案例背景

STEAM 理念下的小学英语课堂主题教学活动，是基于义务教育英语课程标准、学情、英语语言的真实运用，根据教材的模块话题，围绕特定主题、语

---

[1] 本案例由东莞市茶山镇第二小学刘钧富提供。

境和语篇，设计相应的真实任务与情境，引导学生参与学习的教学组织形式。其主要包括知识的学习理解、运用实践，以及跨学科知识的迁移和创新等。它以研究真实问题和改变学习方式为导向，关注学习者核心素养的培养，能充分发挥小学英语学科的教学功能，"基于学科、冲破壁垒、联通知识、综合运用"，提升学生的跨学科学习能力。在主题项目的引领下，STEAM理念下的小学英语课堂主题教学活动依托人教PEP版小学英语教材中各个模块主题，运用"主题—问题—资源"的教学路径，有机重组学习知识，融合相关学科优势，提升学生的综合素养。

一、STEAM理念下小学英语课堂主题教学活动的实践意义

STEAM教育理念在小学英语课堂中的普及，有利于培养出创造性思维能力、解决问题能力、团队合作能力突出的学生，其核心是以学生发展为中心、与生活联系紧密、跨学科教学。STEAM理念下的小学英语课堂主题教学活动以英语学科为基点，围绕特定主题，打破学科壁垒，整合学科知识和功能，实现知识、技能、能力与素养的融合发展，对于学生多学科视角和探究解决问题能力的培养、课程的整合优化、教师素养的提升，都具有较大的促进作用。

1. 有助于学生的全面发展

STEAM理念下的小学英语课堂主题教学活动，以英语学科为引领，结合教材、课程标准和学情，融合多个学科或领域的知识，为学生搭建全方位、多层次的锻炼平台，提供提高解决综合性复杂性问题能力的机会，与当前教育改革要求相适应，有助于学生的全面发展。

2. 有助于课程的整合优化

STEAM理念下的小学英语课堂主题教学活动将相关学科课程通过主题有机地、系统地联系起来，丰富了课程内涵，完善了课程架构。它与学生生活紧密联系，与新课程理念高度契合，有助于课程的整合、优化与实施。

3. 有助于教师的素质提升

STEAM理念下的小学英语课堂主题教学活动对教师提出了更高的要求。教师除了要熟悉本专业知识，还要多涉猎其他学科知识，努力使自己成为一个博学之人。在主题教学活动实施过程中，教师专业技能和综合素质都会逐步提升。

4. 有助于英语课程的改革

通过推进实施STEAM理念下的小学英语课堂主题教学活动，可以丰富小学英语课堂教学内容，构建出小学英语所需要的主题教学校本课程，形成课程成果，为英语课程改革提供更多思路。

二、STEAM 理念下小学英语课堂主题教学活动的设计

1. 融合 STEAM 理念的小学英语课堂主题教学活动

在新课程改革的要求下，为满足师生的实际需求，需要找到更多与教学内容相关的社会生产生活素材，知晓其他学科如何与英语学科发生关联，形成包含更多学科知识的宏观体系。现行的人教 PEP 版小学英语教材以话题为纲，能与 STEAM 教育理念深度融合。例如，人教 PEP 版小学英语三年级的主题单元 We Love Animals，我们可以根据主题确定各学科融入或渗透的内容，如图 3-6 所示。

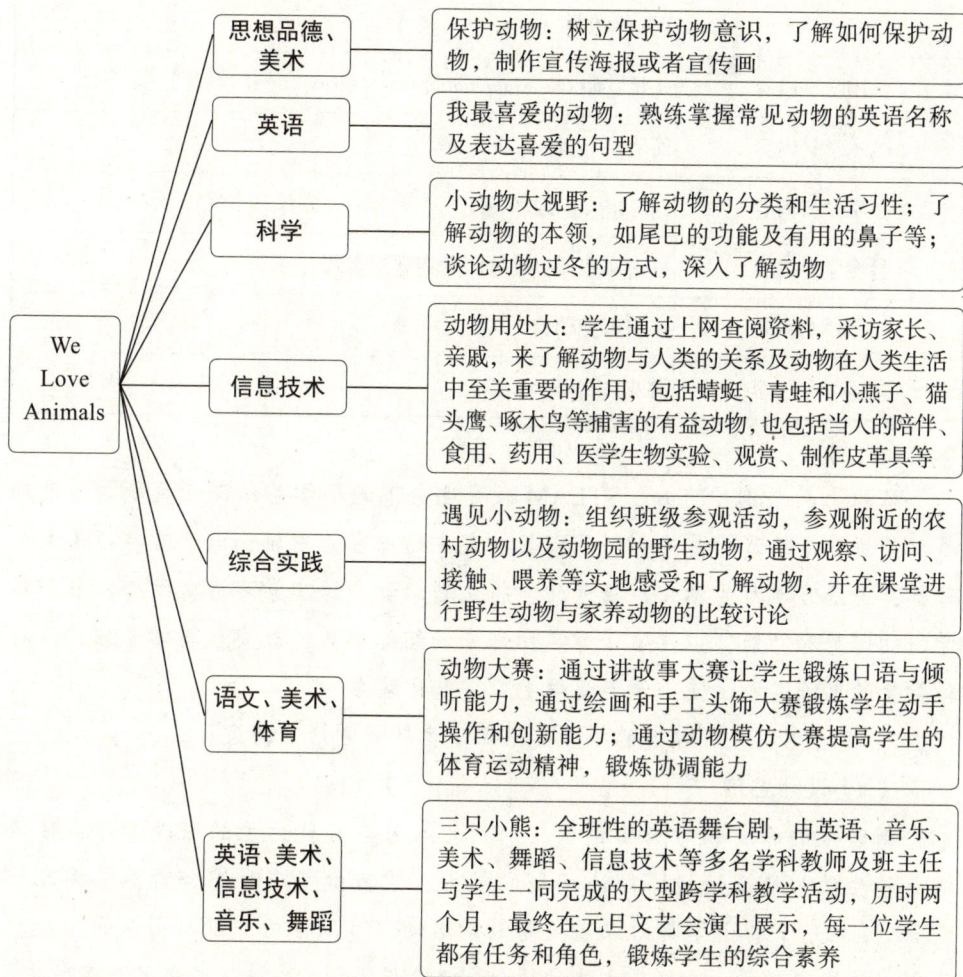

图 3-6　We Love Animals 主题教学活动初稿

基于 STEAM 理念，我们可以对其做进一步优化，包括主题单元名称、主题单元目标，以及围绕英语学科拟定的各学科融合内容等。如表 3-8 所示。

表 3-8　We Love Animals 主题教学活动修改稿

主题单元目标	
1.通过各个学科的优势互补进行交叉融合教学，激发孩子对 zoo 主题的学习兴趣和信心； 2.各学科围绕 zoo 单元中语言思维能力发展目标设计各学科教学内容，达到综合语言能力的锻炼； 3.在跨学科融合教学模式下，围绕 zoo 主题，培养学生多项横贯能力	
英语学科教学内容	Vocabulary: bear, bird, elephant, squirrel, panda, tiger, monkey, dog, pig, duck, cat Daily Expression: What's this? It's a…
音乐学科内容	儿童歌曲 *Old MacDonald had a farm*
艺术学科内容	简笔绘本 *Lovely Animals*
数学学科内容	20 以内加减法
社会学科内容	社会实践课：动物园动物观察实践
科学学科内容	认识野生动物
体育学科内容	游戏："Who am I"

　　从以上两个例子可知，STEAM 教育理念下的小学英语课堂主题教学活动是以英语具体语篇为基础材料，以其特定主题内容为中轴，以语言学习为主要目标，将语言学习生活化、场景化，将主题活动与语言学习有机结合，融合各学科的优势和功能，以丰富小学英语课堂的组织形式，改变教与学的方式，打破学生的思维定式，使小学英语课堂变得更具魅力。

　　2. 基于 STEAM 理念的小学英语课堂主题教学活动的设计

　　（1）设计思路。

　　新时代的课堂教学需要创新、批判、沟通与合作为主的深度学习，强调培养学生面对复杂情境下解决问题的能力、学科价值观和综合素养。因此，STEAM 理念下的小学英语课堂主题教学活动，可以根据热身与引入的方式、知识与技能的教学、过程与方法的设计、评价与修订的方式、成果的展示方式，以及反思与迁移的过程等思路进行优化设计。如表 3-9 所示。

表 3-9 设计思路

教学阶段	说明	注意事项
热身与引入	通过真实或模拟情境让学生对主题学习产生浓厚兴趣或认知冲突，提出驱动性问题	①主题活动源于对教材的分析与延伸，要以主题知识、技能为核心分享反思，提供反馈和改进建议等；②教师要设置模拟情境帮助学生完成主题任务，以实现单元学习目标
知识与技能	让学生建立与已有经验的关联，探索问题和已有知识、将要学习的核心知识间的联系	
过程与方法	小组合作，形成探索问题解决的路径和初步成果	
评价与修订	小组接受教师、同伴或外部专家的建议与评价，对他人的成果进行评价，修订成果	
成果的展示	举办主题学习成果展，邀请相关人员参与	
反思与迁移	反思活动过程中的各类实践和目标达成情况，分享在类似情境中迁移的实例	

根据以上设计思路可知，STEAM 理念下的小学英语课堂主题教学活动能帮助教师在课堂教学实践中探索出对学生、对教学最有效、最真实的经验。

（2）主要优势。

新一轮课程改革推行以来，英语课堂教学反复提及"从教材变革到教学方法革新"，因此，对比传统小学英语课堂，基于 STEAM 理念的小学英语课堂主题教学活动在课程目标设置、教材资源视角、学习活动组织、教学活动周期、教师担任的角色、学生担任的角色，以及学习评价方式等方面都有着明显优势。如表 3-10 所示。

表 3-10 与传统教学方式的对比

项目	传统课堂教学活动	STEAM 理念下的小学英语课堂主题教学活动
课程目标设置	侧重知识与技能培养	基于英语学科的多学科整合，着重学生学习探究能力的提高、跨学科视角的逐步形成、新型学习方式的完整掌握及自我价值观的形成
教材资源视角	以教材为中心	以主题为中心，而主题来源于学生的实际生活，如社区、家庭、网络、书籍等
学习活动组织	以教师讲授为主	强调从学生实际出发，以观察、调查、实验、访谈、动手操作等多种方式开展深度学习

（续上表）

项目	传统课堂教学活动	STEAM 理念下的小学英语课堂主题教学活动
教学活动周期	以单课时为主体	以主题为单位开展学习活动，通常一个主题持续四至六个课时
教师担任的角色	教学任务实施的执行者，学习知识的第一传授者	课堂教学的负责人、主题探究活动的研究开发者、跨学科合作教学的互助者、学生学习跨学科主题的引导者和帮助者
学生担任的角色	知识技能被动接受者	积极的直接参与者，学习活动教学资源的使用者，在特殊情况下成为教学资源的创造者
学习评价方式	以既定目标为导向，重视英语知识和技能综合考评，习惯以终结性评价为主要评价方式	以多维目标综合考察，过程性评价与结果性评价结合，关注学生的成长，如采用主动提问、全方位观察等方式进行

3. STEAM 理念下的小学英语课堂主题教学活动与国家课程融合

STEAM 理念下的小学英语课堂主题教学活动，能为学生的语言学习搭建真实而有意义的语境，能通过真实语言材料引导学生主动接触多元文化背景素材，提高学生基于真实语境的英语建构能力。[①]要开展 STEAM 理念下的小学英语课堂主题教学活动，首先要找到与国家课程内容的融合点。其中要重点关注三个问题：一要根据教材特点、主题、结构提炼单元主线任务，确定教学活动主题；二要在相关学科当中选择合适文本，丰富主题学习内容，作为主题活动后期的拓展材料；三要设计一条主线或核心驱动问题，将主题中的语言学习内容和学科要素"并联"起来，发挥各学科功能的同时整合英语语言学习。

4. 基于 STEAM 理念的小学英语课堂主题教学活动的实施

（1）选题——教学的定位。

在开展 STEAM 理念下小学英语课堂主题教学活动的过程中，教师要以选定的教学主题为核心，引导学生了解其他学科的相关知识，并积极参与英语课堂教学活动。具体而言，教师要先选定话题语篇，提炼出能融合多学科的主题，再紧紧围绕主题指导学生开展学习活动。活动中，师生间与生生间知识内容的

---

① 方燕燕. 浅谈语境在英语教学中的运用［J］. 试题与研究（新课程论坛），2017（4）：68–69.

相互碰撞与补充，能使学生对英语学习有更深的认识，有助于提升学生的英语综合运用能力。

（2）问题——教学的导向。

按照 STEAM 教育具体要求及设定的操作规范，教师在设计与实施的教学活动过程中，不要将教学内容人为地限定起来，要拓展学生的思维和眼界。一要明确主题，确定目标。以真实问题为导向，基于 STEAM 教育的核心理念，深挖学生的兴趣点，以英语主题教学内容为载体，灵活选择不同学科中利于英语语言学习的整合元素，培养学生的能力、素养。二要实施课程，解决问题。在课堂教学活动实施过程中，要通过跨学科的知识网络，利用知识协同构建教学内容，为学生的课堂学习提供全方位支持，培养学生良好的学习习惯和解决问题的思维能力。三要测评成效，反思改进。让学生使用多学科知识解决问题后继续反思和改进，提升学生的知识储备，培养学生的综合素养。

（3）创新——教学的关键。

为保持活动主题在教学中的整体性，必须坚持以学生的"学"为主体，针对学生的实际需求设计活动。整合英语单元主题内容，融汇各学科优势，为学生的自我学习和合作创新创造有利条件。尤其在准备阶段，要大量补充有关教学活动材料，让每个学生都有机会参与课堂活动。

（4）资源——教学的保障。

教师可以从发展学生核心素养的视角出发，研读和深挖人教 PEP 版小学英语教材，并根据学情和教学目标，设计与开发 STEAM 理念下的小学英语课堂主题教学活动资源，保障 STEAM 理念下小学英语课堂主题教学活动的持续开展。

三、STEAM 理念下小学英语课堂主题教学活动的评价

1. 评价体系的构建

针对小学英语学科特点及学生学习特点和学习经验，可以从活动展示、学业成果、文化认同和学习习惯四个方面，为 STEAM 理念下小学英语课堂主题探究活动校本课程创建一套行之有效的评价指标，再通过各个指标验证 STEAM 理念下的小学英语课堂主题教学活动的实效。其具体评价指标要素可包括探究策略、探究方式、教学实施的实用性、活动的有效性、学生参与率、活动次数和课程设计的合理性等。例如，可分为文化认同（占 10%）、活动展示（占 20%）、学习习惯（占 30%）、学业成果（占 40%）四大板块的评价。

2. 活动成果展示

STEAM 理念下的小学英语课堂主题教学活动，重点通过多学科融合开展

活动扩展课堂教学资源，培养学生综合素养；同时通过"STEAM+ENGLISH"的方式提升学生的获得感和成就感。因此，我们要重点收集学生学习成果并进行适时展示，满足学生的内心需求。成果的展示可以是视频、思维导图、手工作品、小案例、书法绘画作品、电子板报等。

STEAM 理念下的小学英语课堂主题教学活动，既有利于优化小学英语的课程设置，丰富小学英语课堂教学材料；也有利于加大学生的语言输入量，凸显英语学科工具性和人文性；更有利于在发展学生语言运用能力的同时，关注学生思维能力发展和情感过程参与，将立德树人落到实处。通过跨学科整合，学生拥有了大量语言输出的机会，激发了学生参与课堂教学活动的兴趣，从而突破当下小学英语课堂教学改革的瓶颈，创建小学英语课堂的新样态。

☆案例点评

STEAM 教育作为一种综合型教育理念是跨学科教学的重要实践模式，学科融合、做中学、解决实际问题是 STEAM 教育的重要特征。本案例是基于 STEAM 理念下的小学英语课堂主题教学活动，教师基于主题项目解构重整学习内容，开展主题式教学，推动多学科常态化融合，促进学生自主合作和深入探究，为学生创造了更大的成长空间，推动了小学英语课堂新样态的建构。

◆案例二

基于 STEAM 理念的小学科学实验教学 [①]

◎ 案例背景

基于 STEAM 理念的小学科学实验教学强调学科间不可分割的联系性，而不是简单的学科主题活动。这种教学方式可以让学生更好地了解科学、技术、数学及艺术等学科之间深层次的逻辑关联，从而解析现象、解决问题、创造作品。以下案例主要通过调查和课堂观察，发现基于 STEAM 理念的小学科学实验教学目前存在的问题，并理论结合实际，通过具体的课例来探究 STEAM 理念在小学科学实验教学中的运用，以真正做到学科融合，锻炼学生的批判性思维。

---

① 本案例由东莞市清溪镇第三小学谭庆其提供。

一、基于 STEAM 理念的小学科学实验教学现状

1. 基于 STEAM 理念的跨学科融合不够

当下，部分小学已经开始在科学实验教学活动中运用 STEAM 教学模式，虽然取得了一定的成绩，但是也暴露出一些问题。例如，学科之间的融合多为堆砌拼凑而成，每个学科知识在运用过程中都是独立的，相互之间缺少关联，且无法在思维模式层面做到将多学科知识点纳入统一的思维模型当中。

2. 学生只留意科学实验的表面

实践中，学生的注意力容易被各种实验技巧及实验现象所吸引，忽略了知识之间的关联性。虽然学生看上去懂得了很多新知识，但是在运用知识的时候仍会陷入传统的思维方式，无法真正发挥出 STEAM 教学模式的优势。例如，对于粤教版《科学》教材二年级下册第三单元第八课"不倒翁的实验教学"，从 STEAM 理念来说，这节实验教学课非常适合跨学科的融合教学。其中，该课的重心知识属于科学中的力学范畴，不倒翁的大小知识属于数学范畴，重物的安装知识属于技术与工程范畴，外表的美观知识属于美术范畴。然而，绝大多数学生在观察不倒翁的时候，不会去拆开不倒翁，探究不倒翁为什么不倒；却会拿着不倒翁翻来覆去地玩一节课，没有去探究其中的学科知识，更别说跨学科知识间的融合。

3. 科学实验教学多为形式主义

走过场式的实验操作下，所有的实验过程都是教师预设好的，学生看上去很认真听讲，但其实学生在整个实验过程中都是依葫芦画瓢，缺乏学习主动性。学生只是配合教师的教学，而非通过自主探究学习，把所学知识内化为自身的本领。例如，在粤教版《科学》教材三年级上册第四单元第十九课"测量温度"中，学生在测量自己身体温度的时候，有些同学测出来是 35℃，然而学生听教师讲，人体正常温度是 36℃～37℃，便觉得 35℃不正常，就不敢如实填报实验数据。假如教师设计的实验能够基于 STEAM 理念，让学生自己去动手探究，那么，学生操作的是教师的方法，而不是单纯复制教师的实验结果。

二、基于 STEAM 理念的小学科学实验教学方式

粤教版《科学》教材在课型安排上，分为常态课型和专题课型，目的就是体现科学探究学习和 STEAM 教育理念。

1. STEAM 理念下的实验教学学科知识融合

STEAM 教育理论中，要基于学科而又超越学科，要善于发现各个学科间知识点的交汇，聚焦科学的核心概念和素养，进行学科与学科、学科与生活间

的融会贯通。这种知识的融会贯通，一方面可以帮助学生在头脑中构建跨学科的知识体系，另一方面也可以锻炼学生的知识迁移能力。

教师在进行跨学科知识融合的过程中，需要以"学科融合"的指导思想撰写实验教学设计，在实际实验教学中可以通过介绍某一个知识点在不同学科之间的应用，进行跨学科的知识串联，同时通过综合性的实验，让学生更为直观地理解各学科之间的共性。

特别是在信息技术的帮助下，教师可以利用视频、音频等多媒体素材全方位地调动学生的感官，充分利用学生反应灵敏、想象力丰富的特点，让他们可以在教室中感受到不同的教学情境，既有利于激发学生的学习积极性，也有助于学生集中注意力。

以粤教版《科学》教材三年级上册第四单元第二十二课"自制小喷泉"为例。本节课的主要任务是让学生选择合适的材料设计、制作、测试、改进小喷泉，并用语言、文字、绘图表达自己的创意构想。本课基于 STEAM 理念的实验教学设计如表 3-11 所示。

表 3-11　基于 STEAM 理念的"自制小喷泉"实验教学设计

活动任务	活动内容	能力要求	融合科目
任务驱动	思考小喷泉的工作原理，提出制作小喷泉的任务	观察、分析	科学、数学
设计	利用气体的热胀冷缩的性质，设计制作小喷泉的方案	设计、交流	科学、美术、数学
制作	根据设计方案，选择材料进行制作	制作	科学、信息技术
测试	测试小喷泉的使用效果	测试	科学
评价与改进	对经过测试的小喷泉进行评价，根据测试结果改进小喷泉	观察、交流、改进	科学、语文

为了更好地让学生了解小喷泉的工作原理及喷射的大小与什么变量有关系，需要设置测试以及评价与改进环节。在实验制作之前，将自然科学方面的知识与其他学科，如音乐、数学、美术、信息技术等进行高效结合。教师可以通过播放《二泉映月》的音乐，营造出一种悠扬的氛围，让学生静下心来设计和制作小喷泉；也可以让学生课前查找一些与"泉"有关的古诗词。教师引导学生

利用身边的材料，根据气体热胀冷缩的原理进行设计，从所需要的工具材料、喷泉装置的结构、瓶子里的液体多少等方面进行考虑并将设计方案如实记录下来（见表3-12）。

表3-12 设计记录单范例

内容	根据空气热胀冷缩的现象，选择你认为合适的材料，设计一个小喷泉
选择的材料	
设计图	

这样的实验能让学生以最为直观的方式掌握小喷泉的工作原理与制作技巧，同时在设计的过程中，学生懂得如何计算瓶子里面水的变量关系、掌握如何使用工具开孔等，这与STEAM理念的要求相吻合。

2. 利用实验教学锻炼学生的批判性思维

基于STEAM理念的实验教学，是一种深度参与的探究式学习，学生会经历一个"接到任务—猜想—设计实验—测试—再设计"的螺旋上升的过程。从实验教学的角度来说，要以问题作为实验的根本驱动力，让学生带着对问题的思考来进行各种实验，并且在实验的过程中尝试通过自己的思考来解决问题。对于教师来说，训练学生的批判性思维要遵循几个基本原则：第一，在适当的时候故意提出一些错误的观点或者错误数据，以引导的方式让学生自己发现问题。第二，所抛出的问题要具有一定的科学性，其答案不能是纯主观的，而要以客观的知识内容及科学方法作为依托。第三，提出的问题要具有一定的迷惑性，通过多层逻辑问题让学生尝试进行复杂思考，锻炼其逻辑思维能力。

以粤教版《科学》教材三年级下册第二单元第九课"简易肺活量计"为例。这节课的知识点与上一节课"我们离不开呼吸"之间存在很强的关联性，是对上一节课所学习的知识的一种延展。在进行实验教学之前，教师可以提出这样一个导入性的问题："同学们，我们上一节课学习了'我们离不开呼吸'，谁来说一说，呼吸的主要器官是什么？"经过简单的讨论，学生可以得出结论：靠肺呼吸的。此时，教师可以抛出第二个问题："吸气与呼气的过程空气要经过哪些器官？"学生回顾上一节课所学的知识，画出空气在呼吸中的进出图。最后，教师问："那么，我们怎么知道吸气和呼气的气体量（肺活量）呢？"通过提问不断驱动学生思考。教师在示范实验操作中，在制作刻度的时候故意忽视瓶子顶部和底部大小不一的特点，平均划分刻度。学生会发现这样顶部和底部的每一份水的刻度不相同，进而深入思考，最终判断出是教师的操作出现了问题。通过这种方式，可以很好地锻炼学生的批判思维能力。

3. 利用 STEAM 理念促进学生合作探究

在 STEAM 理念框架中，实验教学的一项重要工作就是通过各种实验及合作研究活动来促进学生之间的沟通与交流。为此，教师要减少在实验中先入为主的影响，让学生自己组织实验。一方面，由于某些实验过程复杂，为了确保实验能够正常进行，学生会自觉进行合作；另一方面，为了保证实验结果的正确性，学生需要以严谨的态度来应对每一个实验步骤。通过这种高自由度的实验课锻炼学生的合作能力，帮助他们养成严谨的学习态度。

以粤教版《科学》教材六年级下册第一单元第五课"研究自行车"为例。教师先抛出一道题目，让学生合作讨论应该从哪些方面研究自行车。这种基于 STEAM 理念的实验教学是开放式的教学，实验过程与结果也是开放式的，学生通过小组讨论，确定自己研究的方向，然后在班级中交流，交流结束后，学生可以根据其他同学的意见和教师建议，修改自己的研究方向或坚持自己的初衷。

基于小组合作讨论，每组学生拿着自行车到各自的场所进行研究，这是一种非常好的合作探究模式，小组有小组的合作探究，班级有班级的合作探究，最后形成一个班的研究报告。学生通过这种合作的实验，一方面可以更深入地了解本课的知识点，另一方面也能培养学生的综合素养。

基于 STEAM 理念的小学科学实验教学是基于核心概念的，可以是科学领域，也可以是跨学科概念领域，《义务教育小学科学课程标准（2017 年版）》提出了四大科学领域的概念：物质科学、生命科学、地球与宇宙科学、技术与工程，而 STEAM 理念正是能让学生体验到科学、技术、工程等领域的思维与实践的异同，并且在实验过程中逐渐内化科学、技术、工程思考和解决问题的方式。这种做法，不是形式化的操作，而是带有思考的实践，是有创意和想法的做。

☆ 案例点评

基于 STEAM 理念的小学科学实验教学是一种将数学、科学、工程、技术及艺术进行高度集合的全新教学理念。与传统的教学理念相比，STEAM 理念具有明显的综合性，学生在实验操作过程中，运用所学解决问题，内化成为自己的本领，并在这样的基础上，培养自身的创新能力与批判性思维。从案例中可以看到，学生在基于 STEAM 理念的科学实验教学中，得到了充分的自主发展机会，在深度学习的空间习得知识和能力，这样的课堂教学植根于课堂，对培养学生的科学素养，为学生今后的学习、生活及终身发展奠定良好的基础。

无论是学科课程统整还是 STEAM 教育，跨学科教学将不同领域的学科知识、技能和思维进行了整体设计与深度融合，使得知识应用更具灵活性、迁移性，课程内容更具开放性、系统性，问题解决能力更具综合性、完整性，人才培养更具复合性、创新性。这需要教育工作者在教育教学实践中不断优化跨学科融合实施的路径，深化改进策略，以期更好地满足学生实现终身发展和社会发展的需要，促进学生的全面发展。

第四章

江心弄潮，激发活力体育生态

第一节　课程改革下的体育教学

青少年对于一个民族与国家的发展有着深远的影响，小学生作为国家的未来栋梁，其体质健康问题逐渐受到国家与社会的普遍重视。由于受到多方面的影响，许多学生难以得到充分的体育锻炼，导致健康问题日益显现，体质发展情况令人担忧。《2002 年学生体质健康监测报告》指出，学生体能下降、肺活量下降、肥胖比例增加的主要原因是学生体育锻炼不足（包括时间和强度均不足），其中既有学校场地、时间安排以及体育活动内容安排的问题，也有学生自身缺乏刻苦锻炼的毅力问题，以及人们生活水平的普遍改善，热量、脂肪等摄入过多及食物结构的不尽合理等。① 在此背景下，近些年，国家相继出台相关文件，如《关于加强青少年体育增强青少年体质的意见》《国家学生体质健康标准》《青少年体育"十三五"规划》《体育强国建设纲要》等，采取多项措施来增强青少年体质健康，将促进青少年提高体质健康作为学校体育的重点，并且把学生体质健康水平纳入政府、教育部门、学校的考核体系。

经过国家、社会、学校多方面的共同努力，近年来我国学生体质健康达标优良率总体呈上升趋势。第八次全国学生体质与健康调研结果显示，2019 年全国 6 ～ 22 岁学生体质健康达标优良率为 23.8%。② 然而，尽管我国学生体质健康有了一定的改善，但是当下青少年的健康形势仍不容乐观，特别是青少年视力不良问题依然严峻。这就要求中小学校要严格落实国家规定的体育与健康课程的刚性要求。新型的体育课堂要走与传统不同的路径，而体育生态课堂则是新路径之一。

体育生态课堂是基于教育生态学视野发展起来的，与传统体育课堂不同，体育生态课堂的起点不是知识，最终目标不是学生的成绩，而是学生的健康发展。依据生态学理论，体育教育生态学主要是以生态理论、研究方法为主，并致力于分析在体育教育和教学活动中的社会环境、自然环境及文化环境等对于体育教学活动的影响，以及它们之间错综复杂的联系，并将其中的基本规律展

---

① 中华人民共和国教育部. 2002 年学生体质健康监测报告［EB/OL］.（2003-11-11）［2022-01-11］. http://www.moe.gov.cn/jyb_xwfb/moe_2082/moe_183/tnull_2205.html.

② 央视新闻. 第八次全国学生体质与健康调研结果发布：我国学生体质健康达标优良率逐渐上升［EB/OL］.（2021-09-03）［2022-01-11］. http://m.news.cctv.com/2021/09/03/ARTIuhlFwq5Od0HVEr8ADTnH210903.shtml.

现出来，推动体育教育事业的发展，丰富体育教育学理论研究体系。另外，体育教育生态学以体育教育和教学实践为立足点，分析和解释体育教育中存在的问题，并将生态学理论运用到体育教育实践活动中。

下文将从教育生态学的角度分析当下的体育课堂，探索改进体育生态的策略与路径，并以实践案例为据进行分析探讨，为改进体育生态提供参考。

一、教育生态学视野下的体育课堂

2018 年 9 月习近平总书记出席全国教育大会时曾强调："要树立健康第一的教育理念，开齐开足体育课，帮助学生在体育锻炼中享受乐趣、增强体质、健全人格、锤炼意志。"通过参与体育学科的教学活动，小学生可以极大地提升自身的综合素质。并且体育学科拥有着其他学科无法取代的促进学生身心健康的重要作用。但由于体育学科往往不被教师及学生家长所重视、受限于传统教学模式，当下的体育生态并不理想。所以，作为小学体育教师，必须不断地对体育生态进行调整改进，实现提升学生体育素质的目标。

（一）当前我国小学体育生态分析

自 2001 年《体育和健康课程标准》出台，我国体育教育指导思想就从增强体质上升为"健康第一"，这充分说明了体育课程对于学生终身发展的重要性。尽管在相关政策下，体育生态有了一定的改善，但是在实际教学中，小学体育课程的实施仍面临着诸多阻碍，导致体育无法发挥真正的育人功能。

1. 教学经费不足，体育场地、设施短缺

随着当前体育教学的不断优化升级，现阶段开展的小学体育教学中的教学内容也出现了非常大的创新，小学体育学科的教学活动对于体育场地、设施的要求也随之提升。但是，许多小学对于体育教学方面的经费投入并没有增长，反而随着社会物价水平的提高，小学体育教学过程中的各类教学经费本质上出现了下降，这种经费紧张的局面，使得小学体育教学活动受到了极大的影响。

由于缺乏足够的教学经费，在体育教学的过程中也就没有符合教学实际需求的体育场地、设施。体育场地、设施是保障体育学科教学质量的重要基础，如果没有足够的体育器材，就会使得整体的教育质量难以达到理想水平。除此以外，许多小学所使用的体育设施，并没有根据小学生的实际情况进行制作，往往提供的是成人使用的各类体育设施，这就使小学生在参与体育活动时整体的活动难度较大，对于学生的体育锻炼具有不利的影响。

2. 体育师资力量薄弱

师资是保证体育教学活动开展的关键因素，当下许多小学的体育师资力量仍较薄弱。主要表现在：第一，体育教师的数量普遍不足，甚至有许多并不是专业体育教师。第二，体育教师的思想素质、专业素质不足，教学能力无法支撑更高水平的体育教学活动和教研活动。

3. 教学内容较为单一

许多小学在开展体育教学活动时，为了保障学生在学习过程中的安全性，往往都是采取单一化的教学内容。部分学校为了提高学生在参与体育教学活动时的安全性，把单双杠等可能对学生的身体安全造成威胁的体育器材进行拆除。这使学生在日常的体育教学活动中无法得到充分锻炼，不利于学生综合素质的提升。

4. 教学方法难以激发学生学习兴趣

从当前各地区的小学体育教学实际情况来看，小学体育教师采取的教学方法主要分为两类。

第一类是完全地依照传统教学模式开展教学活动。许多体育教师依赖于自己过去的教学经验开展教学活动，并不会根据时代的变化创新和优化教学方法。长期下去，学生在学习的过程中很难有效地提高自身的学习积极性，进而影响了教学质量的提高。

第二类是采用过于宽松的方式开展教学活动。因为体育学科相较其他学科，在教学的过程中不会涉及非常复杂的理论知识，学生在参与教学活动时可以感觉更加轻松，所以部分体育教师对于小学体育学科的认知出现了错误，单纯地认为小学体育学科是一门娱乐性的教学科目，并没有真正地认识到小学体育学科的教学价值，使得所开展的小学体育活动难以有效提高学生的综合素质。

（二）改进小学体育生态的意义

国民的身体素质水平对国家发展具有重要意义，关系到国家的综合国力。为了有效地提高国民身体素质，必须采取适当的方式开展相应的体育教育活动。"求木之长者，必固其根本。"体育教育体系的构建应从基础教育出发，从小学阶段的体育学科教学入手，让学生可以从小养成良好的体育锻炼的习惯，为提升国民综合素质奠定良好的基础。

做好小学体育生态的改进，主要有以下几方面意义：

第一，有效提升学生的身心健康水平。学生在教师的指导下开展科学的体育锻炼活动，可以学会正确的锻炼方法，提升体育运动能力和身体素质。同时，通过引导学生进行各类竞技性体育运动之外，体育教学过程中会涉及与耐力和技巧性有关的各类体育运动，可以帮助学生形成坚韧不拔的良好道德品质，有效引导学生心理健康成长。

第二，有效提高学生的交际能力。小学体育教师通过转变教学理念和优化课程教学模式，可以让学生更好地与其他同学团结协作地完成各项体育锻炼活动，使学生的交际能力得到有效提高。

第三，有助于在校园内形成运动的良好氛围。通过对小学体育课程的优化，可以帮助学生培养健康的体育运动习惯，让学生在日常的学习和生活中更加积极主动地参与各类体育运动，从而在校园内形成良好的运动氛围，引导更多学生积极参与体育锻炼。

二、改进小学体育课堂生态的策略

学生的身体素质与学生是否可以健康地成长存在着紧密联系，同时，学生只有在拥有强健体魄的前提下才可以更好地完成各项学习活动，并促进学生的身心健康。在小学阶段的教学中，提升学生身体素质的主要渠道就是体育学科教学，因此要从学生的实际情况出发，不断对体育课堂进行改进升级，充分利用各类体育教学活动。

（一）引导教师树立正确的教育观念

部分小学之所以存在体育学科教学质量难以达到理想中的水平的情况，与小学体育教师教育理念错误息息相关。在许多小学中，专业的体育教师较为缺乏，甚至存在其他科目教师兼任体育教师的现象，这类教师往往缺乏相应的专业体育教学理论知识和专业体育技能，导致整体的教学活动呈现出娱乐化的倾向。为了有效提高小学体育教学质量，必须转变小学体育教师的教学理念，让小学体育教师树立起正确的教学理念，并从专业化的角度开展体育教学活动。要想实现这个目标，学校应加大对于专业体育教师的引进力度，从体育教学的具体需求出发，招聘足够数量的专业体育教师，保障小学体育教学整体的教学质量。除此以外，学校还应加强体育教学设备的资金投入，根据体育教学的实际情况购置相应的教学设备，让体育教师能充分利用教学设备合理、科学地进行教学，为学生传递健康的运动观念和方法。

（二）重视培养学生的健康意识

在日常教学中，小学体育教师必须让学生正确认识到体育教学活动对提高自身综合素养的意义，并且尽可能地在教学的过程中添加趣味性的教学内容，让学生在参与体育教学活动时可以获得更好的学习体验，激发学生参与体育教学活动的积极性。

在教学过程中，教师应从教学的实际内容出发，结合学生的具体学习需求不断创新优化教学模式。如田径教学中，教师可以让学生在跑步训练时以加速跑的形式开展运动，激发学生的竞争意识。另外，教师应在班级内部营造良好的体育运动氛围，做好体育运动的宣传活动，深化学生对于体育运动的认识，让学生在日常的学习和生活中更主动地开展体育锻炼活动。笔者曾对某一学期的教学进行调查，发现在完成培养学生的健康意识相关活动后，学生整体的体育活动参与度比培养前提升了 15%（见表 4-1）。

表 4-1　学生体育活动参与度与意愿调查

（单位：%）

调查内容	健康意识培养前	健康意识培养后
班级体育活动参与度	66	81
学生参与意愿	63	87

（三）引导学生进行合作学习

在体育教学中，体育生态理念的运用十分重要，而在生态系统中最关键的一项要素就是和谐，因此教师在构建体育学科生态教学课堂时，应当充分考虑到和谐这一特点。在教学过程中，教师可以利用学生们的不同特长，引导学生之间通过互助和合作完成体育锻炼活动，使学生在学习的过程中既实现优势互补，又有效地提高合作能力，最终实现构建和谐生态课堂的教学目标。例如，在指导学生学习篮球运动时，可将身高较高的学生和速度较快的学生进行组合，让学生通过自主的方式尝试发挥出自身的优点，与同小组的其他成员协同合作。

（四）注重培养学生的体育技能

小学体育的教学重点之一是让学生通过相应的教学活动，充分掌握相应的体育技能，并在掌握技能的过程中养成良好的生活习惯，提升综合素质。因此教师在教学时，应当着重对学生开展体育技能的训练工作，让学生在学习的过程中，掌握一定的体育技能。例如进行跑步相关的教学活动时，在学生正式开展跑步练习之前，教师就应教会学生正确的跑步摆臂姿势，让学生对正确的跑步姿势有充分的了解，然后让学生按照正确的跑步姿势开展跑步活动。

三、建构小学体育课堂生态的主要路径

（一）依据新课改目标，创建新课堂模式

以习近平新时代中国特色社会主义思想为指导，全面贯彻党的教育方针，落实立德树人根本任务，树立"健康第一"教育理念，深化体育教学改革，强化"教会、勤练、常赛"，构建科学、有效的体育与健康课程教学新模式，帮助学生掌握一至两项运动技能，促进中小学生运动能力、健康行为、体育品德等核心素养的形成，更好地帮助学生在体育锻炼中享受乐趣、增强体质、健全人格、锤炼意志。

一是在体育教学活动中注重增加游戏与比赛等竞争要素，让学生在体育锻炼中享受竞争与表现的乐趣，实现从激发兴趣到形成志趣、享受乐趣的层层深入。通过组织游戏、增加竞赛、丰富内容、鼓励自主等方式，提高学生锻炼的积极性、主动性、自觉性和持久性，帮助学生有效锻炼、掌握技能、提高能力、体验成功，使其真正乐在其中。

二是重视在体育教学中强化锻炼、增强学生体质。要加强"勤练"，在基本运动技能的锻炼中发展学生的速度、力量、耐力、柔韧、灵敏、协调、平衡等身体素质。要根据不同年龄、性别、教材、课型、场地、气候等科学安排运动强度，合理设计练习密度，针对学生素质发展敏感期合理组织学、练、赛，科学推进基本运动技能"课课练"活动。要通过高质量组织课堂教学，开展大课间、课外体育活动、校外体育锻炼等，通过课内外结合的方式有效增强学生体质。

三是通过在体育教学中渗透社会主义核心价值观教育，培养学生的爱国情怀、社会责任感和良好的个人品质。全面把握体育的"育体、育智、育心"的综合育人价值，通过全员参与的体育竞赛活动，培养学生的集体荣誉感，塑造活泼开朗、与人为善、团结协助、遵守规则等良好品格，促进学生身心健康与人格健全。

四是通过体育训练和体育竞赛活动培养学生不畏困难、不怕吃苦、不惧失败的意志品质。精心设计有一定强度、一定难度的运动技能学习，培养学生吃苦耐劳、坚持不懈等优良品质。通过组织教学比赛和竞技比赛，不断培养学生顽强拼搏、积极进取、勇敢坚毅等坚强意志。

以东莞市石龙镇中心小学体育课堂教学模式为例，通过图 4-1 能够直观看出，东莞市石龙镇中心小学的体育课堂设计思路是以"学、练、赛"分层教学为主，

将素质练习与专项练习融为一体，技能与体能相长，替代了传统的"课课练"，以无卡顿的教学模式，提高课堂的练习效率。这样的分层教学有效改善学生练习少、教师讲解多的缺点，教师边巡回走动，边观察、纠正学生的动作，根据学生的练习情况进行部分讲解示范，不再为了讲解某个技术要领，要求整个班全部停下来看。

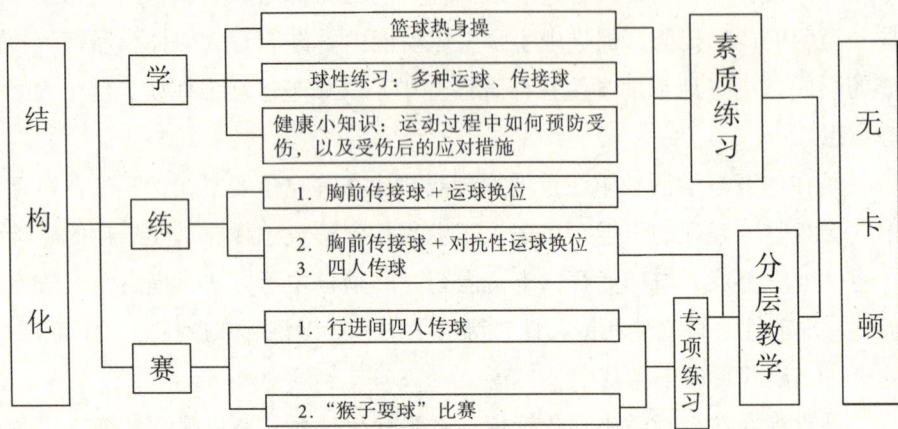

结构化

学
- 篮球热身操
- 球性练习：多种运球、传接球
- 健康小知识：运动过程中如何预防受伤，以及受伤后的应对措施

练
- 1. 胸前传接球 + 运球换位
- 2. 胸前传接球 + 对抗性运球换位
- 3. 四人传球

赛
- 1. 行进间四人传球
- 2. "猴子耍球"比赛

素质练习　专项练习　分层教学　无卡顿

图 4-1　体育课堂教学模式

内容的选择方面，侧重于以赛代练的形式进行教学。不管是运球、传接球还是投篮，不同技术、不同水平直接反映出学生对单个技能的掌握情况，在学生水平不一的情况下，教师更应该设置不同水平的比赛让学生去参与、去尝试、去挑战，让学生感受到赛事的真实感。

考虑到学生对球性的掌握能力参差不齐，以横队行进间练习时容易出现堵塞的现象，因此，从素质练习开始，队形以纵队四人小组为单位，逆时针方向绕圈练习。这样的方式人数少，不会影响整体运转。此外，每一节新授的内容都会为学生设定辅助性练习，让学生更快地掌握新技能。

（二）融入信息化工程，设计学习活动

如今，信息技术在教育行业中得到了广泛的应用，很大程度上改变了教师的教学方式和学生的学习方式。在信息化教学浪潮的背景下，教师可以利用信息技术，调整教学方法，采用信息化教学来让学生爱上体育、爱上运动，充分焕发体育课堂生机。例如，随着信息化工程 2.0 的开展，教师可以将电子助学单融入"大小方阵"的组织队形进行场地布置。电子助学单的内容包括：视频教学、分解动作讲解示范、研学内容、技术掌握的评价表等。

根据教师设计的电子助学单，学生以"大小方阵"为单位进行合作性学习。

"大方阵"是顾及大部分学生的练习方阵，设置的助学单内容尽量让学生完全掌握单项技术动作或组合技术动作。"小方阵"是一个多元化的练习方阵，方便教师根据学生的基础及时进行课程调整。能力较强的小组，教师会给小组长发送一个"特权"信号，让他们主动去引领小组成员随机变换位置，以多情景的方式进行练习，并给每个组员都设置一定的难度，如增加一些身体对抗，提升他们的上下肢爆发力，强化他们的顽强拼搏精神。针对上下肢的协调能力的培养，可以把素质练习加进去，提高运动强度，让能力强的小组继续强化。如此一来，不同水平的学生真切地还原比赛情景，并有效避免个体差距悬殊导致教学效果不佳的情况出现。

以下以东莞市洪梅镇第二小学为例，探讨可以通过哪些有效手段加强对青少年篮球意识的培养，以点带面，从篮球运动看体育教学中技能与健康的培养。

◆案例

培养青少年运动员篮球意识的策略 [①]

◎案例背景

现代篮球运动正向高速度、高强度、高空作业、高超技巧及知识化方向发展，为了让青少年篮球运动员具备适应现代篮球节奏的篮球意识，教练员要善于运用科学创新的手段，使青少年篮球运动员具有良好的意志品质，最大限度地发挥其身体机能活动能力，熟练、全面地掌握攻守技术与战术，善于结合意志、素质、技术训练，培养青少年运动员具有进行篮球比赛必备的精神素质，即在比赛中能自由正确地驾驭技术的能力和意识。基于此，加强对青少年篮球意识的培养是必要的。

1. 在技术训练中渗透篮球意识

首先，在技术训练中渗透篮球意识，是培养青少年正确篮球意识的基础。一个青少年篮球运动员从开始接触篮球活动到结束比赛生涯，都需要教练员不间断地采取各种途径对其进行篮球意识的培养和强化。而这一过程的关键就在于技术基础训练阶段，使青少年能把学、练、用、变结合起来，抓住技术教学进行运用与应变意识的渗透，坚持反复强化，达到根据比赛的客观实际而做出

---

① 本案例由东莞市洪梅镇第二小学谭国青提供。

正确的反射性行动的目的。

其次，培养观察能力是培养正确篮球意识的前提。篮球运动员在比赛条件下，对任一技术动作的运用与应变，都取决于能否灵敏地在瞬间内做出正确的观察和判断。因此，在技术训练的初期就必须重视对运动员观察习惯和观察能力的培养，特别是在两个技术动作以上的组合性技术动作中，正确引导青少年运动员善于观察，在篮球意识的指导下发挥运用与应变技术的能力。在观察中，应特别强调通过余光观察能力及前后距离的判断能力来提高判断的准确度。运动员视野范围的大小决定其观察效果优劣，当视野广阔，接受各种刺激愈多，视觉条件反射形成的基础就愈厚，反射速度就不断加快，正确意识形成范围就愈广，球场经验积累就愈丰富。

最后，在技术动作的个性训练中培养正确的篮球意识。基本技术中的每个动作都有一定的特点、应用范围及规范要求，在比赛中具有相对的战术价值，这些既是形成各个技术动作运用意识的基础，也是取得良好技术效果的保证。篮球比赛激烈，没有扎实的技术规格要求，就不可能打下牢固的技术基础，就不可能建立正确的动力定型。在实践运用中，同一技术动作在球场不同位置、不同时间、不同条件下，都可能造成在形态、结构上的差异，这就要求在正确的动作规格基础上，做到更具实战性、合理性和实效性。抓技术个性训练就是抓动作规格特点，抓好应变也就是抓篮球意识训练。

2. 在对抗条件和对抗因素的训练中培养篮球意识

教练员能否采取有效手段缩短运动员在非对抗条件下正确掌握动作的时间，不仅能够反映训练水平，也是促使运动员在掌握基本动作规格要求下，培养他们形成对抗观念，善于自我设计对抗因素，创造对抗条件和意识，这仅仅是一种带有抽象性的概念和脑子中具有的一种潜意识。只有进入近似实战的对抗条件下练习，才是形成篮球意识的重要途径。

3. 在技术与战术相结合的训练中强化篮球意识

篮球是一项集体的竞技运动，要想打好篮球，除了要了解篮球运动的规律，还要了解同伴和对手，必须要有很好的配合意识。

在训练课的安排中，要把个人技术和协同配合紧密结合起来，培养运动员的协作意识和能力。在练习每一项技术动作时，要使运动员清楚在什么情况下，如何根据具体情况和特点进行随机应变。例如，在练习防守基本步法的个人防守技术后，就接着进行防守协同补位练习，让运动员知道如何在集体防守中运用个人防守技术。其他如进攻技术、抢篮板球的训练也都如此。

采用在战术背景下练习各种技术，用二、三人配合的形式，使运动员技术动作的运用与应变更具针对性，有助于发挥运动员的创造性和想象力，从而加速篮球意识的形成。

4. 培养篮球意识过程中的注意事项

篮球意识的形成是需要在各种细微的训练环节中，不间断地进行培养的。而且，在培养篮球意识的过程中必须注意以下两个方面。

第一，要重视意识与作风相结合的训练。篮球意识与良好比赛作风都是青少年运动员头脑中必备的精神素质，是一个事物的两个侧面。技术、战术的特点、风格和意识作风之间是相辅相成的，青少年运动员如果没有良好的作风，就不可能在比赛中体现篮球意识；而没有篮球意识作指导，要想反映出良好的作风和最大限度地发挥技术、战术的作用也是不可能的。

第二，要注意丰富青少年运动员的知识，形成特殊的知识结构。由于现代科学的发展和各种学科的相互渗透对体育的影响，推动着各项体育运动迅速发展。篮球运动也受社会科学、自然科学及其他综合学科的影响。一个运动员掌握知识的深度，一个球队整体的知识结构的水平，是直接影响着教练员能否用现代化科学知识培养运动员的又一重要因素。现代篮球比赛的高度集体性和综合化，需要青少年运动员具有更聪明的才智，而掌握必要的知识对提高他们篮球意识修养起着保障作用。

☆ 案例点评

本案例对在技术训练中渗透篮球意识以及培养和提高青少年运动员篮球意识的方法与途径做了较详细的阐述。篮球意识的培养应该从小开始，要注意培养青少年运动员的观察能力；掌握技术动作的幅度、方向等变化与篮球意识的关系；要在技术动作的个性训练中和在对抗条件下及对抗因素的技术训练中培养篮球意识；技术、战术相结合的训练是加速培养篮球意识的有效手段；培养篮球意识必须重视意识与作风结合的训练；注意丰富青少年运动员的知识，以形成独特的知识结构。

小学体育教学活动是提升学生身体素质以及培养学生良好生活习惯的重要方式，作为小学体育教师，必须对体育课程的教学开展相应的研究工作，不断改进小学体育课程的教学活动，从而有效地提高小学体育教学的教学质量、构建良好的体育生态，让学生在学习的过程中可以有效地提高自身的综合素养。

第二节　多元创新——野蛮你的体魄

"双减"政策的战略目标在于构建教育良好生态，促进学生全面健康成长。换句话说，在课堂之外落实"双减"政策，其实是在推动体育、美育的"双增"。而针对当下学生肥胖率居高不下、近视率严重的状况，要把学生的体质健康摆在首位，采用校内外相结合、健康教育与德智体美劳相结合的方式，构建面向人人、人人有责的健康教育体系，促使学校体育教育多元化。

一、质量监测，提升学生体育素养

（一）质量监测及其意义

质量监测是根据学生不同年龄水平而递增运动负荷的一项有针对性练习的体育与健康测试。50米快速跑、一分钟跳绳、坐位体前屈这三项是小学所有阶段学生的必测项目，其中包含速度、协调、柔韧三大能力，这恰恰是小学生需要着重发展的重要能力。随着年龄的增加，到了水平二、三阶段的学生，需要融合核心力量练习和有氧耐力练习，因此质量监测专门为三、四年级学生设计了仰卧起坐，为五、六年级学生设计了仰卧起坐和50米×8往返跑测试。

质量监测的项目所用的场地不需要很多，器材也不要求五花八门，简简单单的器械就能把爆发性速度、灵活性协调、舒展性柔韧、核心力量、有氧性耐力结合起来。经常参与质量监测的学生，可以全面发展身体的各个机能，有效地提高运动能力。测试成绩良好的学生，基本上都属于运动能力较强的一类，且会有很好的运动项目适应性。

一年级是幼儿园到小学的一个过渡时期，也是刚接触质量监测的年级。笔者所在的东莞市石龙镇中心小学，经过一年时间的多次测试后，学生的运动能力比刚上小学时增强许多了。

以足球课为例[1]，从二年级开始开展足球课的单元计划，从基础动作开始教学，再到球性练习、控球能力、运球能力、传球能力等。课程实施后，测试成绩良好的学生对教学内容掌握得比较快，其运球技术流畅、传运球稳定、方向感良好；运动能力强的学生还能掌握射球技术动作，精准射门。测试成绩水平为中下的学生，会稍微有点不协调，主要表现在控球能力方面，不能很好地

---

[1]　本案例由东莞市石龙镇中心小学胡锵提供。

把球控制在脚边，运球时会出现不稳定、走偏、摔跤等现象。通过上述现象可以看出，质量监测确实对学生的运动能力是有所帮助的。

足球运动是一项对身体协调能力有一定要求的项目，与篮球不一样，足球主要是以下肢为主的运动，在跑动的过程中需要兼顾控球，而习惯于用双手作业的人群，下肢反应滞后，不能灵活使用下肢运动。质量监测中"跑"的练习，提高的是学生的体能与速度能力；"仰卧起坐"练习是巩固学生在运动中对抗且保持身体平衡的核心力量；"跳绳"练习能够让学生在跑动的同时对足球的掌控保持协调一致，不容易出现摔跤。

综合来讲，质量监测不仅对学生的单个技能有帮助，还对学生参与比赛的整个过程都能起到关键的改进作用。

（二）质量监测的运用案例

下文以东莞市寮步镇河滨小学的体质健康测试结果中弱项因素为例[①]，对弱项因素进行分析，总结出学生体质健康水平的提高途径，为日后的学生体质健康教育改革和体育工作开展提供科学的参考。

◆案例

小学体质健康测试弱项因素分析及提高途径研究

◎案例背景

该校以体育教师、家长、参加省测的360名学生为调查对象，共投放728份问卷，有效问卷718份，有效问卷率98.6%。问卷调查结束后，对回收的有效数据进行统计处理；接着，与体质健康专家，体质健康测试工作负责人，市、镇体育与健康教研员，资深教师等进行访谈，并进行对比、验证，结合文献资料提出提高学生体质健康测试水平的途径并论证。

1. 体测各项目情况分析

调查显示，在学生体质健康测试（以下简称"体测"）各项目的优良率中，50米跑的优良率最低，为35.5%；一分钟跳绳的优良率最高，为76.8%。50米跑是测试位移速度素质的项目，与遗传因素有一定关系，但目前50米跑指数水平相对于测试标准普遍较低，这与东莞市寮步镇河滨小学的场地面积和

---

① 本案例由东莞市寮步镇河滨小学魏锦华提供。

体育课程安排有间接关系。目前，该校学生人数 1 252 人，校内有 3 个标准篮球场、1 条标准 200 米跑道、8 名体育教师。在课程饱和状态下，学校可利用的场地范围有限，且训练周期相对较短。对照体重指数（BMI）参考值，发现 50 米跑、肥胖两项是共性弱项，这与学生日常运动水平有关。肥胖最直接的影响就是能量摄入和能力消耗，人们生活水平提高，但运动量较少，因此可认为是一个弱项。

（1）低年级体测弱项分析。

表 4-2　低年级学生每周练习跳绳次数情况（每次超过 15 分钟）

	5 次以上	3 ~ 5 次	1 ~ 3 次	没有
人数	30	35	46	9
百分比 /%	25	29.2	38.3	7.5

水平一的学生是 7 ~ 8 岁，此阶段学生神经细胞分化初步完成，但分化能力较薄弱，神经系统对肌肉的调节还不够完善。跳绳是一项集合灵敏协调和下肢力量耐力为主的运动，低年级学生在这方面的差异较大。结合学校课程安排、班级学生人数、教学时间比例、体育课程强度、课后自主锻炼等因素，低年级学生的课外时间普遍由家长安排，大部分家长优先考虑文化科练习，课后锻炼时间无保证。低年级学生的跳绳水平还处于初学阶段，但注意力容易分散，体育课强度无保证，因此可将跳绳测试作为一个弱项。

（2）中年级体测弱项分析。

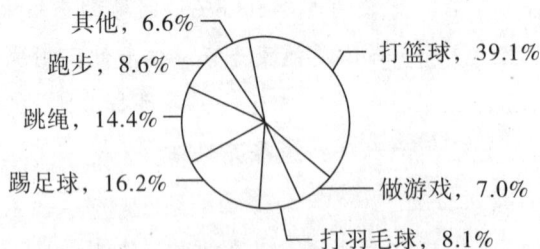

其他, 6.6%　　跑步, 8.6%　　跳绳, 14.4%　　踢足球, 16.2%　　打篮球, 39.1%　　做游戏, 7.0%　　打羽毛球, 8.1%

图 4-2　中年级学生喜欢的体育项目调查

水平二的学生是 9 ~ 10 岁，此阶段的学生各项能力逐渐完善，肌肉主要为纵向生长，心肺功能较成人依旧不够完善。仰卧起坐是评价以核心为主的全身力量耐力，而中年级学生不是肌肉发展的主要阶段。中年级学生有独立思考的空间和敢于挑战高难度的想法，多数喜欢球类项目（调查显示，39.1% 的学生喜欢打篮球，16.2%的学生喜欢踢足球，8.1%的学生喜欢打羽毛球），上下肢发展分化，全身力量概念模糊，导致中年级学生的仰卧起坐水平相对于测试标准较低，可认为是弱项。

（3）高年级体测弱项分析。

表4-3 高年级学生每周拉伸情况

	5次以上	3~5次	1~3次	没有
人数	18	28	38	36
百分比/%	15	23.3	31.7	30

水平三的学生是11~12岁，此阶段的学生肌肉体积和力量增长速度加快，心肺功能较成人依然较弱。50米×8往返跑以测试耐力素质为主，耐力素质受后天锻炼的影响程度较大，此指标的学生整体水平较好，这与该校扎实的体育工作密切相关。坐位体前屈主要是测试柔韧素质，高年级学生差异性较大，普遍水平较弱，大部分学生对于运动后放松拉伸不够重视，拉伸时间过短，效果不明显。对于部分学生来说，坐位体前屈是其弱项。

2. 研究结果

一是参与省测的360名学生体测结果总体较为稳定，但仍存在少量的波动。通过分析样本值、优良率、及格率可得：50米跑和BMI值为低至高年级的共性弱项，差异弱项表现在低年级的跳绳、中年级的仰卧起坐、高年级的坐位体前屈。

二是在小学生体测弱项因素分析中，可认为：身体形态方面的弱项因素有班级学生人数、体育课强度、课后自主锻炼情况、家长支持程度、学生积极性；身体素质方面弱项因素为教师课时量，班级学生人数，教学时间比例，体育课程强度，学校运动场面积、设施及室内面积建设，体育器材使用率，学校体育安全，课后自主锻炼情况，家长支持程度，学生积极性，课程难度情况。

3. 优化建议

（1）完善政府管理体系，发挥政府的导向作用。

政府应充分发挥导向作用，完善法律法规，为学生体质健康的提升提出明确方案，让各部门共同配合完成。同时，注意文化氛围的引领，加强管理，增强社会、学校等基层与政府的沟通渠道，动员更多的力量参与政府活动，进一步提升政府公信力，从而提升体育活动质量，增强群众体育意识，促进小学生体质健康的发展。

（2）培养家庭素养观念，构建和谐家庭。

父母是孩子的第一任老师，应树立"健康第一，终身体育"的素养观念，主动参与体育活动，起榜样作用，在潜移默化中改变孩子意识观念。在闲时，开展亲子活动既可以锻炼身体，又可以促进家人的感情。

（3）明确学校健康导向，落实体育教学。

学校体育作为小学生体育工作的主力军，应明确文化学习和体育锻炼协同发展的导向，始终坚持相关政策，主动落实政府要求，充分加强和落实体教融合工作，并提升体育教师水平和师德素养建设，提升体育教师的地位和待遇，促进体育教师工作积极性。在一定程度上引入社会力量，弥补学校体育资源的不足，更加全面地激发学生体育学习兴趣和提升体质健康锻炼效果。学校体育工作要以提升学生体质健康水平为基础，充分利用学校资源，切实保证学生的锻炼时间，提升学生的体质健康水平、运动技能水平、体育意识素养水平，全面提高课堂质量水平。

（4）锤炼意志，健全人格，打造体育生态。

通过体育活动，让小学生在参与中享受乐趣、锤炼意志，弥补课本以外的情感培养。通过环境优化，改变学生的人生观，学习人类在体育运动中对自然—社会这一生态环境的关怀和人道主义精神。让学生在生态环境中健康、文明、和谐地成长，让环境造就一批又一批有素养的灵动少年。

☆ 案例点评

青少年的体质健康对于国家的发展有着重要且广泛的影响。在各种复杂因素的作用下，青少年的体质健康状况令人担忧，这就需要社会和学校通过多种手段积极促进青少年体质健康地发展。案例中的学校以调查的方式，通过质量监测的手段，更清晰地了解本校学生的体测情况，有助于对后续体育教学提供调整方向，为提升学生的体质健康提供新的优化方案。虽然近几年学生的体质健康情况在持续好转，但肥胖、近视等各种健康问题仍较为严峻，因此我们必须用好体测，多措并举提升学生的体质健康水平。

二、家庭作业，助力品格形成

家庭作业是指学生根据教师的要求和布置的任务在课堂外完成的作业。一般家庭作业对学生的学习既有正向影响，也有负向影响。从正向影响来看，一是能够帮助学生巩固知识、增强记忆；二是有利于发展学生的批判性思维，鼓励学生善用课余时间；三是有助于家长参与学生的教育生活。从负向影响来看，主要原因在于各学科作业量过多，一是让学生背负过重的学习压力，影响学生正常的作息；二是减少了学生课余活动的时间；三是加大了家长的负担。如何正确发挥家庭作业的正向作用，科学地布置家庭作业，是当下新课程改革探讨的课题。

（一）体育家庭作业的现状

体育家庭作业，即学生课堂外需要完成一定量的体育锻炼活动。其初衷是既要提升学生的体质健康水平，又要丰富学生的课余生活。小学是学生身心发展的基础阶段，重视学生的身心健康发展，比盲目地抓学生的学科成绩更加重要。随着新课程改革，体育学科的核心素养不仅在于培养学生的运动能力，更体现在培养学生的健康行为和体育品德。

2021年4月，教育部发布的《关于进一步加强中小学生体质健康管理工作的通知》指出，要"着力保障学生每天校内、校外各1小时体育活动时间""学校要对体育家庭作业加强指导"，并明确了体育家庭作业制度。在这一背景下，体育家庭作业正逐步完善"健康知识＋基本运动技能＋专项运动技能"的体育教学模式，让每位学生掌握一至两项运动技能。可以看到，家庭作业之于体育学科具有相当大的重要性。

在当下实行作业减负的政策下，体育学科为什么要强制布置家庭作业？这主要是因为我们的教育更多是重视学科成绩，而忽视了体育运动、体育课堂。虽然在客观条件方面，如运动场地、体育课时在逐渐完善，但要让体育家庭作业落到实处，还需要不断探索与实践。国家体育总局青少司副司长李晋阳曾说："当体育锻炼成为一种习惯，而不是需要作业去强制的时候，那么可能我们的身体素质就真的强起来了。"而当下，则需要通过布置体育家庭作业的方式，让学校、家长、学生树立体育锻炼的意识，改善体育生态，培养全面发展的学生。

（二）体育家庭作业的意义

第一，提升学生体质健康水平，形成终身锻炼的意识。前文已提到，现今学生的健康形势仍不容乐观，提升学生体质健康水平迫在眉睫。因此，布置体育家庭作业能够以强制性的手段让学生进行定时定量的体育锻炼。长春师范学院体育学院教师黄兆媛曾以体育家庭作业对肥胖学生身体质量指数（BMI）影响进行了5个月的实验研究，结果发现，实验组学生的BMI指数下降，其中男生BMI指数差异具有显著性意义（$p < 0.05$），女生BMI指数差异具有高度显著性意义（$p < 0.01$）；对照组学生的BMI指数无显著性意义（$p > 0.05$），说明实行体育家庭作业制度有助于改善学生的体质。此外，行为心理学的"21天效应"指出，当一个人把一个想法或者一种行为重复 21 天，就会变成一个习惯性的想法或行为。同理，学生长期坚持完成体育家庭作业，对学生在潜移默化中形成良好的体育运动意识和习惯有着重要的影响作用。

第二，丰富学生的课余体育生活。体育家庭作业是体育课堂教学的补充，学生可以通过完成体育家庭作业及时复习动作技术，不断巩固和提高运动能力，有效延伸体育课堂。并且学生在课余通过体育家庭作业的多种形式，可以更好地走进生活、感受生活，去主动获得生活经验，满足课余体育生活的需求。

第三，促进家庭教育、社区教育。体育家庭作业的形式多样，家庭及社区等地是进行体育运动的主要场地。发挥共育的作用，不能缺少家庭教育、社区教育的合力。家长是监督学生完成家庭作业的主力之一，在这过程中，家长可以和学生共同进行体育锻炼，不仅能促进家长和学生之间的沟通交流，共同提高体质健康，还能营造和谐的家庭氛围。

（三）体育家庭作业的设计与实施

小学体育应科学、合理地布置家庭作业，以凸显其实效。这就要求学校和教师发挥主导作用，使小学体育家庭作业的设计与实施有计划、有目的、有落实、有反馈。

首先，体育家庭作业不能全靠量为支撑，要以质为根本。教师可以结合课堂教学的情况来布置体育家庭作业，实现体育家庭作业与课堂教学结合；可以从学生感兴趣的运动入手，如篮球、足球等，由简到难地布置有层次性的任务，实现体育家庭作业与学生感兴趣的项目结合，等等。合理安排体育家庭作业，鼓励学生走下网络、走出宿舍、走向操场。

其次，弄清楚布置体育家庭作业之后如何量化、谁来监督、怎么保障等问题。例如，家庭作业的完成度要实现量化，可以采用"目标管理式"体育作业，即以作业目标的达成度来督促作业过程和评价学生；监督学生完成家庭作业，不能仅靠学校和教师，家长的引导和督促非常重要；从校情、学情、体育资源等出发，制定保障制度，确保学生在安全的前提下完成体育家庭作业。

最后，创新体育家庭作业的形式和内容。体育运动的项目是多样的，因此学校必须根据小学生的年龄特点、生理心理特点和学生的个体差异性，来分年级、分时段、分类别、分层次有效地、有针对性地布置体育家庭作业。例如，采用"菜单式"设计，即根据作业的类别和特点，依循教学的需要和学情，以学生为主体，结合不同种类的运动方式，将作业分类并编列成清单，以便让学生如餐厅点菜一样进行选择的一种作业方式。在内容方面，可以与传统体育项目结合，如跳房子、跳皮筋、舞狮等，也可以走到户外，如游泳、登山等，这些体育运动拓展了运动空间和内涵，既增加了体育活动的趣味，也让学生习得新的体育知识。

（四）体育家庭作业的应用案例

为了进一步促进学生养成体育锻炼的习惯，培养学生的坚毅品格，东莞市寮步镇河滨小学在 2019 年暑假开始实施体育家庭作业[1]，对学生每天的锻炼项目进行量化要求，还设计了亲子锻炼要求，每天记录锻炼情况，让家长成为学生体育锻炼习惯形成、坚毅品格形成的助力者。

东莞市寮步镇河滨小学环境优美，鸟语花香。每一个来到这所学校参观的客人，都会对校园里活泼有礼、阳光开朗的学生留下深刻的印象。每一天下午，校园里都会响起大课间的音乐声，学生随着音乐，或英姿飒爽，或奔腾跳跃。大课间结束了，几个学生捧着一沓作业——正是他们的体育家庭作业，向体育教师的办公室走去。

1. 体育家庭作业的实施情况

在上级部门的指引下，从十多年前规范体育课时，不许其他学科占用，同时规范体育课常规，加强体育教研工作；到近几年每天不间断进行两操和大课间活动，东莞市寮步镇河滨小学的体育工作效果越来越显著，学生的体质有了显著的变化。更可贵的是，学生在校的规则意识、耐受力也得到增强，整体呈现出积极向上的精神状态。

但据家长反映，学生普遍在家里没有主动锻炼的习惯，在家里也比较娇气，跟在学校里的表现有较大的反差。为了进一步发挥体育运动的全面育人功能，2019 年暑假期间，学校试行体育家庭作业。下一学期开学后，学校对暑假期间坚持体育锻炼的学生进行了表彰。同时，进一步完善《体育家庭作业登记册》。登记册根据《国家学生体质健康标准》的指标与权重，结合学校体育科教学实施的具体情况，设定了相应的锻炼项目："跳绳"是一至六年级都需要进行的项目，根据不同年级设定不同的量；"坐位体前屈"全校要求一致；"立卧撑"是一、二年级的项目，每天进行；"仰卧起坐"是三、四年级的项目，每天进行。《体育家庭作业登记册》的使用周期为一年，横贯了两个学期和寒暑假。

---

[1] 本案例由东莞市寮步镇河滨小学尹瑞玲、刘肖玉提供。

为了指引学生科学地、持续地进行锻炼，学校根据设定的锻炼项目，对一些不太容易理解的内容拍摄了动作示范视频、动作示范图片，并将学校公众号二维码印刷在登记册的首页，学生、家长只需要扫描二维码就可以按提示操作获得专业讲解。

学生根据项目要求，每天利用课余时间进行不间断的锻炼，其间家长进行协助和督促，如在学生跳绳时帮忙数数、在学生做仰卧起坐时帮忙压住腿部等，低年级的学生需要家长更多的协助，以保证锻炼时的安全。当学生感到气馁时，家长给予加油鼓励，或跟学生一起做，增加锻炼的趣味性，从而培养学生持之以恒、不怕苦累的良好品格。每天锻炼结束后，由家长在《体育家庭作业登记册》上进行记录，完成的打"√"，未全部完成的打"○"，没有完成的打"×"。家长需要根据学生的完成情况如实进行填写。每周家长最少进行一次亲子锻炼，并记录在册，同时签上名字，以示对学生体育家庭作业进行了督促。

体育家庭作业的检查由体育教师负责，《体育家庭作业登记册》一周收一次，对学生完成情况进行等级评定。每个学期结束时，在"期末小结"页，由学生、家长、教师共同对该生一学期的家庭体育锻炼情况进行评价。为更好地让家长协助学生完成这项作业，运行了一段时间后，学校进行了一次问卷调查，了解此项作业在家庭中实施的情况，对学生、家长做出更有效指引。部分教师还率先使用线上锻炼打卡软件，让锻炼效果可视化，为培养学生坚持不懈参加锻炼的习惯开拓了新思路。

2. 体育家庭作业的实施结果

根据体育教师提供的数据反馈，全校大约三分之二的学生能每天坚持完成体育家庭作业，这些每天坚持完成体育家庭作业的学生，在体育比赛、体能测评中有比较突出的表现。其他科任教师反馈，这部分坚持锻炼的学生，更愿意接受学习上的挑战。家长也反映学生的毅力增强了，动不动就叫苦叫累的情况减少了。一部分学生做事情、做作业效率也有了明显提高。针对不能坚持完成体育家庭作业的学生，经过了解，发现有以下的原因：一是有些学生、家长不重视，觉得体育家庭作业可做可不做，完成书面作业后，更愿意选择看电视、自由玩耍等各种活动，家长也觉得无所谓，就随意中断每天应有的锻炼；二是部分学生认为作业多，没时间锻炼；三是部分学生认为体育锻炼很枯燥，不愿意进行。

针对以上原因，第一，学校可通过家长会、家长课堂对体育全面育人功能进行宣传普及，让家长领会体育对学生成长的影响不单纯在于身体，更重要的是能培养学生坚毅的品格、积极向上的精神特质。鼓励家长进行亲子锻炼，做学生的榜样。第二，对坚持做体育家庭作业的优秀学生进行典型事例的挖掘和宣传，加大表彰力度，形成人人爱锻炼的氛围。如在 2020 年国庆期间坚持体育锻炼的学生，学校举办了"运动小健将"颁奖仪式。第三，可以更广泛地推进先进锻炼软件的使用率，提升锻炼的趣味性和效果的可视化，将锻炼项目设计得更有趣，以激发学生持续进行体育锻炼的兴趣，促进坚毅品格的进一步形成。

总的来说，体育锻炼对一个人全面发展具有非常深刻的作用，它使人拥有强健的体魄、坚毅的性格、吃苦耐劳的精神，可以说它是培养全面的人必不可少的环节。从东莞市寮步镇河滨小学的体育家庭作业设计来看，让体育回归于常态化、生活化，简便易行，操作灵活，不受器材限制，也易为学生及家长接受，不增加额外的负担。该案例中的体育家庭作业依据学生的生理成长特点科学设计，辅之家长监督执行，让学生乐于完成、坚持完成，真正发挥体育的育人功能。东莞市寮步镇河滨小学在当地率先系统地实施体育家庭作业，通过把学校课堂体育教学活动延伸到课余时间，在课余时间继续培养学生坚持不懈、勇于挑战的性格，更好地培养学生的锻炼意识和良好品质，对促进学生德智体全面发展具有现实意义。

三、大课间，协调体育生态

大课间是在课间采取多种活动形式的集体性体育活动，这一活动主张让学生走出课室，丰富学生业余体育生活，培养学生加强体育锻炼的思想意识，让学生能在紧张的学习中放松身心。近年来，全国各地中小学贯彻《关于加强青少年体育增强青少年体质的意见》《切实保证中小学生每天一小时校园体育活动的规定》的精神，掀起"阳光体育"运动的新高潮，推进"阳光体育"大课间活动。各中小学大课间的内容包含体操、舞蹈、身体素质练习、趣味游戏、特色活动、球类活动等，活动形式丰富。

小学大课间体育活动的开展时间主要在上午或下午的第二节课后，主要结合国标体测项目的形式来进行体育活动，而后留给学生自由活动的时间，让学生以小组为单位进行放松运动，利用以"生本"为主题，营造良好的生态氛围，促使学生积极开展体育运动。在大课间中，广播体操和拉伸放松操等练习能够起到缓解疲劳的作用，再加上音乐的引导，学生的肢体协调性能够得到一定程度的提升。其间，年级教师应将体育教师进行分组，以巡回指导的方式对学生体育活动情况进行检查；为了更好地协助教师工作，还可以设立学生团队中的小组长，教师通过为小组长安排任务来达到更好的管理效果。

（一）小学大课间体育活动开展的现状

近年，小学学生体质健康相关的指标均有所增长，这说明了学生的营养水平有所提升，但与此同时，学生的体能及健康状况却呈现出下降的趋势，肥胖或超重的学生数量呈逐年递增的趋势，学生的力量、肺活量及灵敏度等体育素养均呈下降态势。由此可见，小学生的身体健康状况及体育素质的培养质量堪忧，大课间体育活动也正是基于以上原因所产生的一种帮助学生加强体育锻炼的活动方式。但就当前小学大课间体育活动的开展现状而言，存在以下两个方面的问题：

第一，许多小学由于缺乏基础活动设施，或是因为活动空间不足等问题，虽然也开展了大课间体育活动项目，但简陋的条件致使活动内容较为单一，一般以课间操的形式来进行。实际上，学生对这种活动内容及活动方式并不感兴趣，大多数学生都以敷衍了事的态度来进行锻炼，难以起到增强学生体魄的真正作用。第二，部分学校由于过于注重学生的学习成绩和课堂学习状况，大大缩短了体育活动的时间，使得学生的身体素质难以得到有效提升。学习压力与日俱增，体育活动时间却不断减少，这使得学生对课堂学习产生了厌恶的消极心理，不仅不利于学生学习成绩的提高，还会直接导致学生的体质健康水平普遍偏低。

与此同时，学生的个体差异是生态课堂中的重要因素。每个学生都是独一无二的，都有着属于自身的特点。因此，开展大课间体育活动，要从学生主体出发，满足学生对体育活动的需求，营造良好的校园体育生态。

（二）大课间体育活动内容设计的原则和要求

大课间体育活动内容的设计，应严格遵循活动内容设计的基本原则，确保在体育活动的实际价值得以彰显的同时，能够以其生动有趣的形式充分调动学生的运动积极性。

第一，注重灵活性，按照学校实际及季节、气候的情况确定内容，要符合学生的性别、年龄、生理、心理特点，符合学生的认知规律，对运动量进行严格把控。

第二，要对学校现有的运动设施进行考虑，确保基础设备能够满足活动的开展，同时体现出学校的特色。

第三，注重对学生运动兴趣的培养，让学生由被动参与变为主动加入，培养学生热爱运动的良好习惯。

第四，在体育教学中，教师需要积极营造良好的生态环境，对学生进行教育熏陶，引导学生积极参与，从而充分发挥学生的主体作用。与此同时，班主任和体育教师应当起到有力的监管作用，关注班级内每一位学生的运动状况。

第五，注意将大课间体育活动与学生心理教育工作进行有效结合，不仅要确保学生身体健康水平的提升，还应着重加强对学生心理素质的培养。如在遇到特殊情况时，努力安抚好学生的情绪，避免学生因紧张焦虑而发生危险的情况。保证学生的身体和心理都处于健康良好的状态，从而以更饱满的精神面貌接受教育。

（三）大课间体育活动的具体实施策略

学校及体育教师在组织开展大课间体育活动时，需要严格遵循教育部门下达的相关规定，在保证体育课程课时的情况下，额外进行大课间体育活动，并对其丰富性与有效性提供有力保障。

第一，大课间体育活动的设计要具有针对性。对于不同年级阶段的学生，要根据其具体的身心发展特点和兴趣爱好导向来制定活动内容，使得每一位学生都能够按照自己的兴趣所向来进行运动。

第二，大课间体育活动的设计应注意季节和气候因素等客观条件。在不同的时期，应进行合理的体育活动，不能强迫学生做一些违反季节气候的运动，否则不仅难以使学生的身心得到锻炼，还会由于气候的突变危害学生的健康发展，这样就适得其反，违背了大课间体育活动的举办初衷。

第三，大课间体育活动可以利用小组合作。在小学体育教学中对生态课堂进行构建，适应生态教学的理念，需要积极对生态要素进行分析，结合学生的运动特点，转变教学思路，创新体育课堂教学模式，发挥学生的个性特点，增强学生的身体素质，促进学生的健康成长。例如，组织学生以小组形式来开展踢毽子、传球接球等运动，小组间进行小比赛，这样充满趣味性的体育活动，既能够达到锻炼学生身体的根本性目的，也能够增强学生对大课间体育活动的运动热情，充分符合小学阶段学生的心理特点和运动要求。

第四，可以组织与运动相关的竞技比赛，如校园运动会、田径大赛等形式，积极鼓励学生参与，在日常的大课间体育活动中增添与比赛项目相关的运动。由于学生具有一定的荣誉感与竞争心理，这样的体育活动设置能够加强学生参与锻炼的积极性，使得大课间体育活动发挥出更大的作用，对学生起到更加良好的锻炼效果。

此外，除了要为学生设计适合的体育活动内容外，学校还应确保拥有开展体育活动的广阔场所。完善的运动设施建设是有效进行大课间体育活动的关键，学校应加强对学生运动方面的资金投入，为学生创造良好的运动条件。

（四）大课间体育活动实践情况

以东莞市寮步镇河滨小学为例，在大课间体育活动开展前后，分别对学生的身体健康状况进行了测试，并对测试结果展开统计与分析，以下是对实验结果的具体阐述。

1. 学生的身体健康基本指标有了显著变化

表4-4　大课间活动前后体质健康标准测试中身高体重成绩统计对比

内容	人数	大课间活动前所占百分比 /%	人数	大课间活动后所占百分比 /%
过轻	95	7.60	29	2.32
偏轻	580	46.40	357	28.56
标准	468	37.44	754	60.32
超重	43	3.44	53	4.24
肥胖	64	5.12	57	4.56

如表4-4，在对学生的身高、体重等基本身体素养指标进行统计与对比后，可以得到以下结论：被调查的1 250名学生中，在进行大课间体育活动前，体重过轻的学生人数占比为7.60%，体重偏轻的人数占46.40%，拥有标准体重的学生人数占37.44%，超重学生人数占3.44%，肥胖学生人数占5.12%；而在进行大课间体育活动后，学生的身体素质较之前有了显著提升，学生的肥胖率下降了0.56%，标准体重学生占比为60.32%，相比之前增加了22.88%。

2. 学生的体质健康水平具有显著提高的态势

表4-5　大课间体育活动开展前后体质健康标准测试成绩统计对比

成绩	人数	大课间活动前所占百分比 /%	人数	大课间活动后所占百分比 /%
优秀	122	9.76	347	27.76
良好	385	30.80	579	46.32
及格	723	57.84	320	25.60
不及格	20	1.60	4	0.32

通过对表4-5测试数据的分析与整合后，可以得出以下结论：在进行大课间体育活动前，学生体质健康标准的测试成绩能够拿到优秀的仅占9.76%，达到良好水平的占30.80%，得到及格成绩的占57.84%，成绩不及格的占1.60%；而在大课间体育活动开展过后，学生的测试成绩得到了明显提升，学生体育成绩的优秀率为27.76%，相比之前增加了18%，良好率增加了15.52%，而不及格学生占比则有所下降，同比降低了1.28%。

总的来说，大课间体育活动的展开，对增强学生体质水平方面所起到的实际作用是十分明显的，有助于学生身心健康发展。正因如此，学校及体育教育工作者应确保学生拥有较为完善的运动设施及较为宽敞的运动空间，为学生安排兼具科学性与趣味性的大课间体育活动，在激发学生运动兴趣的同时，帮助学生培养热爱运动的良好生活习惯，更好地服务于学生的未来成才与发展之路。

四、体育节，发展全民健身

随着人们对体育运动的认知，以比赛选拔体育尖子生的体育运动形式已经不适应社会的发展需要，阻碍"全民健身"的发展。为了更好地适应群众性体育运动的全面开展，必须对原有的模式进行改革，由过去的单向性的体育比赛转变为群众性的体育节运动。通过建立体育节平台，打造更广阔的体育生态环境，为学生创造更多参与体育的运动空间，开展更多体育项目，使人人能参加体育活动、人人能参与体育训练，全面提高学生的素质。

（一）以全民参与为主的体育节的必要性

如果在继续采取以比赛选拔体育尖子生的形式开展体育运动，势必造成更多学生不愿意参加体育运动，甚至有更多的理由不愿意上体育课，长此以往，学生的身体得不到锻炼，其身体素质必然会下降。从长远角度考虑，为了让全体学生都能参加体育运动，得到体育锻炼，身体素质得到发展，必须将以选拔尖子生的比赛模式转变为群众性的"体育节"形式。所谓体育节，就是每一年用一到两周的时间开展群众性全民体育运动，让学生人人成为体育节的主人，人人参加体育比赛项目，人人参加体育竞技比赛，形成一个人人参与体育运动的新局面。

（二）体育节的开展原则

开展体育节运动，目的是形成一个全民参与、共同健身、全面发展的体育运动环境，进一步提高全体师生的素质。一般遵循参与性、鼓励性、快乐性原则。

第一，参与性原则。即动员全体师生要参与到体育节中，实现人人参与运动、人人参与训练、人人参与锻炼、人人参与项目，让师生做到同舞台、同欢乐、同享受，共享体育运动的快乐与进取的精神。

第二，鼓励性原则。要想落实学生全面参与，教师就必须对学生进行引导。为此，教师要通过表扬、奖励的形式激励学生积极参与，让学生在训练中受到鼓励，激发其长久参与体育锻炼的兴趣。

第三，快乐性原则。举行体育节就要让学生在参与中享受运动的快乐，以跳一跳、拉一拉、跑一跑等形式体现参加群众性体能活动的乐趣，让学生在运动的过程中感受到身心放松，增进同学间的友情，在校园内弘扬乐观向上的精神。

（三）体育节的开展策略

为了保证体育节有效、有序地开展，充分调动师生的积极性，学校必须全方位布局，长远规划，规划好体育运动的发展方向，做到合情合理。

以下以东莞市石龙镇中心小学为例，以校情、学情为基础，根据不同年级展开不同的体育活动，探讨体育节的多样形式。东莞市石龙镇中心小学共有 67 个教学班，学生 3 350 人，其中，每个年级约有 12 个班，学生人数约 600 人。为了提高学生的体育素质，学校以"人人竞技，人人参与，人人锻炼"为原则，根据不同年级的特点开展不同的群众性体育竞技活动。

1. 低年级开展体育节的形式

由于低年级学生的个子小、年龄小，活动能力较弱，因此要本着从小培养学生的体育兴趣、激发学生的积极参与的原则来开展活动。例如，在体育节举行 20 米往返接力赛，首先由体育教师对每个班进行教学，然后在班内进行多次选拔定出人选参加年级比赛。年级比赛先分组进行小组赛，小组赛成绩前六名的班级再进行决赛，最后决出前三名。

2. 中年级开展体育节的形式

中年级学生处于低年级和高年级之间，他们有一定的体育运动基础、技能和本领，因此要根据学生的实际情况，本着全员参与、提高技术技能的原则来开展体育活动。例如，在体育节开展三年级一分钟踢毽子活动、四年级一分钟跳绳活动，由于参与人数较多，比赛场面非常热闹。

3. 高年级开展体育节的形式

高年级学生的身体机能较为成熟，有一定的技术技能修养，因此要根据学生的特点，本着增强班级凝聚力、团队精神的原则开展体育运动。例如，在体育节开展五年级两分钟集体跳舞、六年级一分钟拔河比赛。

通过全校各班、各级开展的群众性比赛活动，每个年级都赛出了名次。此外，各年级获得冠、亚军的班级进行大会演，组织全校的师生进行观赏，让全体师生观赏到每一个最精彩、最激烈的比赛项目，将体育节活动推向高潮，以提升体育活动的质量，推动体育活动的发展。

首先，获奖班级进行比赛，让师生观赏。群众性的体育活动中，师生就是体育节的主人，就是体育节的表演者。让表演者展示风采，将竞技精神具象地展示在师生面前，能够增强全校师生的友谊，促进师生凝聚力量。如各年级在体育活动中获得第一、二名的班代表对（班级）汇总，共有 12 支代表队进行表演，如一年级（1）班和一年级（3）班进行 20 米往返接力赛，由于双方水平相当，比赛非常激烈，赢得了师生们的热烈掌声。

其次，举行会演颁奖仪式，激励学生团结进取的精神。为了更好地激励先进，勉励学生继续发扬团结、进取的体育节精神，学校举行会演颁奖仪式。颁奖仪式上，学校领导全面总结体育节所取得的成绩，并鼓励全体师生继续发扬团结、共同进取的精神，为体育节增添光彩，同时对在体育节中获胜的班级进行颁奖。通过这一次仪式使全校师生更加努力，为学校的体育运动持续发展作贡献。

（四）体育节的实践案例

下面以东莞市石龙镇中心小学于 2016 年开展的体育节作为案例来研究和分析。

◆案例

体育节活动方案 [1]

◎案例背景

为了使本次群众性体育节文明、健康、有序地开展，鼓励学生积极参加群众性体育运动，从小培养学生良好的体育运动习惯，让学生积极参加体育锻炼，增强学生的素质，为此特制订本次体育节活动方案。

1. 活动主题

阳光运动、健康成长。

2. 活动目的

---

[1]　本案例由东莞市石龙镇中心小学陈坚佗提供。

为了加强校园文化建设，丰富同学们的课余文化生活，增强学生的身体素质，推进学校体育工作，充分调动我校学生参与运动的积极性，增强班级凝聚力，全面落实每天锻炼一小时的健身行动计划，创设我校良好的体育文化氛围，使学生、家长、教师广泛参与体育活动，在运动中感受运动的乐趣，养成运动的好习惯，我校在 12 月举行一年一次的体育节活动。

3. 活动时间

2016 年 12 月 5—16 日。

4. 活动地点

学校操场。

5. 参加对象

全体学生。

6. 活动程序

（1）升国旗、奏国歌。

（2）校长致开幕词，宣布体育节开幕。

（3）裁判员代表讲话。

（4）运动员代表讲话。

（5）运动员、裁判员各就各位，比赛开始。

（6）颁奖，校长宣布体育节闭幕。

7. 组织机构和分工

略。

8. 运动员的要求

（1）运动员要遵守体育节的各项规定，遵守学校纪律，听从指挥。

（2）运动员要赛出水平，赛出风格，尊重对手，尊重裁判，准时出场参赛，胜不骄、败不馁，互相学习，团结友爱。

（3）运动员要严格要求自己，凡有严重违规或弄虚作假者，均取消比赛资格。

（4）观众队伍遵守体育节的纪律，服从安排，听从指挥。

（5）各班运动员要保持场地清洁卫生，不得乱抛瓜果皮壳、纸屑等。比赛结束后，各班派专人打扫清洁卫生。

9. 比赛项目

一年级：20 米往返接力赛（参赛人数：每班 15 男 15 女）

二年级：20 米换物接力赛（参赛人数：每班 15 男 15 女）

三年级：一分钟跳绳（参赛人数：每班15男15女）

四年级：一分钟踢毽子（参赛人数：每班15男15女）

五年级：两分钟集体跳绳（参赛人数：每班10男10女）

六年级：拔河比赛（参赛人数：每班12男12女）

10. 奖励办法

一年级：11个班参加比赛，抽签分成两个小组，预赛前6名进入决赛，奖励取前六名。

二年级：11个班参加比赛，抽签分成两个小组，预赛前6名进入决赛，奖励取前六名。

三年级：每人成绩相加为全班总成绩，奖励前六名。

四年级：每人成绩相加为全班总成绩，奖励前六名。

五年级：全班男子、女子成绩相加为全班总成绩，奖励前六名。

六年级：采用抽签分组单淘汰赛（三局两胜制）奖励前三名。

☆ 案例点评

东莞市石龙镇中心小学通过拓展比赛项目、拓宽比赛领域、增加比赛人数等手段，满足师生的体育需求，激发学生参加体育节的热情，激发学生参加体育运动的积极性，全面提高学生的身体素质和健康水平。

结合东莞市石龙镇中心小学开展体育节的经验，归纳总结出以下几点：

1. 优化教学组织方式

通过开展体育运动，有利于学生对新教材的学习、理解和掌握；在课的后半部分安排一些具有竞争性、游戏性较强的内容，可激发学生兴趣，同时要做好主要体育活动与辅助活动的搭配，尤其要抓住主要教学内容与辅助活动的内在联系进行组织教学，以提高教学效果。针对学生的生理和心理特点，在教学中，教师的组织教学要尽量体现出"新、奇、活"的原则，采用多种多样的、生动活泼的，使学生能够产生强烈兴趣和新鲜感的组织形式，以增强教学的吸引力，激发学生的学习兴趣和热情。如果在一节课中，教学内容之间的衔接和传统的调度方法显得死板、单一，且容易出现散乱的状况，此时教师可以采用游戏教法进行衔接，既让学生感到新奇，又使教学活而不乱，实现顺利过渡。

2. 促进班班有体育活动

多年以来，东莞市石龙镇中心小学以年级为单位，以班级活动为依托，发挥班级学生的主体性和创造性，积极倡导"低中高年级的大竞赛"活动，确保班班有体育活动，用体育活动推进班级建设，促进学生的成长成才。学校贯彻"人人有体育项目"的原则，开展篮球、羽毛球、踢毽子等体育比赛项目，学生组织形式多样、内容丰富的兴趣小组活动，促进了学校体育运动的发展。

3. 激发学生体育兴趣

在体育教学中，把一些本来较枯燥的锻炼内容"寓练于趣"，激发学生练习的积极性。例如，发展下肢力量练习时，进行多数学生都能参与的"立定跳远接力"或用单脚、双脚跳前进的"划龙舟"比赛；100 米跑教学时，学生感觉既乏味又发怵，教学中可采用"领先跑""追逐跑""排尾计时跑"等形式，提高学生的练习兴趣。这样用游戏形式把枯燥的练习贯穿起来，既达到了教学目的，又增强了趣味性，增加了锻炼身体的实效。又如，开展同年级班与班之间的比赛活动、混合（男女）对混合比赛等，这样的比赛学生参与的积极性非常高。各种比赛的轮番开展，增强了学生锻炼身体的主动性和集体荣誉感。每次下课铃响了，课堂结束了，很多学生还意犹未尽，沉浸在欢乐的回味之中。

经过几年的探索，东莞市石龙镇中心小学的体育节已经走上制度化、规范化、科学化的轨道，已形成学校的特色品牌。体育节不仅为学生提供了一个参与体育锻炼的平台，而且丰富了学生的体育文化环境，使体育健身与体育竞技相结合，使学生的学习和体育有机结合起来，为学生营造一个劳逸结合的良好环境，并助推学校全面推进素质教育和全面提高教学质量。

第五章

新凤初鸣，筑造诗意美育生态

第一节　美术课堂教学改进

美育是审美教育、情操教育、心灵教育，有广义美育和狭义美育之分，可概括为艺术美育、自然美育、社会美育、教育美育。其中艺术是美育最集中、最典型的形态，本章所指的美育，以美术教育为主，在深化美术教育的过程中，通过狭义美育推进广义美育的实现。

时至今日，美育已成为素质教育不可分割的一部分。我国教育家蔡元培在《以美育代宗教说》一文中说："纯粹之美育，所以陶养吾人之感情，使有高尚纯洁之习惯，而使人之我见，利己损人之私念，以渐消沮者也。"美育的教育功能除了审美素养方面的培养，还能促进德、智、体的发展。随着教育改革的不断深入，学校美育工作越来越受重视。《关于全面加强和改进学校美育工作的意见》指出，以艺术课程为主体构建科学的美育课程体系，大力改进美育教育教学。教育部体育卫生与艺术教育司司长王登峰曾明确表示，"到 2022 年力争全面实行美育中考"。可见，美育是学校教育工作的重要内容，需要从顶层设计走向落地实施。

在新课程改革的背景下，美术教育作为美育最常用的手段，肩负着以美育人的重任。美术不仅是一门基础性的学科教育，更承担着传递审美技巧、慰藉心灵、提升审美水平的任务。构建良好的美育生态，要从改进美术课堂教学入手，尊重学生的主体性地位，关注学生的审美发展和个性发展。

当下的小学美术课堂教学，还存在教学理念片面、教学方式单一等一系列问题。小学生已经初步具备一定的美术赏析能力，也初步形成了自身的审美特征，因此，教师要及时转变教学方式和教学理念，采取有效的教学优化措施，改变单一、片面的教条式教学方式，鼓励学生开放性探索和自由式创造，充分展示学生的个性及发挥学生的创造才能，以全面提升美术课堂质量。

一、小学美术教育的现状

1. 美术教师的教学方式单一

美术是一门艺术类课程，要想真正学好美术就需要大量的观察和练习，具备艺术鉴赏能力和创造能力。如果一味地注重表面临摹，则很难感受到美术创造中的情感表达，难以激发学生的学习兴趣。在当下的美术教学中，教师利用课件进行艺术讲解，简单地完成一些绘画技巧的传授后就让学生自行练习，这种教学模式会让学生感到无趣，容易产生反感，不利于培养学生的学习积极性。

此外，教师的教学思维僵化也是一大问题，传统的"教师讲，学生听"的教学模式仍然活跃在美术课堂中。对于一些思维较为守旧的教师而言，传统的教学模式属于"舒适区"的范围，他们将自己的美术从教经验作为基础，倾向于墨守成规，但这对于培养学生的发散多元化思维显然极其不利。尤其是随着素质教育的全面推进，教师必须转变教学观念，用符合时代要求、符合学生特色和需求，且具有趣味性、创新性、科学性的教学方式，让学生可以在多元的美术课堂中习得能力、智慧、情感。

2. 学生的主动性和积极性不高

受到传统教条式教育的影响，小学美术课堂活动和学习方式都是由教师主导，造成了学生对教师的过度依赖。小学时期是学生最有探索心思、思维最为活跃的阶段，单一化的教学模式使得学生的创造性思维受到阻碍，长此以往，学生主动探索和创造的心理得不到引导与释放，其学习的主动性和积极性也就不高。此外，教师的教学态度不够严谨，认为美术是一门"副课"，对其重视度不足，美术课堂整体氛围低迷，亟待创新教学手段，让学生浮躁的心灵得以治愈，开阔其思维，提升其审美能力，陶冶其情操，实现审美教育和技能发展的融合，全面提升美术教学的实效性。

3. 美术课堂教学资源配置不足

首先，师资方面。在小学教育中，美术教师的数量总体不足，有的乡村学校甚至没有美术教师。数量的不足也会影响美术课时的安排。另外，美术是一门需要一定美术技能的学科，需要专业的美术教师任教，学生才能更好地学习美术知识、学会艺术鉴赏方法。然而，小学中往往缺少专业的美术教师，其他科任教师兼任美术教师的现象并不少见。

其次，教材、设备资源方面。教材是教学的主要载体，而美术教育是一种没有边界的审美教育。当下的小学美术课堂，部分教师教授统编教材的内容后，没有进行适当的拓展，如没有与中华传统文化相结合、与其他学科知识相结合等，局限在统编教材之中。许多美术教师或者学校，没有很好地将国家课程、地方课程、校本课程三大课程有机结合。另外，日常的美术教学材料、场地不足，导致了学生实践的机会受到影响。

最后，活动资源方面。当下的小学美术课堂缺少课外实践的机会，学生长期困于课室，缺乏对美的真实体验，缺少生命的活力，忽略了教学内容与生活之间的联系。

二、小学美术在课堂上的改进策略

1. 趣味性教学，优化教学内容

小学生喜欢观察并用自己的方式去表现生活中美好的事物，从而来获取创作的信心。为此，改进小学美术课堂教学，教师要正视美术教育的重要性，优化教学内容，以趣味性吸引学生、启发学生。就当前美术课堂来看，教师首先要做好教学设计上的工作。教学设计能够为教师提供清晰的教学思路，如在美术教学中加强情感培养是提升教学效率的主要内容。教师在教学设计过程中应该要注重加入感情，调动学生的情绪，使他们能够喜欢上这门课程。而调动学生情绪的方式就是设计一些趣味性的教学环节，教师可以通过多样化的教学手段，如在多媒体上播放相关的美术视频，吸引学生的注意力，引导学生形成正确的审美观，以此来提升学生的学习积极性。

2. 注重引导，创新教学理念

通过分析美术课堂教学就会发现，学生对美术图像理解是存在均衡性的，要是没有教师的引导，学生很难领会美术中的美感，更不会有意识地针对某一方面做特定的强化，这点对于提升教学效率而言显然是不利的。比如，在对一张图片的讲解中，一些基础美术知识较差的学生很难发现其中的奥义，由于阅历和基础知识的限制，学生无法了解其深刻内涵，所以这个时候就需要教师的正确引导，对图片做出全方位的讲解，引导学生对图画的多元化思考。

3. 采用信息技术，优化教学模式

信息教学技术是当下较为流行的一种教学手段，美术教师可以灵活应用这种教学工具。互联网是一种信息面十分广阔的教学载体，能够穿越时间，将以往具有代表性的美术作品呈现在学生面前，使学生在此过程中对作品进行细致的了解，以此加深学生的审美判断和文化理解，让学生更好地进行美术作品的创作。

当今的科学技术突飞猛进，信息化影响着教师的教学方式和学生的学习方式。美术教学也应积极借助信息化技术，充分利用网络信息资源，这样有助于拓宽学生的视野、激发学生的兴趣，从而提高学生的自主创新能力。美术教师可以利用信息技术与美术学科课堂教学进行优势互补，突破重点、难点，提高教学效率，培养学生的自主创新能力；利用信息技术在美术课堂中的应用，培养学生自主、合作、探究的能力。信息技术有利于智慧课堂的形成，从而不断提高学生的美术素养，提高教学水平和教学质量，让学生快乐学习、自主学习。

例如，在"俯瞰山川"的教学中，以往学生只能通过教材中的图片了解祖国的山川大河，而借助于多媒体的播放功能，给学生展示各种各样的山河图片，让学生能够"身临其境"地感受山河的壮阔，再结合欣赏感受、技能鉴赏等手段进行全方位赏析教学，极大地提升学生的审美能力和技能。

4. 学科融合，开发美术校本课程

不同学科的育人功能和作用不尽相同，学生在学习各个学科时习得不同的知识，但这些知识并不是完全孤立的。打破学科边界，能够更好地引导学生认识世界、认识生活，从而提升学生对美的感受、对美的理解。为此，发挥学生的主观能动性，激发学生的创作潜能，实现以美育人，美术教育需要借助其他学科的帮助，这就要走学科融合的道路。学科融合并非消弭了美术学科，而是在承认学科差异的原则上，将其他学科知识或者课程内容融入美术教育，找到美育的共同点，充分体现学习过程中的多元化，最大限度地发挥各学科在美育之中的作用。

三、小学美术课堂活动案例

如前文所述，广义的美育是涵盖了各学科教学而形成的教育，说明美育的范围广泛、内涵丰富。因此，美术教育与其他学科跨界融合，进行渗透式整合、融合式整合，是改进美术课堂的有效路径。学生在"跨界"学习中，通过生动有趣的教学形式，不仅能提升审美素养和能力，还能健全人格、提升品质，更好地理解各学科知识，达到知识的共通。下面以东莞市石龙镇中心小学的美术教育和科学教育结合教学为例，学生在新型的美术课堂上探索和创作，在情境中感悟，在讨论中体验。

◆案例

科学教育促进科技创新后备人才培养①
——试谈木结构桥梁的制作与承重

◎案例背景

作为学生认识世界、探索世界的手段，美术教育与科学教育具有一定的内

---

① 本案例由东莞市石龙镇中心小学周小萍提供。

在联系，都是培养学生创造力、科学精神，表现学生内心世界美感的途径。为此，东莞市石龙镇中心小学在进行美术教育的同时，响应东莞市科学教育精神，积极开展各项科学活动，实现科学与美术的融会贯通。通过开展科技兴趣小组活动，如海模队、航模队、无线电队、车模队、建筑模队等兴趣小组，使学生在活动和竞赛中，培养健康、向上、耐挫折、能坚持的良好思想品质，同时更多地挖掘学生的创造才能。

一、"木桥梁"创意项目的介绍

让学生走进科学木桥梁创意世界的项目开展于 2012 年，通过项目让学生设计桥梁、制作模型、创新建桥、整理资料，向学生提出挑战任务，激发了学生的创作热情，使学生在广阔的学习空间中，在自由的学习状态中不知不觉地提高技能。教师在展开活动的过程中，通过师生对话，渗透辩证地看待问题、看待科学原理的思想，指明了研究问题、考虑问题的方法，在潜移默化中引导学生形成正确的科学价值观。并通过让学生参加相应的比赛（如东莞市建筑模木结构桥梁承重赛），将知识学习与实践结合起来，培养学生的创造能力和耐挫折、能坚持的良好品质。

该项目的活动对象为三至六年级的学生，以讲授法、演示法、实验法和合作探究法为主要教学形式。活动利用学校多媒体室，按学校课程每周安排授课。活动内容包括：第一，了解桥梁基本知识及种类，分析桥的基本形状。第二，设计草图。第三，学习制作桥梁的方法以及不同木桥梁的承重能力。训练内容及训练成果，见表 5-1。

表 5-1　训练内容及训练成果

序号	训练内容	成果
1	了解桥梁基本知识	激发兴趣
2	上网搜索桥梁的资料	搜索资料打印
3	进行桥梁草图的设计（桥梁设计的基本原则：安全、适用、经济、美观和有利于环保）	绘画草图
4	根据草图进行桥梁的制作	会切、会粘，形成一个完整的桥梁
5	根据学生制作的桥梁进行分析修改	修改完善图形
6	学生根据修改继续创作	完善桥梁
7	根据学生做出来的桥进行分析总结，完成一份总结报告	互相学习，共同提高

（续上表）

序号	训练内容	成果
8	筛选出三个问题作为开展研究性学习活动子课题：①研究梯形形状桥梁的受力性；②研究拱形形状桥梁的受力性；③研究设计桥的形式美	启发学生创新思维

该项目的教学重点在于指导学生设计桥梁、制作模型、创新建桥，研究不同桥的承重能力；教学难点在于桥梁木条的裁切、木条的粘接，启发学生创新桥梁；教学创新点是设计各种各样美观的木桥梁，让学生了解不同形状的桥都有不同的承重能力。

二、"木桥梁"创意项目的教学过程

1. 导入

学校近年来在木结构桥梁的制作与承重方面获奖的情况。

2. 进入课题

（1）提出问题。

教师提问："如何开展木结构桥梁承重这个项目？"引导学生进行思考并回答，随后教师逐一进行解答。

注意事项：

①了解什么是木桥梁和什么叫木桥梁承重。

木结构桥梁顾名思义就是用木材料做的桥梁，这种就是木结构桥梁。（出示实物模型）

木结构桥梁承重就是看木桥梁的受重能力。传统的测试方式是用桶放沙或铁饼来测试，看桥能压多少重量的东西，现在的测试方式是直接用机器压，看桥的受重能力。

②了解木桥梁使用的套材。

套材里面有12根木条、1把刀、4个夹子、1支胶水。

③了解项目比赛的规则。

比赛规则：

A. 运动员向现场裁判员提交一份阐述设计意图的说明文。

B. 现场制作套材木条12根，模型的木条之间不得有任何形式的平行重叠粘接，不相交的两根相邻木条之间的平行距离须小于10mm。

C. 桥模型重量须小于或等于22g，总长度大于或等于500mm，高度小于100mm，模型设计能顺畅放置承重器。赛前由裁判员对模型进行称重、测量、登记。模型称重、测量不合格者在一分钟内进行修整，修整后仍不合格则取消其参赛资格。木结构承重模型用承压垫板尺寸：80mm×80mm。

（2）设计桥梁。

设计决定着木桥的压重量，里面蕴含着物理力学知识和数学知识。桥的设计越科学合理，压的重越多，反之压的重就比较少，当然也包含制作工艺的因素。在进行桥的设计时，可以考虑让桥含三角形结构，利用三角形具有稳定性这一特性；也可以含有梯形结构、半圆或半椭圆（拱形）结构，利用拱形结构的受力特性。同时，还要考虑木条本身的受力特点：拉伸强度远大于弯折强度。根据规则，学生设计了很多图，经过实践和制作，最后定下了桥梁的设计图。

①收集分析资料。

上网浏览，并观察收集家乡的桥的资料，看看拱桥、斜拉桥和其他桥比较有哪些独特之处，清楚各种造型的桥的特点。

②分析资料。

根据搜集的资料（文字资料和图片资料等），用制定表格或文字的形式进行分析比较，寻求最适合自己模型制作"初步设想"的有价值资料。

③设定初步设想。

④桥梁结构设计和优化。

首先，设计草图，用草图表达模型的设计意图。

其次，完善设计。研究草图设计的合理性、新颖性及可以改进的地方，通过教师的帮助，获得好的创意进行再设计。设计好了草图，就可以进行制作了。

（3）模型的制作步骤。

①设计桥的草图（见图5-1）。

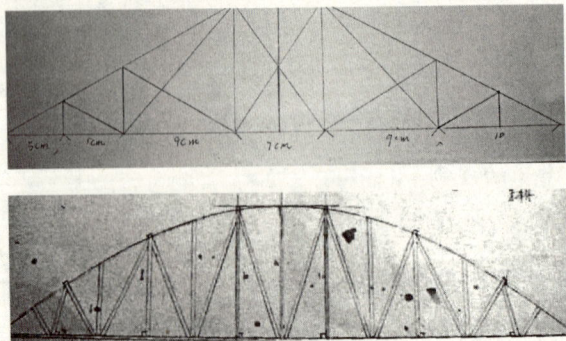

图5-1 设计草图

②动手制作模型。

画好设计草图，接着就动手制作模型。桥设计得好不好、有没有设计缺陷的地方，需要靠实践来检验。

第一步：根据设计图裁切木条。木条的裁切相对比较难，可以用一把小刀切断一根小木条。注意要用对力，这里讲究用力方法、握刀方法要正确，刀面要垂直于木条。木条切出来的角度是否正确也直接关系到桥梁的黏结。

第二步：进行桥侧面木条的黏结。木条黏结也很讲究，滴的胶水要不多不少，滴多了不容易干，且会增加桥的重量，滴少了又粘不住，要确保木条之间黏结必须牢固。

通过以上两步完成桥两个侧面后，切出横杆（见图5-2）。

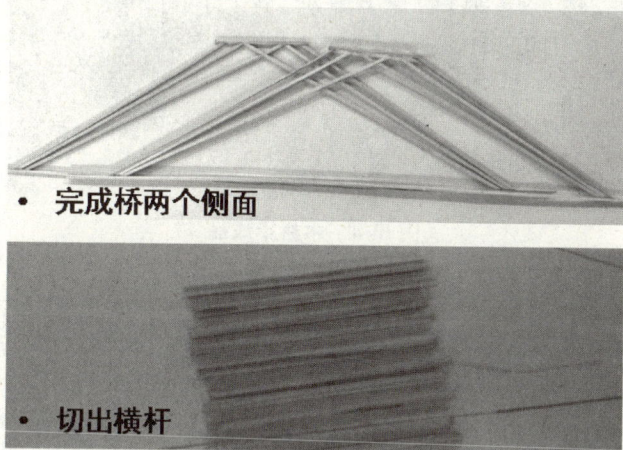

・**完成桥两个侧面**

・**切出横杆**

图5-2　桥侧面黏结及切杆

第三步：进行横杆的黏结，把桥的两个侧面立起来。注意一定要立得垂直，桥的垂直度直接影响桥的承重能力（见图5-3）。

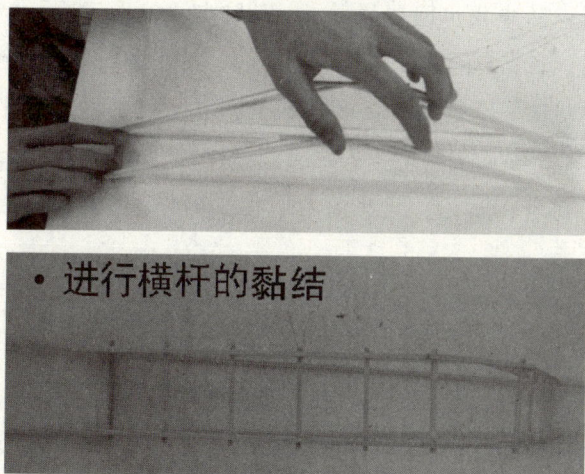

・**进行横杆的黏结**

图5-3　横杆黏结

第四步：完成黏结加固，等胶水干。这样一个木桥梁就完成了（见图5-4），一般过一天才测试。

图 5-4　木桥梁成品

（4）测试木桥梁的承重能力。

到了测试的环节，先称桥的重量（应小于或等于22g），还要测量桥的长度和高度（总长度大于或等于500mm，高度小于100mm）。对于不符合要求的桥给予一分钟的修改时间，一分钟后再不合格取消参赛资格。合格后，接受实践的检验：根据比赛规则用机器对桥进行压重，压到桥断裂为止，看桥能承受到多少重量。摆桥测试的时候，要把桥放在合适的位置。

（5）总结可能出现的问题及解决预案。

通过压重可以从中找出问题的所在，如胶水的使用问题、木材的裁切问题。根据出现的问题，进行现场操作，在设计或工艺制作上做一些修改。根据新的设计或工艺，再制作一个桥的样品再次压重，直至解决以前压重出现的问题。

（6）预期效果与呈现方式。

通过教师的讲解、示范，学生基本掌握了制作木桥梁的方法，能独立制作出一条木桥梁。

（7）记录成绩（见表5-2、表5-3）。

表 5-2　拱形实验桥情况

拱形实验桥	木桥重量/g	木桥承重量/kg	失败原因
1号桥	18.6	3	桥梁做斜了一点
2号桥	20	8.2	桥梁中间木条断了，加固不够

（续上表）

拱形实验桥	木桥重量 /g	木桥承重量 /kg	失败原因
3 号桥	21	12	有一处加固不够
4 号桥	19.8	8.9	右下角木条断了

表 5-3 梯形实验桥情况

梯形实验桥	木桥重量 /g	木桥承重量 /kg	失败原因
1 号桥	20.6	10	桥梁中间木条断了
2 号桥	20	22	加固不够
3 号桥	17	32	切工不好
4 号桥	22	36	左上角木条断了
5 号桥	21	40	右下角木条断了

3. 师生小结

（1）研讨问题，进行总结。

①提出问题：为什么不同的人，做出来的桥的承重能力不同？桥的形状、桥的高度、桥的宽度、桥的制作工艺跟桥的承重能力有关吗？哪种桥最结实，受力能力最强？（学生讨论）

②教师总结：在桥梁的承重中，设计是关键，结构既要美观又要合理。桥梁设计在综合考虑各方面的因素后，才会拿出一个完美的设计图。

（2）再设计、交流评价、总结。

①学生在展示和欣赏作品的同时，向教师和同学介绍所制作的桥模型的特点，交流经验。

②请教师和同学对被展示的作品进行评价，指出作品的合理性、新颖性以及尚可改进的地方，提出具体、实用、具有特色的改进建议。对拱形桥和梯形桥的桥梁受力性进行承重测试，并记下成绩。

③实验结论：梯形桥比拱形桥的桥梁受力性强。

三、"木桥梁"创意项目的教学总结

每次开展相关讲座时，当银幕播放学生获奖的画面，在场的学生都很惊讶。学校参加全国建筑模型总决赛，其中木桥梁承重成绩屡次打破全国纪录。通过激动人心的开场画面，让学生更加认真听讲座。每当教师把制作木桥梁的材料拿出展示时，学生都有一种疑问：由12根木头制作出来的桥能承受多大的重力？通过带着疑惑去体验现场制作，最后得到的结果让学生觉得很神奇——12根木头制作出来的桥竟然可以承重100多斤的东西。

通过校本课程"建筑模型木桥梁制作和承重"教学，三至六年级的学生加深了对桥梁建造工艺的认识，基本掌握了怎样制作一条木桥梁，对桥梁的承受力和桥的美感产生了浓厚的兴趣，培养了爱科学、学科学、用科学的素养，培养了创新能力、思考能力，并习得美术能力和情感。

在该项目教学中，教师全心投入地探索研究，敢于带领学生于无路处辟出新路，反复钻研、持之以恒，让学生在整个训练过程中得到了全新的体验与技术的提高，指导学生参加比赛获得优异成绩。例如，2012—2019年，学生参加全国青少年建筑模型教育竞赛总决赛，获得3枚金牌、3枚银牌、3枚铜牌；在参加东莞市建筑模型现场制作比赛中获15枚金牌、11枚银牌、6枚铜牌；共获51个一等奖、8个二等奖、9个三等奖。

☆ 案例点评

美术和科学是小学教育中的重要环节，对于提升学生的艺术、科学修养和人文内涵有着关键作用。但就当下的美术和科学课堂情况来看，还存在教学模式单一、学生积极性不高等问题。这就意味着在教学改革的大环境下，教师要及时转变教学方式、教学理念和教学模式，优化教学体系，让学生在学习过程中不断发挥自身的创造性思维，达到最佳教学效果，从而提升学生审美判断能力、创新意识和美术表现力。本案例中，东莞市石龙镇中心小学将美术教育和科学教育融合起来，拓宽了教育形式，提高了学生动手实践的兴趣，锻炼了学生的创新性思维，让学生既得到美育熏陶，又进一步获得了科学能力。

第二节　信息化——提升小学美术课堂品质

随着新课程标准的改革，"品质课堂"逐渐成为许多教师的追求目标。小学美术课堂品质提升是在立德树人的背景下展开新的改革和创新。随着中小学教师信息技术应用能力提升工程2.0"整校推进"，信息化影响着教学的模式和学习的方式，小学美术信息化教学成为美术教育发展的一个新目标。从全球范围看，信息化越来越成为推动经济社会发展的主要力量，自主创新是大势所趋。谁能在信息化上先走一步，谁就能掌握主动。因此，教师在教学上要打破陈旧思想、学会创新，提高课堂品质，启发学生的创新精神。

一方面，教师可以借助信息技术，辅助美术学科的教学，即通过信息技术手段实行翻转课堂、微课等教学，创新美术教育理念、教育方法；又可以架起沟通的桥梁，加强学生、教师、家长的沟通。另一方面，美术教育借助信息化技术来拓展学生的视野、激发学生的学习兴趣，利用信息技术在美术教学中的优势，更好地突破重点和难点，提高教学效率，有利于智慧课堂的形成，让学生快乐学习，健康成长，从而不断提高学生的美术素养和创新精神，提高课堂品质，实现真正的立德树人。

一、立德树人背景下的小学美术信息化教学

在美术教育中，立德树人思想已经成为教育的根本任务。小学美术的教学内容有着丰富的德育元素，围绕立德树人的目标，通过信息化教学让这些德育元素发挥作用，将立德树人思想渗透到课堂中，是美术信息化教学的重点。教师借助图片、视频、声音等多媒体信息技术丰富美术课堂教学，让学生真切地感受美的形式、理解美的内涵、内化美的心灵。

立德树人背景下的小学美术信息化教学，有其一定的教学优势。"立德"要求教师在美术教育过程中注重德育，注重培养学生对社会主义核心价值体系的正确认识，注重增强学生的道德品质；"树人"要求教师在德育的基础上，坚持以人为本，注重学生的情感体验，以美术教育为切入点将学生培养为全面发展的人才。

在立德树人的思想下，美术教育走进核心素养时代，提出了自己的学科核心素养，包括图像识读、美术表现、审美判断、创意实践、文化理解五大方面，旨在新时代教会学生用美术的、跨学科的方式来解决美术的问题及生活中面临的各种问题。《普通高中美术课程标准（2017 年版）》修订组组长尹少淳认为，这五大核心素养实质上是基于"视觉形象"——这也是美术学科的立科之本。他把五大素养看作"五环"图示（见图5-5），认为图像识读、美术表现是基本素养，审美判断、创意实践、文化理解是衍生的素养，这五个素养共同基于视觉形象。也就是说，美术课堂可以抓住视觉形象这一关键点开展信息化教学，更顺利地实现立德树人的目标。

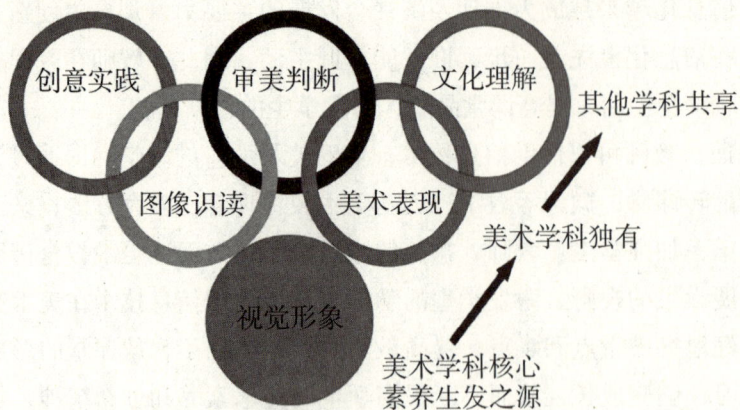

图 5-5　美术学科核心素养的"五环"图示 ①

总的来说，立德树人是培养全面发展的人的根本任务，核心素养是解决"怎样培养人"的问题，信息化教学则是实现立德树人和落实核心素养的途径与枢纽。

二、利用信息技术提升小学美术课堂品质的策略

如何通过信息化进行创新教学？如何使学生在美术课堂中提高美术素养，使小学美术课堂品质得到提升？首先，教师应该提高对立德树人深刻、全面的认知。其次，教师要提升信息技术方面的知识，加强自身的修养。立德树人背景下小学美术信息化教学要求教师在传授基础知识的同时，对学生进行素质教育，培养学生良好的品德，为学生将来更好地融入社会做准备，因此教师必须重新认识立德树人的重要性，创新教学策略，以此更好地展开教学活动。

（一）激发学生兴趣，培养主动学习的习惯

课堂引入环节是培养学生主动学习的第一步，因此教师必须给予足够的重视，利用信息技术加强学生的认识。在课堂上借助图片、动画、微课等教学手段，为学生创设多媒体教学情境，激发学生学习兴趣和自主创新的能力。

例如，在"昆虫王国"一课中，有的教师会截取《昆虫总动员》电影中精彩、有趣的部分，上课时从电影导入，这样学生的眼光一下子就被吸引住了。教师跟学生说："同学们，昨天老师看了一部电影觉得非常有趣，想分享给你们看看。故事讲述了一只小瓢虫的遭遇，你们想知道小瓢虫有什么遭遇吗？让我们一起走进昆虫王国世界看看吧！"在这过程中，引导学生学会与他人分

---

① 尹少淳. 美术学科核心素养的"前世今生"［N］. 美术报，2018-08-13.

享。看完影片，教师在电脑上出示了一个问题：小瓢虫遭遇到了什么？（危险还是困难？）小瓢虫遇到了谁？再出示树叶虫、竹节虫、蜈蚣、螳螂的照片。然后，教师在电脑上显示一张疑问的图片，说："老师有点疑问，小瓢虫为什么没有发现它们从而导致了危险呢？"

教师出示图片，引导学生从形状和颜色上分析昆虫：因为它们的形状有的像树叶，颜色也跟树叶一样，所以小瓢虫没有发现它们。这说明昆虫很会伪装自己、隐藏自己，小瓢虫没发现它们从而导致了危险。趁这个时机，教师可以利用视频继续介绍树叶虫，引入教材的重点：保护色、花纹大致对称。通过前面的学习，本课的重点已经解决了大半，此时教师问学生什么叫保护色，学生已经可以回答出来了。接下来，教师可以和学生一起做一个游戏，利用电脑出示昆虫一小部分的图片，让学生根据特点猜昆虫的名字。在这个游戏中，学生知道了昆虫由哪些部分组成、特征是什么。分析昆虫外衣的组成元素的时候，通过图片来分析也就没有难度了。

小学美术课堂上采用信息化教学，能在促进教学活动的同时，丰富学生的世界观，培养学生保护昆虫、爱护自然、保护环境的意识。兴趣是导师，利用信息技术激发学生的兴趣，是培养学生主动学习的好办法。

（二）丰富学生精神世界，提高综合素养

美术是视觉艺术，信息技术可以为学生提供丰富的学习资源，学生可以利用电脑搜索自己需要了解的知识，开阔视野，激发自主创新精神。传统的美术教学，由于缺乏直接感受，有时学生对教师的讲解往往难以理解，课堂较为乏味。信息技术则可以改变这样的状态，信息化最大的好处就是把抽象的理论知识生动形象化地展现在学生面前，给学生带来视觉体验，丰富学生的精神世界。教师让学生在学习基本美术知识的同时，也尝试了解一下其中的人文素养，从而实现立德树人的教学目标。

例如，在"有趣的鞋"教学中，教师可以在PPT利用大量的图片让学生了解各种的鞋，启发他们的灵感。通过图片的视觉形象，学生会更容易了解鞋的历史和鞋的种类。在制作步骤上，为减轻学生学习难度，教师可以利用微视频进行教学，使学生更顺利地掌握鞋子的制作方法。通过直观的观看，激发学生的想象力、创新意识和强烈的创作欲望，培养学生的动手能力。此外，教师还可以让学生用环保材料来制作一双"鞋"送给爸爸、妈妈，让学生懂得感恩。

（三）突破教学重难点，提高教学效率

在美术教学中如何突出重点、突破难点，达到理想的教学效果？这是上好

一节课的关键。而信息技术与美术学科的整合，能够很好地突破美术学科的重点、难点，提高教学效率，使学生在轻松的气氛中积极投入学习，以形思理，变难为易。在美术课程教学中，很多内容都可以通过信息技术来解决问题，教师可以根据教学内容、教学目标，利用多媒体资源，把抽象的知识转化为形象的图像，生动的图画、动画、微课视频等，便于学生突出重点、突破难点。

例如，在上"有趣的鞋"一课时，教师可以先把鞋底、鞋面、鞋的装饰步骤用电脑制作出来，使学生一目了然地观察和了解制作的步骤方法，通过形象直观的图片刺激学生的多种感官，加强学生的理解。将教材的内容变得更加形象、具体，既节省了解释的时间，又能准确地展示给学生看。接着，教师可以用微视频的形式，播放怎样利用各种环保的材料做出一双独特的鞋，展示其他学生拿着自己制作的鞋那种开心的情景，从而刺激学生的制作欲望，并为学生预留充分的时间来进行创作，同时教师给予辅导，这样一来教学效率就得到提高。

（四）提高学生实践能力，培养自主探究精神

课堂教学过程是教师和学生共同参与、共同交流的过程，信息技术在美术课堂中的运用，为学生提供了无限的创意空间，培养了学生自主探究的精神。在教学过程中，让学生参与活动的全过程，更能体现学生学习的主动性。如教师可以让学生上网搜索资料解决书本上面的问题，让学生自主学习；在美术课堂中培养学生信息分享的习惯，让他们共同合作、共同探究，从而实现自主学习，培养学生的美术素养。

例如，教授"生肖动物大聚会"时，学生借助网络获取大量的学习资源，通过开展自主学习，满足探索知识的愿望，体现学生的主体地位，弥补了课堂教学中的不足。教师可以在课前向学生提出几个问题，要求学生在互联网上查找资料，如什么叫十二生肖？十二生肖是怎样排列的？并让学生搜索一个用橡皮泥制作的生肖步骤图出来跟同学分享，有条件的还可以在网上学习后，将自己用橡皮泥做好的动物生肖带到课堂上。通过这样的教学形式让学生利用课余时间从网络上获取知识，在课堂自主分享步骤，互相讨论制作的方法，可以加深学生对知识的理解和记忆，也可以培养学生自主学习的好习惯；而且教师也不需要花太多的时间讲述制作步骤。此外，这种教学形式会采用小组合作的环节，能够避免传统美术课堂整体教学中学生合作意识不强的问题。学生在与同学合作中进行学习，学会主动获取知识的方法、掌握美术技巧的同时，提高自己的品德素养，加强团结协作的意识，认识到美育的重要性。

信息技术巧妙地融入美术教育当中，与美术教育发生联系和交互影响，促进了智慧课堂的形成。学生在美术课堂上能够更加直观、形象、生动地体验美、感受美。

三、"STEAM + 美术"融合创新策略

小学生常常容易对美术课堂感到厌烦，这就赋予了教师新的任务——让美术课堂活跃起来，激发学生的美术兴趣。为此，在进行小学美术教育的时候，教师可以将 STEAM 应用于美术课堂中，利用 STEAM 教育激发学生学习兴趣的同时，锻炼学生多项能力的发展，包括兴趣的产生，艺术素养的养成，有关科学、技术、工程、数学的简单认识等，为提升美术课堂品质、构建良好的美育生态提供支持。

（一）注重学生个体的差异性

每个学生都是独立的个体，素质教育要求教师尊重学生个体的差异性，尊重学生个人独特的品格。在"STEAM+ 美术"融合教学中，因 STEAM 教育的综合性特征，更应该尊重学生的个性。例如，小学美术教育可开设写实课堂，走出课堂，让学生进行实地观察，教师要注意不刻意引导学生的观察方向，让学生对当下环境进行构思，鼓励学生通过美术形式表达自己个性化的想法，设计美术的目标和草图并进行绘画制作。绘画不是单纯的写实，还可以加上学生的想象力，比如以"如何改变现处环境的基础设施使环境更加舒适、美观"等为切入点，让学生自由发挥，进行小组合作，然后将绘制好的美术作品在大家面前进行讲解和构思分享。通过这种方式让学生亲近自然，对环境设施等方面有了初步的认识，同时也加强了学生自我表达的信心。运用上述举例，可以发现，STEAM 教育侧重于培养学生的综合素养，增强了学生利用综合学科知识来面对和解决各种问题的能力。

（二）注重融合课程的层次性

"STEAM+ 美术"融合教学是近年来美术教育新的探索路径，其发展还不够成熟，因此在开发相应的融合课程上还存在不少问题。如上文所述，要尊重学生个体的差异性，这就要求美术教育工作者研究"STEAM+ 美术"融合课程时注重课程的层次性，合理使用分层教学。一方面，是课程的分层管理。开发和实施"STEAM+ 美术"融合课程的过程中，要考虑到不同阶段遇到的问题不同，对课程进行分层管理，如"美术 + 数学""美术 + 科学"等，促进不同阶段学生的能力提升。要注意的是，分层管理并非割裂STEAM教育的每个要素，

而是综合运用各个要素与美术之间最为关联之处，以发挥融合课程的最大效用。另一方面，是教学对象的分层。开发和实施融合课程的过程中，要考虑教学对象的发展层次。不同学生的学习风格也不一样，有的是视觉型，有的是听觉型，还有的是动觉型，因此融合课程的内容可以将不同风格的学生进行分层教学，或相同风格的学生进行合作，或不同风格的学生进行互补。

（三）注重教学评价的多元性

STEAM 教育有效应用于小学美术课堂中，需要的不仅仅是怎么样应用，还要关注应用的效果，只有达到了教育的目的才是好的应用，所以对学生的状态关注和课程结合的评价是十分重要的，是教育过程中不容忽视的关键点。"STEAM+美术"融合教学的多元性评价，表现在评价标准、评价主体、评价内容、评价形式上。第一，评价标准方面，不能以一个标准衡量所有学生，要根据情况合理制定。第二，评价主体要多元，自我评价与他人评价相结合，组内评价和组间评价相结合。第三，评价内容不能笼统地分成"认真听讲""完成任务"等，要细化到教学的每个环节，如"能通过某某方式解决某某问题""能客观全面地鉴赏某某作品"等。第四，评价形式上，可以是随堂点评，也可以利用信息技术开展线上美术展览，还可以是建立学生美术学科成长档案袋等。结合 STEAM 理念，对学生多方面素养进行评价，才能更好地推进学生美术学科核心素养的培养，更有助于实现立德树人的目标。

当下的教育关注学生的人格品质的发展，致力于学生综合素质的提高。在教育体制和模式不断改革的环境下，正确认识 STEAM 在小学美术课堂教学中的应用，颠覆传统的美术课堂，通过美术教育实现美育功能，让美术教育产生深远的影响。正如首都师范大学美术系教授常锐伦所说："美术学科教育正是通过充满感情的艺术形象，从感性上打动学生，使其感之以美，动之以美，然后晓之以理，达到陶冶情操，使之心灵美好，行为高尚，身心得到协调健康发展。"[①]信息化教学方式为美术教育提供了更加广阔的发展空间，学生可以在这样的空间里更大程度地进行开放性探索和自由式创造，抒写个性，丰富思维，获得更多的审美体验，最终促进美育素养的提升。

---

① 常锐伦. 美术学科教育学［M］. 北京：首都师范大学出版社，2000.

第六章

匠心独运，打造多元劳育生态

第一节　劳动课堂教学改进

在新时代的背景下，为促进学生全面发展，劳动教育的落实和实施成为当前基础教育的一大焦点。2019 年 6 月颁布的《中共中央国务院关于深化教育教学改革全面提高义务教育质量的意见》中提出了"五育并举"，将劳动教育纳入全面培养的教育体系，强化了劳动教育的地位（以下简称"劳育"）。2020 年 3 月，中共中央、国务院发布了《关于全面加强新时代大中小学劳动教育的意见》（以下简称《意见》），对加强学校劳育进行了整体设计和全面部署。《意见》提出，要"根据各学段特点，在大中小学设立劳动教育必修课程，系统加强劳动教育"，并要求"除劳动教育必修课程外，其他课程结合学科、专业特点，有机融入劳动教育内容"。《意见》首次明确提出依托课程教学实施劳动教育的问题。

劳育是现代教育目标之一，是人全面发展的必然要求，应当从小抓起，从生活中抓起。劳育是围绕劳动这一内涵和形式来开展的教育活动，实质上是一种生活教育。陶行知先生曾说："我们深信，生活是教育的中心，劳动的生活即是劳动的教育。"此话深刻地阐明了劳动与生活是紧密相连的，生活即劳动，生活即教育。劳育不但可以培养学生动手、动脑的能力，促进学生身心健康发育，还可以培养学生智慧、情感和高尚的品格。当前，劳育相关的研究已相对完善。但随着新时代的来临，教育面临新的挑战，对小学生劳育也应该有新的思考。

一、劳育生态的现状分析

随着物质文明的高速发展，小学生离传统的农业劳动、体力劳动越来越远。全国职业院校劳动教育研究院曾就当前劳动素质与劳动教育认识和现状展开了一个月的在线问卷调查，调查对象年龄阶段为 6 ~ 61 岁，范围覆盖全国各地。调查结果中，认为劳动就是体力劳动的人占 69.01%，经常参加各类劳动的人占 46.84%，认为当代人们的劳动观念不强烈的占 62.00%。[①] 可以看出，劳动的独特育人价值在一定程度上被忽视。面对如此现状，我们必须呼吁并落实"劳动教育纳入素质教育体系，贯穿基础教育始终"。

---

① 王官成，陈磊. 如何构建劳动教育整体生态 [N]. 光明日报，2020-04-28（15）.

（一）唯成绩论教育思想浓厚

劳育具有非常重要的价值，常态化、持续性、成体系的劳育能够让学生深刻认识到劳动的重要性，培养学生的劳动习惯。并且，劳育作为素质教育的有机组成部分，与素质教育的其他部分有着密切联系。然而，当前不少小学对劳育缺乏正确的态度，最为典型的便是唯成绩论教育思想浓厚。多数校领导和教师均将智育作为教育重点内容来抓，对劳育缺乏足够关注，也未能给予充分支持，劳育课程的课时得不到有效的保障，由此导致学生的劳动习惯难以养成。

（二）劳育课程缺失

劳育课程作为实施劳育的主要依据，在当前小学劳育中占据基础性的地位，但受教育理念陈旧、教育方法落后等因素影响，小学普遍面临着劳育课程缺失的问题。一方面体现在劳育课程类型的单一化、片面化上，另一方面体现在劳育实施路径的不足上，因此极大地限制了劳育的育人实效。

1. 劳育课程单一化

劳育的目标是让学生"掌握劳动技能并付诸劳动行为，使学生具备满足生存发展的基本劳动技能"。小学生的劳动形式有很多，均在劳动能力的发展、劳动意识的生成中发挥着重要的作用，构建多元化的劳育课程体系是保障劳育效果的基本要求。但当前小学普遍存在劳动课程单一化的问题，多以国家层面的劳技课程作为唯一的劳动教育课程。劳技课程以生活性的劳动技术教育为例，虽然具有体系强的优势，但内容覆盖面不广，难以在自助劳动、生产劳动等教育中取得理想的效果，也不能满足学生劳动学习的需要。

2. 校本劳育课程开发不足

"系统加强劳动教育"是当前国家对劳育深入开展的重点要求。"系统加强劳动教育"以系统建设劳动课程为基本要求，需要学校在劳育中既要发挥好国家课程的基础性作用，也要开辟新的课程。校本课程的开发与建设是构建劳育课程体系的重要举措，也是提升劳育课程教学灵活性的必然要求。但小学普遍存在校本劳育课程开发不足的问题，未能结合学校的实际情况及学生的学情，开发具有针对性的课程。究其原因，一方面是学校缺乏专业性的劳育课程开发队伍，劳育校本课程开发不具备有效的实施主体；另一方面，学校在劳育课程的开发中存在着碎片化的现象，劳育教材建设存在明显的滞后性。

3. 第二课堂作用得不到发挥

第二课堂是指学生在第一课堂之外开展自主学习活动的课堂。与第一课堂相比，第二课堂赋予了学生绝对的学习自主权，在提高学生学习自主性、积极性方面具有显著的作用。但从小学劳育的现状来看，第二课堂的作用并没有得到有效的发挥，多数学校没有有效引导学生利用放学、假期的时间参与到校园、家庭、社区劳动中。作为劳育的有效形式，第二课堂的缺失及教育作用的弱化全方位限制了劳育的效能，给学生劳动能力的培养及劳动习惯的养成均带来了负面影响。

（三）家校合作流于形式

劳育既属于学校教育的范畴，也属于家庭教育的范畴，是家校合作的重要媒介。强化家校合作是构建全天候劳育态势的基本要求，但小学劳育的家校合作存在流于形式的情况。首先，家长对劳育不够重视。家长多将教育的重点放在学生文化课程的学习上，甚少关注学生在劳育课程学习中的表现。不仅如此，多数学生作为独生子女，家长对其娇生惯养，不仅不配合学校层面布置的家庭劳动任务，甚至将学生参与家务劳动视作浪费时间。家长的错误观念对学生产生了非常负面的影响，并且部分家长自身缺乏劳动习惯，存在好逸恶劳的心理，也间接地影响了学生，没有给学生形成正确的示范。其次，家校之间缺乏密切交流。家校间的交流大多数以每学期一到两次的家长会为主，并且家长会上，很少有教师会涉及劳育的内容，家长也不会主动关注学生在学校的劳动表现。

（四）劳育实践基地不足

实践性是劳动的基本属性，劳动知识、劳动技能只有应用到社会实践中才能彰显劳动的价值，因此，实践基地的建设就成为小学劳育的重点。然而，实践基地的欠缺是导致小学劳育课程缺失的重要因素。首先，学校劳育实践基地不足。小学劳育仍然停留在知识教育的阶段，对劳育的实践性认知不高。尽管一些教师在课堂上会为学生提供实践机会，但多为模拟实践，并未和真实的劳动环境、劳动场景结合起来，因而难以实现劳育的目标。一些学校虽然已经开辟了劳动实践基地，但并没有真正利用好，基地容易被荒废。其次，缺乏外部劳动实践基地。劳动教育是一项系统性、综合性教育，需要协同发挥好学校、家庭、社区等多方资源的作用，但许多学校缺乏外部资源利用意识，并没有从学校所在地的外部环境出发，做好校外联合实践基地的建设和交流工作。

（五）专业化师资队伍欠缺

当前小学普遍缺乏专业化的劳育师资队伍，这也是导致劳育课程缺失的重要因素。首先，劳育课程师资队伍总量严重不足。劳育是"五育并举"的重要环节，但相比于德、智、体、美的课程教师，劳育课程师资队伍数量普遍较少，难以担负起劳育的重任，特别是随着劳育课程体系日益多元化，师资队伍短缺的问题更为严重，这极大地制约了小学劳育的开展。其次，劳育课程师资队伍专业水平不高。不少学校由班主任兼任，或者是跨专业和跨学科的其他学科教师充当劳育课程教师，而获得劳模、技能大师、工匠大师等荣誉称号，贴近生产实际，具有丰富经验的劳动教育教师更为少见，这种情况极大地削弱了劳育的专业性，难以有效发挥劳育课程在学生劳动素养提升中的作用。师资队伍建设滞后已经成为制约劳育发展的瓶颈问题。

（六）劳育评价方式单一

学生考核评价多以智育、体育为主，对学生劳动实践状况缺乏有效考核，对学生的劳动技能、劳动精神和劳动习惯缺乏全面关注，造成学生劳动学习动力不足、意愿不强等现实问题。此外，劳育评价流于形式，单一化明显，缺乏科学评价机制。

二、改进劳育生态的策略

劳育是全面育人体系的重要内容，是学生全面成长的"必修内容"。劳育课程建设的实质是对劳育课程内部与外部，以及内外部之间关系的重新建构。在全面育人理念指引下，为更好地践行劳动育人理念，要深刻认识开展劳育的积极价值，坚持以劳动实践教育为主线，以劳动精神培养为内核，以劳动技能教育为导向，通过调整和完善劳育内容，构建全方位、多层次的劳育体系，开设培养学生德、智、体、美、劳全面发展的课程，构建新时代劳育课程框架，培养学生形成扎实的劳动技能、积极的劳动情怀。改进劳育生态，可从劳育生态的现状出发，逐个问题突破，形成劳育新生态。

（一）构建学生劳动素养主导的育人教学模式

优化劳育体系，培养学生形成正确的劳动观，有助于学生挖掘个人成长潜能，将所学知识技能、精神品德和心理素质、身体素养全面融合，实现个人全面成长。

首先，在大力推动劳育进程中，要认真审视劳动教学的价值定位，强化劳动实践机制。通过整合劳育资源，完善多方协同育人体系，选择学生易于接受、喜闻乐见的劳育方式，孕育彰显劳动特色的校园文化，为全面提升育人质量、提高学生的劳动素养提供重要支持。

其次，要将劳育置于智育、美育和体育等多方协调发展的"育人框架"之上，将劳育与德、智、体、美四育协调发展，将劳育体系建设成为推动学生全面成长的重要平台。在理解劳动理念和亲身体验劳动的过程中，学生将逐步形成科学的劳动观和正确的劳动教育观念。"五育并举",可以让学生在不同的教育内容和教育方式中,实现大脑发育与肢体发育的协调发展,进而实现个体的全面发展。而实践劳育的过程能够让学生感受到劳动的"美",健全学生的人格发展。

再次,为避免劳育弱化、形式化等问题,要将劳育与专业课程、课外实践和思政教育等各环节全面融合,推进劳育向生活化、实践化领域延伸,真正提升劳育成效。比如,组织学生成立专门的劳动社团,鼓励学生参与校内公共场所秩序维护、社会义工服务等多种劳动实践活动,使学生形成良好的奉献意识和劳动精神,充分感受劳动价值。

最后,通过构建实践特色突出、学生认可度高的劳育模式,使学生成长为劳动理论技能扎实、劳动素养突出的全面型人才。通过以尊重劳动、研究劳育规律为前提,以培养学生掌握劳动技能和养成劳动习惯为核心,开发劳育课程,完善劳育实践体系,实现学生劳动技能、劳动情感和劳动习惯的全面衔接。

(二)打造多元化劳育课程体系

针对当前劳育课程单一化的问题,要以多元化理念为切入点,推动劳育课程群建设,打造多元化劳育课程体系。

1. 注重劳育课程体系的全面性

从劳育的目标、内容出发,围绕劳动技能、劳动习惯、劳动精神的培育,推动劳育课程的建设,将家务劳动、社区劳动、公益劳动等纳入劳育课程体系中。

2. 强化其他课程的劳育协同作用

劳育课程体系的建设既要发挥好专业化劳育课程的价值,也要从跨学科理念出发,将劳育融入学科教学,并贯穿各个学科,深入发掘其他课程中的劳育元素,凸显其他课程在劳育中的协同作用,扩展学生对劳动的理解。以语文课程为例,教师可以在教学中将劳育渗透到课文鉴赏中,培养学生的劳动意识。在诸多课程中,体育课程在劳育中有着最为显著的协同效果,要将劳动和体育训练有机结合起来,让学生在劳动中提高劳动技能、锻炼身体素质,促进学生的全面发展。

3. 加强校本劳育课程开发

校本课程不仅契合学生的需求,而且学校在课程实施中具有更强的灵活性,正如有人说:"校本课程的意义在于使学生获得学习的最大收益。"小学要重视劳育校本课程的开发,从校本课程开发的整体性、持续性出发,组建劳育校本课程开发小组,将劳育课程任课教师全部纳入开发小组,并聘请其他学科教师作为参考人员,提升校本课程开发的专业化水平,为校本课程的教学实施奠定基础。

4. 注重实践课程

要以实践课程为载体，组织学生积极参与各类劳育活动，通过将劳育与职业技能培养、劳动实践、社会公益服务等多个环节全面融合，构建全方位、多层次的劳育体系，提升学生的综合素质。

（三）构建全面协同育人机制

在全面育人环境下，通过整合单一的校内育人资源，引导社会、家庭协同参与，构建多方协同、实践主导的"大劳动"教育体系。

1. 搭建劳动教育平台

要搭建劳育平台，推动全方位协同育人实践。要明确劳育目标，引导学生正确认识开展劳育实践的价值，推动劳育与学生学习、生活等各环节全面融合。通过开设劳育必修课程，构建实践性突出、开放优势明确的劳育体系，搭建全面成长的劳动实践参与平台，实现从劳动知识、技能到劳动实践的全方位协同育人目标。

2. 挖掘地域优势

要重点弘扬包括劳模精神、工匠精神在内的劳动精神，持续完善劳育内容。通过结合地域资源、培养目标等客观实际，充分挖掘和选择区域内有影响力的劳动榜样，使学生从鲜活的人物事迹中汲取成长力量，塑造优异的劳动精神品格。

3. 实施家校合作劳育模式

新时代小学劳育课程的构建，既要从课程内容上完善劳育课程体系，也要从实施方式上增强劳育课程教学效能，而家校合作的劳育模式则是促进劳育深入开展的有力武器。不仅如此，劳育也能作为家校合作的有机连接，推动家校合作在小学教育中不断发展完善。首先，在家庭中开展劳动训练。家庭劳动教育是多元化劳动课程体系的重要一环，学校层面的家庭劳动课程教学以理论授课和劳动技能训练为主，缺乏实践操作的阵地。家长要配合学校教育，让学生在力所能及的范围内开展家务劳动，培养学生的劳动习惯。其次，强化家校交流与联系。针对家长存在的唯成绩论教育思想，学校要做好家长工作，借助家长会、家访等向家长普及正确的教育理念。同时，利用信息技术创新家校合作的方式，发挥好社交软件在家校合作中的作用。

（四）构建专业化劳动师资队伍

从当前劳育课程的实施现状来看，师资队伍的不足对劳育课程的实施带来了不利的影响。首先，要培养、选拔和聘任具有劳育学科背景的优秀教师。确保教师专业对口，学为所用。其次，要拓宽劳育教师引进途径，除了专职的劳育理论课教师，还可以通过客座教授的形式，聘请贴近生产实际，具有丰富劳动经验的劳模、技能大师加入，以充实师资队伍。最后，劳育教师并非引进后就一劳永逸，而要不断进行培训和考核。学校要强化校内师资培训，积极开展劳育师资队伍跨校培训，组织教师到其他劳育经验较为丰富的学校参观、学习，提高师资队伍的教育水平。并且组织教师参加教育部门或学校设立的不同层面的劳育专项课题，鼓励教师从事相关研究，并开展劳育课堂竞赛，提高劳动理论课程的吸引力。

（五）建设劳动实践基地

加强劳动实践基地建设，首先要利用好校园的空旷地带，开办校园农场、校园手工艺坊等实践基地，以班级为单位组织学生开展劳动，为学生参与劳动实践提供更多的机会。其次，利用好周边环境建设实践基地，让学生在多元化的社会实践中接受锻炼、得到发展。

此外，还要重视发挥校园环境以文化人的价值优势。重视整合、利用有助于学生参与劳动实践的优质教育资源，选择便于学生参与的方式开展劳育。其中，要将劳育与校园文化建设融合，通过对校内优秀教师、校友和劳动模范的经典事迹和优秀精神进行展示、宣讲，培养学生形成良好的奉献观，使学生成长为真正的"劳动者"。

（六）构建科学的评价体系

在倡导多元化评价的今天，需要用正确的劳育评价机制推动劳育的落地落实。

第一，在评价主体上，不能局限于学校及相关教育管理层面，应开创全社会参与的多元主体评价形式。社会机构、教育行政部门、学校管理者、家长、教师、学生都可成为评价的主体，其中学生是自评的主体。

第二，在评价内容上，包括劳动教育理论课程、实践和日常生活劳动三大类。其中，理论部分采取认知考试的形式。劳动实践作为劳育能力考核，包括生产劳动和服务性劳动，主要对学生的参与积极性、劳动行为和劳动效果等进行客观评价。日常生活劳动是容易被忽视的部分，它既包括学生日常生活自理能力，也包括日常劳动态度、日常劳动管理能力。

第三，在评价方式上，注重多样化，呈现为阶段考核、操作展示、成果展示、劳动技能竞赛、日常观察、作品评定等。

第四，在评价标准上，既要注重定量指标，也要专注口碑、态度等定性评价标准，评价的过程和结果同样重要。

单纯的惩戒和奖赏不是目的，劳育评价最终目的在于以评促建、以评促改，达到激励和自我反思提升的效果。

三、劳育生态的改进案例

实施劳育，首先要树立学生正确的劳动观点，使他们懂得劳动的伟大意义；其次要培养学生热爱劳动、尊重劳动人民的情感，养成劳动的习惯，形成以劳动为荣、以懒惰为耻的观念，抵制好逸恶劳、贪图享受、不劳而获、奢侈浪费等恶习的影响。而这一切，需要学校提供强力支持和实践机会。

在全国职业院校劳动教育研究院的调查中，认为在现在人们劳动观念缺失的原因（多选）里学校教育不力占 40.82%、个人认识原因占 79.92%，认为接受劳育的主要途径是家庭和学校的占 87.58%。[①] 调查结果说明，构建劳育新生态，学校应当成为先行者，发挥"领头羊"的主导作用，多措并举，联合家庭、社会力量，使得三方相辅相成、相互补充。学校在建构和实施劳育课程中，可以融入学校特色，让劳育课程的内涵更加丰富，在增强课程的趣味和深度的同时，助推学校特色品牌发展，达到一举两得之效。

以东莞市石碣实验小学为例，该校基于学校的"习正"文化、"走正道，做真人"的办学理念、"蒙以养正"的校训、"正身、正心、正言、正行"的校风、"正己正人、见贤思齐"的教风和"学正习正、敏而好学"的学风，初步形成"习正教育"品牌。为推进"五育并举"，发展素质教育，该校以劳育建设为抓手，构建了"习正"劳育校本课程，进一步擦亮"习正教育"的品牌特色。

◆ 案例

以正促劳，快乐成长 [②]
——"习正"劳育校本课程的构建与实践

◎案例背景

"正"，《辞海》释义为正中、平正、正直、纯正等，其基本的含义是"合

---

① 王官成，陈磊. 如何构建劳动教育整体生态［N］. 光明日报，2020-04-28（15）.

② 本案例由东莞市石碣实验小学刘巧贤提供。

于法则、合于道理"。其义可以引申：遵守法则、遵从规律，谓之"正"；做正义的事、正经的事、正当的事即为"正"；用正确的方法去做事即为"正"；正派做人、树立正气即为"正"。

东莞市石碣实验小学将"习正"的校园文化和"走正道，做真人"的办学理念融入劳育过程，打造劳动品质教育，构建"劳动课程—劳动阵地—劳动教师—劳动少年"劳育体系。融"习正"文化于劳动课程建设中，开发"向正劳动课程"；融"习正教育"于整个校园的劳育中，创建"习正劳动阵地"；融"习正教育"于劳动教师队伍建设中，打造"雅正劳动教师队伍"；融"习正教育"于青少年劳育中，培养"崇正劳动好少年"，形成"习正教育"特有的劳育模式，提升学生的劳动技能，从而引领学校走特色的发展道路。

一、"习正"劳育校本课程的主要内容

"习正"劳育校本课程体系以"习正"文化为教育基础，以培育学生劳动精神和养成良好的劳动习惯和品质为劳育目标，以发展学生核心素养、落实立德树人为根本任务，构建以日常生活劳动、生产劳动和义务劳动为主要课程内容，将劳育纳入人才培养全过程（见图6-1）。

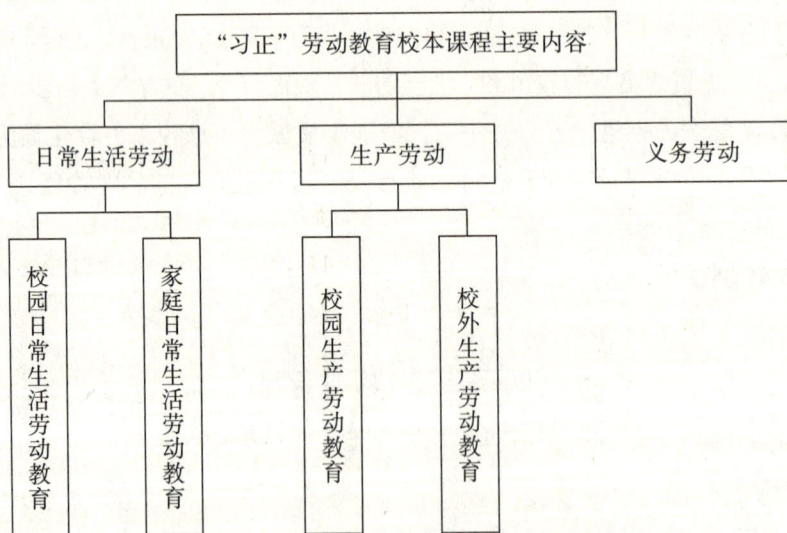

图6-1　"习正"劳育校本课程主要内容

1. 日常生活劳动：学会生存本领

第一，校园日常生活劳动教育。各班加强劳动区域的日常管理工作，包括课室内外的地板、天花板、门窗，走廊的清洁卫生；包干区花丛草地及公共区域的保洁；自身衣物、学习用具等的收纳整理；餐桌清理，午餐用具的清洗；午休床上用品的整理。各班根据实际情况，安排学生每天参与值日劳动，明确劳动时间、任务、职责。

第二，家庭日常生活劳动教育。各班每天安排 1～2 项的家庭劳动任务，针对学生的年龄特点和个性差异布置为长者倒水或盛饭、洗碗、扫地、倒垃圾、整理等力所能及的家务。根据学段要求，劳动备课组要在节假日和每星期周末布置家庭劳动作业。

2. 生产劳动：培养生活情趣

第一，校园生产劳动教育。利用学校实验田、小花篮、走廊种植、中草药种植基地，开展绿化美化校园种植活动，指导学生学会使用工具，掌握相关技术，感受劳动、创造价值。其中，实验田主要安排六年级负责种植体验，小花篮主要安排三至六年级负责种植体验，走廊种植主要安排一至六年级种植体验，中草药种植基地主要安排五年级种植体验。

第二，校外生产劳动教育。利用校外劳动实践基地开展劳育活动，例如，与学校北门"禄满堂果场"合作，为学校提供占地面积约 8 亩（约 5 333 平方米）的果场作为实践基地，并聘请该场主父子为校外辅导员，主要为五年级的学生提供种植体验。又如，合理利用周边工厂，让学生体验劳动生产的过程，感受物质财富的创造过程。校外生产劳动教育主要由班级家委会组织，每学期 1～2 次。

3. 义务劳动：树立服务意识

让学生利用知识、技能等为他人和社会提供服务，树立服务意识，实践服务技能；在公益劳动、志愿服务中强化社会责任感。结合实际情况利用学雷锋活动日、劳动节、重阳节、元旦、春节等节日组织学生参加公益劳动与志愿服务。走进社区，到敬老院、大型活动场所等地方进行劳动服务协助。社会劳动服务活动主要由少先队和家委组织，每学期 1～2 次。

二、"习正"劳育校本课程的实施途径

1. 独立开设劳动教育必修课

有很多学生不会自己做饭、洗衣服，甚至不会系鞋带。学校通过设立劳育必修课程，如活动策划、技能指导、练习实践、总结交流等劳动技术课程，保证劳育课平均每周不少于 1 课时，教会学生生存本领，提高学生生活自理能力。学校还举行了劳动技能比赛，比赛内容包括叠衣服、系鞋带、戴红领巾、铺床铺等，同学们纷纷使出在劳动必修课上所学的生存本领，动作娴熟有序，体验劳动带来的快乐。

2. 在学科教学中有机渗透劳育

道德与法治、语文、综合实践、美术、音乐等学科要有重点地纳入劳动创造人本身、劳动创造历史、劳动创造世界、劳动不分贵贱等马克思主义劳动观，纳入歌颂劳模、歌颂普通劳动者的选文选材，纳入阐释勤劳、节俭、艰苦奋斗等中华民族优良传统的内容，加强对学生辛勤劳动、诚实劳动、合法劳动等方面的教育。数学、科学、体育与健康等学科要注重培养学生劳动的科学态度、规范意识、效率观念和创新精神。

"习正"劳育课程与学校美术科的"中草药种植课程"相结合，促进学生对劳动的热爱。通过开展中草药种植、烹调等劳动实践活动，让学生认识适合广东气候生长的常见草药。在种植过程中，学生学会观察植物，学会辨别常见中草药；在烹调的过程中，学生了解其药性，了解我国上千年的中药文化，埋下传承与发展中国的中药文化的种子。

3. 在课外活动中安排劳动实践

学校定期围绕生产劳动教育开展一系列劳动教育教研课，将劳育与学生的个人生活、校园生活和社会生活有机结合起来，丰富学生的劳动体验，深化学生对劳动价值的理解。例如，到学校的实验田认识蔬菜、体验除草，到学校劳育实践基地认识果树、学习施肥等。教师把劳育课堂"搬"进实验田和果园，让学生们开启一场劳动研学之旅。同学们通过小组合作、听取讲解、观察记录、实践体验，体验了"农夫"的生活。这类劳动课堂趣味十足，为学生的学习生活带来了乐趣，实现在乐中学、在做中学。

4. 在校园文化建设中强化劳动文化

将劳动习惯、劳动品质的养成教育融入校园文化建设。通过制定劳动公约、每日劳动常规、学期劳动任务单，采取与劳育有关的兴趣小组、社团等组织形式，结合植树节、学雷锋纪念日、"五一"劳动节、农民丰收节、志愿者日等，开展丰富的劳动主题教育，营造劳动光荣、创造伟大的校园文化。例如，教师以劳动为主题进行了低、中、高年段的调研课，如低年段的"生活自理小能手"、中年段的"广东靓汤"和高年段的"我是小义工"。另外，学校利用线上家长会和班群宣传，建议和引导家长给学生劳动的机会，让学生在实践中学会劳动。

学校将学生在劳动中的身影和劳动成果（如手抄报）展示在校园文化墙上，形成积极向上的劳动氛围，既让劳动精神内化为思想价值观、外化为行动力量，又为校园文化注入新的力量。

三、"习正"劳育校本课程的评价机制

劳动教育评价的参与对象应包括教师、学生、家长，让学生在争做"劳动小达人"的过程中，最大限度地得到多方的客观、真实的评价。为此，学校的劳育评价方式主要运用评价量化表开展课程评价，包括平时表现评价和学段综合评价，将劳动素养纳入学生综合素质评价体系。

1. 平时表现评价

在平时劳育实践活动中及时进行评价，以评价促进学生发展。覆盖各类型劳育活动，明确学年劳动实践类型、次数、时间等考核要求。关注学生在劳育活动中的实际表现，注重从行为表现中分析把握学生劳动观念形成情况（见表6-1）。

<h3 style="text-align:center">表6-1　劳动一周记录评价表</h3>

周次：　　　　　班级：　　　　　　姓名　　　　　记录人：

星期	清洁卫生	厨房帮手	整理收纳	其他	时间	次数	态度	质量
一								
二								
三								
四								
五								
六								
日								
家长监督评语			总计					
			评价					
			总评					

注：时间：2小时以上3颗星，1小时以上（不足2小时）2颗星，半小时以上（不足1小时）1颗星。次数：7次以上3颗星，5～6次2颗星，3～4次1颗星。态度、质量：5次优以上3颗星，3～4次优2颗星，2次优1颗星。

2. 学段综合评价

学段结束时，依据学段目标和内容，结合综合素质档案分析，兼顾必修课学习和课外劳动实践，对学生的劳动观念、劳动能力、劳动精神、劳动习惯和品质等劳动素养发展状况进行综合评定，最终评出班级若干名"劳动小达人"。

四、"习正"劳育校本课程的实施效果

自学校实施"习正"劳育校本课程以来，成效显著。一是学校根据学生的年龄段特点制定劳动课程体系，严格按照课程上课，做到专课专上；二是成立劳动教育备课小组，师资队伍得到夯实，教师逐步掌握了劳动课程教学技能，能够指导各年级的劳动教育开展；三是学生形成了自觉劳动、热爱劳动的习惯，认识到劳动是日常生活的基本技能、劳动是公民的神圣权利和光荣义务；四是家长能够配合学校每周的家庭劳动作业，鼓励学生多参与家庭劳动，掌握劳动生活技能。初步构建起学校、家庭、社会"三位一体"的劳育协同实施机制，促进学生劳育的全面发展。

作为素质教育的重要组成部分，劳育得到越来越多的关注，但如何落实劳育目标这一问题，仍然需要教育工作者长期的实践和探索。在构建小学劳育校本课程的过程中，需要更加注重劳育的"知行合一"，不断完善校本课程，不断实践和探索，实现劳育课程体系的合理化、科学化，让学生在劳育中快乐成长。

☆ 案例点评

培养学生劳动素养及劳动能力是发展学生核心素养、落实立德树人根本任务的关键措施。东莞市石碣实验小学从学校、教师、学生、家长、社会等多个层面入手，构建独具特色的"习正"劳育校本课程，尝试构建新时代家校社劳动共育新生态，发挥了学校在劳育方面的主导作用。该校的"习正"劳育校本课程体系相对完整，课程内容结构分明，同时抓住了多元评价，避免了"走过场式"的教育形式。在日新月异的时代环境下，该校还需继续探索劳育的各种可能性，如思考怎么样更好地利用"互联网+"、跨学科融合等丰富劳育的形式、内容等，为学生的终身幸福成长奠基。

第二节 "STEAM+劳育"课程活动创新

与传统的重视书本教育、单学科分类教学不同，STEAM教育理念是一种重视实践、讲究多学科融合的教育方式，运用创造性跨学科的综合性教育理念，培养科技工程素养以及创新意识和能力，从而实现"真问题、真动手、真成品"的教育目标。在STEAM教育理念下实施"STEAM+劳育"活动，倡导学科连线，跨学科整合学习要素，增加学生在课程中实践操作学习，通过动手实践提高学生在学习过程中的兴趣，培养创新创造能力、思考力、表现力和人格品质等，达到涵育核心素养、实现全面发展的目的。

一、"STEAM＋劳育"活动改进策略

我们不能把劳动狭隘地定义为生产劳动和生活劳动，应该要把劳育的外延适当变宽，凡是动手又动脑的活动都可以归属于劳动。小学开展劳育，可以锻炼学生四肢，发展学生智能，培养学生的责任担当意识，涵育学生的核心素养，奠基学生人生发展，进而实现立德树人的核心目标。STEAM 教育立足于生活经验和社会实践的问题，将各学科的知识和方法整合到一个解决问题的过程中，是培养综合性人才的一种新型教学模式。因此，将 STEAM 融合劳育是构建劳育新样态的新路径。

（一）整合要素，设计指向问题解决的梯度任务

1. 围绕活动主线，跨学科整合学习要素

为将 STEAM 融入劳育，要从学生的真实生活和发展需要出发，从生活情境中发现问题，将问题转化为 STEAM 主题实践活动，为多学科连线融通，整合相关要素，通过有计划的课程设计，探究问题解决的方式方法，并结合 3D 打印、编程等现代化信息手段。通过跨学科整合实施，形成学生创造性劳动的"智造"效能。

2. 创设问题情境，驱动学习任务

STEAM 教育强调知识是学习者通过学习环境互动建构而来的产物，认为问题能够引发学习者对概念的思索和探究。问题情境是劳育活动课程进行课堂教学指导的起点，无论是单课时短线活动，还是多课时系列活动，都来源于真实生活的问题情境，都是任务驱动的基础。学生尝试通过"基于一点，多点互联，互为支撑，统整融合"的多学科连线整合方式，进行问题探究，完成梯度任务，达成指向目标。合理、真实的问题情境，能够激发学生主动查找信息，理解和分析问题，并通过探究、服务、制作、体验等方式，探索问题解决的方法。在这过程中，既解决了生活中遇到的实际困难，又提升了学生的劳动技能，更重要的是让学生体会到了劳动的价值与成就感，从而真正爱上劳动、乐于创造，培养了学生的综合素质。

（二）活化支架，注重体现方法引导的有效评价

1. 分解任务目标，递进式使用学习支架

不同学生的"最近发展区"各有差异，同样是在问题解决的过程中指向学

习目标的达成，他们劳动实践、解决问题、涵育素养、提高能力所需要的学习支架，以及由此关联到目标的达成度各不相同。"STEAM+劳育"项目活动通过"目标分段、任务分层、差异推进、梯度达成"的方式，在分段目标、分层任务的基础上，充分预设，深入把握，连线学科，多角度、递进式地使用相应的学习支架。

2. 着眼有效评价，渗透方法指导

评价的有效，在于评价的着力点是否适时、适度、适切；是否具有引领启发的作用；是否在学习的境脉中成为推进任务完成，叠加学习势能，指向目标达成的有力抓手。

教师可以开展突显"STEAM+劳育"教育要素的过程性评价、综合性评价，可以连线其他学科，结合学生的具体活动，让学生通过评价进行反思、回顾。教师可以把动态评价与点拨指导结合起来，把方法引导与展现表达结合起来，把实践活动与其他学科结合起来，让学生明白自己哪方面做得好、哪方面做得不够好，在后续的任务中可以怎么改进。这样的评价方式，需要教师在任务进行的过程中与学生保持互动，给予评价与方法指导，引导学生学会自我调整。

（三）升级认知，探索基于心智成长的创意物化

1. 学会自我调控，元认知观察有效学习

教师通过梯度式互动引导，可以让学生逐渐明白并学会在创造性劳动实践中，关注到自己在做什么、怎么做效果更好，合作更加有序，目标有效达成；怎么做能更好地关联其他学习要素，对于影响限时目标达成的因素能逐步过滤，在认知的过程中，学会自我调控，学会调动元认知观察包括自己在内的境脉动势，做出合理的学习方式与学习行为的优化调整，以促进学习的有效性。

2. 践行创意物化，用劳动强健心智

"创意物化"这一目标由我国教育部于2017年在《中小学综合实践活动课程指导纲要》中首次提出，目的是要让学生在个体生活、社会实践和与大自然的接触中，将生活与学习的经历转化成为丰富的实践经验，并逐步提升为对自我以及社会整体的认识，最后拥有责任与担当以及面对困难解决问题的能力。

在STEAM理念中，"创意物化"就是这一理念在教育实践中的主要体现，教师可以通过实践进行操作并体验，同时也可以在生活中引导学生展开学习与应用，并组织学生对实践经历进行讨论、总结和分析，这样可以培养学生的创新思维，让学生逐渐拥有自主获取知识的技能，发现自己的潜能。就小学而言，

主要涉及对设计制作等实践技能的初步掌握。"创意物化"需要一定的方法指导，也需要相应的规范操作，尤其应关注力所能及、安全卫生等细节。小学生的求知心态要比其他年龄段的人都更强烈一些，故更需要让小学生通过劳育深入了解事物的原理，通过实践学会去发现、去创造、去探索，并引导学生即使遇到失败也要及时查明原因总结经验并从中学习。

在"STEAM+劳育"视域下，有底气的创意，更利于物化呈现；能物化的创意，更利于认知升级。设定"创意物化"的目标，设置物化任务的梯度，连线学科，综合运用相关学科的知识、方法、技能，在梯度任务的完成中积累创意的方法，达成目标的设定，实现物化的突破，正是创造性劳动实践活动最具魅力的地方。"创意物化"的过程，也是认知升级的过程。这里的认知，不仅是知识的了解、技能的掌握、思维的发散、心智的成长，还有价值的正确取向等。

总之，劳育是提高中小学生综合素质、成就幸福圆满人生的有效途径。实践证明，以 STEAM 教育的项目化学习形式开展劳育，能够弘扬劳动精神，培养学生具备劳动素质，争做辛勤劳动、诚实劳动、创造性劳动的新时代劳动者。教师应该紧密联系生活，创造性地进行学科知识融合，开发学生的智能，促进学生多元发展。

二、"STEAM + 劳育"活动案例

◆ 案例

"科学饮食，健康生活"科技实践活动 [1]

◎案例背景

社会层面：随着经济的发展，人们的物质生活越来越丰富，然而，在物质丰富的今天，却有很多学生营养不良或营养过剩。挑食、暴食、偏食是出现这两个极端的主要原因。

学校层面：在东莞市清溪镇第三小学学生身体素质数据中，优秀率只有2.8%，远远低于国家要求的40%。为了提高学生的身体素质，学校一方面加强学生的体育锻炼，另一方面通过科学实践活动，指导学生科学饮食。例如，组织学生调查

---

[1]　本案例由东莞市清溪镇第三小学谭庆其提供。

全校学生每天早餐的营养是否达标，科学地指导学生为自己和家人设计一周的营养早餐，让学生树立正确的健康饮食观念，强化学生的身体素质。

东莞市清溪镇第三小学的科普教育在东南临深片极具特色，近年来，学校从实际出发，因地制宜挖掘各种教育资源，在科普教育和绿色学校的建设中，走出了一条具有学校特色的科普教育之路。学校"猫头鹰"科学室还自编自导自演了一部情景剧《"稻"出基因》，受到广大师生和群众的喜爱。

学生层面：近年来，学生在学校"猫头鹰"科学室的引领下，崇尚科学饮食，健康生活。学生收集家中的厨余垃圾、校园里的落叶等，自制有机肥料，在学校生物园的菜地里种植各个时令的蔬菜瓜果，并且每次收获都会举行分享会，以慢慢改掉挑食、暴食、偏食等坏习惯。

一、活动目标

第一，通过超市里的走访调查，让学生掌握收集资料、处理数据、分析数据、写简单的研究报告的技能，学会从食品包装上看懂营养素并知道如何分类。

第二，通过科学饮食科普知识讲座、征文、主题班队会、科幻画剪纸书法创作、主题知识小报制作、宣传板报设计等科技系列活动，引导学生树立"科学饮食，健康生活"的观念。

第三，通过自编自导自演情景剧，将"科学饮食，健康生活"的理念从学校影响至家庭、社会。

二、活动计划

活动对象：东莞市清溪镇第三小学一至六年级学生。

活动时间：2018 年 5—9 月。

活动安排：

表 6-2 "科学饮食，健康生活"科技实践活动安排

时间	主题
2018 年 5 月	问卷调查："你的早餐够营养吗？"
	查找资料——人体需要的营养
	为家人设计一份营养早餐
2018 年 6 月	"识别标签陷阱"科普知识讲座
	话剧社与"猫头鹰"科学室合作，自编自导自演情景剧《"稻"出基因》
	开展"科学饮食，健康生活"主题班队会
2018 年 7—8 月	暑假期间，在家长的带领下，学生走访附近超市，调查含乳饮料和牛奶的食物标签

（续上表）

时间	主题
2018 年 9 月	情景剧演出
	各项活动总结

活动地点：学校、家庭、各大超市。

活动需求：校内——相关的干部和教师，保证调查体验活动的策划与实施；校外——东莞市清溪镇金阳广场天和百货。

三、活动过程

紧紧围绕"均衡饮食"这个主题，从学习接受和宣传营养均衡的重要性来开展活动。

1. 知识问卷调查活动（2018 年 5—6 月）

这一板块主题主要以"让学生养成吃好早餐的良好习惯"为目标，通过对学生早餐中的食物品种进行问卷调查，让学生知道自己吃的早餐是否足够营养，为自己和家人设计每周的营养早餐。

首先，由班主任组织开展主题班会，讲清楚早餐的重要性，且不同的食物含有人体所需的不同营养素：谷薯类为人体提供糖和碳水化合物；蔬果类为人体提供无机盐和维生素；鱼肉蛋类为人体提供动物蛋白、矿物质、维生素；奶豆类为人体提供植物蛋白和少量脂肪；油脂类为人体提供脂肪、维生素 E。在主题班会的最后一个环节，班主任把提早设计好的问卷调查派发给学生，让学生把自己的一周早餐餐单填写清楚。

班主任收集好学生填写的问卷，集中学生到电脑室，把自己的早餐数据上传到"青少年科学调查体验活动"的官网。要求学生根据人体每天所需的营养，为全家人设计一份营养餐单（见表6–3）。

表 6–3　我为家人设计营养早餐单

记录日期：2018 年 5 月 15 日—2018 年 5 月 22 日　记录人：×××

学校名称：东莞市清溪镇第三小学

班级：五年级（2）班　家庭人数：3 人

时间	早餐食物种类	食物的重量 /kg
星期一	水饺、鲜奶	0.6
星期二	火腿蛋三明治、蔬菜沙拉	0.5

（续上表）

时间	早餐食物种类	食物的重量 /kg
星期三	牛肉面条、酸奶	0.6
星期四	燕麦片、鸡蛋、水果沙拉	0.7
星期五	水果汁、面包	0.5
星期六	水果沙拉、瘦肉米粉	0.6
星期日	鲜奶、三明治	0.6

2. 知识讲座、情景剧、主题活动（2018 年 6 月）

（1）"识别标签陷阱"知识讲座。

邀请东莞市清溪镇食品药品专家为全校学生开展"识别标签陷阱"科普知识讲座。

（2）《"稻"出基因》情景剧。

让学生通过文献研究法，调查清楚"什么是转基因食品？转基因食品跟普通食品、绿色食品、有机食品之间的区别是什么？我国目前基因工程技术处于世界的什么水平？"通过权威刊物、权威部门的数据来正确认识转基因食品，用科学的方法认识食品安全，不轻信谣言。组织话剧社与"猫头鹰"科学室学生合作编写、排练、演出情景剧《"稻"出基因》，通过情景剧的形式，让更多人正确认识转基因食品。

（3）主题活动。

开展"科学饮食，健康生活"主题班队会活动、校园绿色征文、创建绿色校园手抄报创意活动等，通过具体的行动，动员全校学生积极投身于"科学饮食，健康生活"的活动中。学生通过自身的参与，在学习科学饮食知识的同时，养成健康的饮食习惯，提高生活的质量。

3. 火眼金睛，做个精明消费者（2018 年 7—8 月）

以家庭附近的超市、小商店为目标，让学生把课堂里学到的知识运用到实际生活当中。学以致用，把"科学饮食，健康生活"的生活方式拓展到更大的领域。引导学生关心身边的食品安全，从小学习规范的调查研究方法，对家庭附近的食品进行调查。

活动以含乳饮料和牛奶为调查研究对象。

活动主要在暑假期间进行，学生在家长的带领下，走访超市、小商店，把店里销售的所有含乳饮料和牛奶的食品标签都拍下来。

第一，记录食品标签。

第二，填写营养成分表。

第三，进行科学实验。

准备材料：含乳饮料、牛奶、白醋、烧杯。

实验步骤：准备一杯牛奶和一杯含乳饮料，分别滴入白醋，观察两个烧杯的变化，做好记录，（见表6-4）。

表6-4 实验测量记录

序号	食品名称	变化现象
1	娃哈哈 AD 钙奶	絮状物很少，没有块状东西
2	晨光牛奶	絮状物占一半，搅拌后成块

实验原理：牛奶中含有大量的蛋白质，而白醋中有酸。当牛奶与白醋混合在一起，白醋中的酸性物质会使牛奶中蛋白质自凝固、沉淀。大多数含乳饮料中的牛奶成分很少，所以蛋白质含量很低，遇醋后不会出现大量的沉淀。

表6-5 实验结果分析

项目	蛋白质含量	营养价值	是否建议饮用
娃哈哈 AD 钙奶	≥ 1.0g/100ml	其主要成分是水、白砂糖、全脂奶粉和各种类型食品添加剂，但蛋白质含量仅为1%	否
阿姨奶茶	0.24g/100ml	红糖和水	否
晨光牛奶	28.7g/100ml	蛋白质、脂肪、碳水化合物	是

4. 情景剧演出（2018年9月）

组织学生在新学年开学典礼上表演情景剧《"稻"出基因》，并联系辖区内的四个社区，安排时间到社区演出。

四、活动总结

通过活动，学生认识到健康与饮食的关系十分密切，科学饮食、营养均衡对一个人的健康成长非常重要。大部分学生能把挑食、偏食、暴食等坏习惯改正过来，会为自己和家人设计营养早餐。同时，学生也学会了如何动手做研究，知道做调查研究的基本方法；学会了从食品标签上获取食物的信息，做一个精明消费者，与家长交流食品安全问题，改变了人为含乳饮料可以替代牛奶的错误认识。

第一，有 1 140 人积极参加学校组织的"科学饮食，健康生活"知识问卷调查活动。通过问卷调查普及科学知识收到了很好的效果。随后，在全校范围内开展"科学饮食，健康生活"科普知识宣传，学生懂得了"科学饮食，健康生活"的重要性，提升了自己对食品安全的认识。第二，情景剧《"稻"出基因》的成功演出进一步扩大了活动的影响面，除了全校师生知道"科学饮食，健康生活"外，附近浮岗社区、荔横社区、罗马社区、长山头社区的居民都能够通过情景剧认识到如何科学识别食品安全。第三，活动以"小手牵大手"的形式，采用多元化的调查研究模式，实现了从学校走向家庭，又从家庭走向社会，最终回归学校的效果。第四，自从"我为家人设计营养早餐单"活动开展以来，学生大多数能够自觉地按照自己设计的营养早餐单食用早餐。学生体育课、两操时间出现头晕的人次少了很多。第五，以手抄报的形式总结活动，共收集到 238 份手抄报，在学校的科技长廊进行展示。

为使以后的活动取得更好的成效，首先对于教师或学生的调查研究可以更加深入，学生、教师的覆盖面可以更广、参与度更深；其次对于整个调查体验活动的成果积累可以更加丰富，注意阶段的小结和成果的留存。

☆ 案例点评

近年来，STEAM 教育与"五育"融合成为教育的重要方向。当下，新时代的劳育有不同的形式，重点在于"文化知识学习之外"，在于体验。案例中，东莞市清溪镇第三小学采用"STEAM＋劳育"的路径，以实践的形式，让学生在多样化的体验活动中接受劳育，感受科学的魅力。通过调查活动、编排情景剧、主题班队会等系列活动，从知识学习到实际应用，真正在学生心中筑牢了"科学饮食，健康生活"的思想基础，实现了知识内化为行动的目标。值得一提的是，案例中的学校善用家长、社会资源，以"学校—家庭—社会"的模式协同推进劳育，实现以劳启智、以劳育德。